Happel

Zu diesem Buch

Kinder sollen unbeschwert und fröhlich sein. Auf ihre Unsicherheiten, Ängste, Depressionen oder Lernstörungen reagieren Eltern und Umwelt oft eher unwillig als verständnisvoll. Damit Eltern Probleme erkennen lernen, erklären die Autoren, zwei erfahrene Kinderpsychotherapeuten, die Grundmuster der psychischen Entwicklung und die Entstehung seelischer Belastungen aus der Sicht der Psychoanalyse. Beispiele aus der therapeutischen Praxis führen Eltern zu einem tieferen Verständnis der Ursachen und Ausdrucksformen problematischer Entwicklungen. Darüber hinaus zeigen die Autoren, wie Eltern ihren Kindern helfen können, und orientieren in der verwirrenden Fülle von Institutionen und Therapien, die Eltern Hilfe bieten.

MANFRED LINK, geb. 1944, Studium der evangelischen Theologie und Ausbildung zum Psychoanalytiker. Mit Kindern, Jugendlichen und Erwachsenen arbeitete er in psychiatrischen Kinder- und Erwachsenenkliniken, in psychotherapeutischen Heimen und psychoanalytischen Kindergärten. Er ist verheiratet und lebt mit seiner Frau und seinem Sohn in München. Sein besonderes Interesse gilt dem engen Zusammenhang zwischen der Persönlichkeit der Eltern und der Entwicklung ihrer Kinder.

EMIL WIECZOREK, geboren 1947, Studium der Psychologie mit Diplom-Abschluß und Ausbildung zum Psychoanalytiker. Langjährige Arbeit in Erziehungsberatungsstellen, Kinder- und Jugendlichenheimen und im psychoanalytischen Kindergarten. Ausbildung in der methodischen Anwendung der Körpertherapie nach Wilhelm Reich. Seit 1981 arbeitet er als Psychoanalytiker in eigener Praxis mit Kindern, Jugendlichen und Erwachsenen. Er ist verheiratet, hat eine Tochter und lebt in Ahrenviölfeld mitten auf dem Land zwischen Schleswig und Husum/Nordsee.

Manfred Link, Emil Wieczorek

Psychische Störungen bei Kindern

Verstehen und helfen

Rowohlt

rororo Mit Kindern leben

Redaktion Wolfgang Müller
Umschlaggestaltung Peter Wippermann / Jürgen Kaffer
(Foto: IFA-BILDERTEAM – Waldenfels)

Originalausgabe
Veröffentlicht im Rowohlt Taschenbuch Verlag GmbH,
Reinbek bei Hamburg, März 1994
Copyright © 1994 by Rowohlt Taschenbuch Verlag GmbH,
Reinbek bei Hamburg
Alle Rechte vorbehalten
Satz Times (Linotronic 500)
Gesamtherstellung Clausen & Bosse, Leck
Printed in Germany
1490-ISBN 3 499 19638 7

Inhalt

Vorwort

Erwachsene verbinden mit Kindern gerne Unbeschwertheit und Fröhlichkeit. Unsicherheit, Verzweiflung, Arbeits- und Lernstörungen, Depressionen, Ängste und Suchtkrankheiten gestehen sie Erwachsenen zu. Es ist ihnen gar nicht vorstellbar, daß auch schon Kinder unter diesen Schwierigkeiten leiden können. Sie machen sich nicht klar, daß Kinder eine Entwicklung mit dichtgedrängten Reifungsaufgaben zu bewältigen haben, die oft mit krisenhaften Zuständen verbunden sind. Nie mehr später im Leben des Menschen gibt es so viel Neues, das fasziniert, ängstigt und belastet, dennoch aber bewältigt und angeeignet werden muß, wie in den ersten fünfzehn Lebensjahren. So ist es nicht verwunderlich, daß auch schon Kinder Störungen in ihrer Entwicklung erleben können. Aber viel weniger als Erwachsene sind sie in der Lage, ihre Probleme als solche zu erkennen und sich Hilfe zu holen. Vielmehr ziehen sie sich dann leicht zurück, werden «auffällig», ihre Schulleistungen lassen nach, oder sie entwickeln andere Symptome. Gerade dann aber brauchen sie Eltern, die mit Verständnis und Geduld auf sie reagieren. Vorwürfe und Strafen erreichen diese Kinder in ihren Schwierigkeiten nicht, im Gegenteil, die Kinder ziehen sich noch mehr zurück, sie fühlen sich zu Recht unverstanden.

In vielen Gesprächen mit ratsuchenden Eltern haben wir immer wieder große Unkenntnis der Probleme ihrer Kinder festgestellt, aber gleichzeitig den dringenden Wunsch dieser Eltern gespürt, ihren Kindern zu helfen.

Diese Unkenntnis der Eltern betrifft zunächst die Ursachen und Zusammenhänge der seelischen Probleme ihrer Kinder. Eltern wissen oft zuwenig über die Entwicklung ihrer Kinder und die dabei möglicherweise auftretenden Probleme. Unser Buch will eine Hilfe zum besseren Verständnis von Kindern und ihrer Entwicklung sein.

Zum anderen haben Eltern meist keine Vorstellung, wie sie selbst ihren Kindern praktisch helfen können. Dieser Unkenntnis will dieses Buch praktische Beispiele für Hilfestellungen gegenüberstellen.

Schließlich herrscht eine verbreitete Unkenntnis der Hilfsmöglichkeiten von außen. Hier gibt es einen Dschungel von Institutionen, Einrichtungen und Experten, der es Eltern schwermacht, die richtige «Stelle» für ihr Kind zu finden: Schulpsychologen, Kinder- und Jugendpsychiater, Erziehungsberatungsstellen, niedergelassene Psychagogen und Psychoanalytiker, sozialpsychiatrische Dienste, Jugendämter, kinder- und jugendpsychiatrische Kliniken. Zu der Verwirrung tragen diese Hilfseinrichtungen selbst bei, weil sie oft nicht klar ihre Aufgaben und Möglichkeiten beschreiben und abgrenzen. Wir möchten deshalb auch denjenigen Eltern eine Hilfestellung geben, die Hilfe von außen suchen. Sie sollen erfahren, was sie von den einzelnen Personen und Institutionen an Unterstützung zu erwarten haben und was nicht, damit sie sich mit den Problemen ihrer Kinder an die Richtigen wenden können.

Zuletzt ist es unser Anliegen, den Eltern und Erziehenden Schuldgefühle zu nehmen. Es geht hier nicht darum, einen «Schuldigen» für die Probleme von Kindern zu suchen. Vielmehr ist es unser Ziel, die komplexen Zusammenhänge von gesunder Entwicklung und ihrer Störungen darzustellen. Zahlreiche Beispiele aus der Kinderpsychotherapie sollen diese Zusammenhänge anschaulich machen.

Einleitung

Eltern im Umgang
mit Problemen ihrer Kinder

Jedes dritte Kind in Deutschland nimmt gelegentlich oder regelmäßig ein Psychopharmakon, das psychische Probleme beseitigen soll. Meist wenden sich ratlose Eltern hilfesuchend an den Arzt, wenn sie mit Problemen ihres Kindes nicht zurechtkommen, sich überfordert fühlen. Oft tritt dies im Zusammenhang mit schulischen Problemen auf, gelegentlich werden aber auch schon Säuglingen Psychopharmaka verabreicht, zum Beispiel wenn die Kleinkinder viel schreien oder nicht einschlafen. Lernstörungen, Konzentrationsmängel, motorische Unruhe, Schlafstörungen, Bettnässen, aggressives Verhalten, Desinteresse in der Schule, Angst vor Leistungen und allgemein Schulstreß werden heute bei jedem dritten Kind diagnostiziert und medikamentös behandelt. Viele orientierungslose Eltern glauben sich und ihr Kind beim Arzt mit diesen Problemen in den richtigen Händen, und viele Ärzte entsprechen diesen Erwartungen von Eltern nach Tabletten, obwohl sie es oft besser wissen. Aber häufig hat der Arzt nicht die Möglichkeit zu einem offenen, vertrauensvollen Gespräch mit den Eltern über die wahren Ursachen der Störungen des Kindes. Der Griff zur Tablette scheint das Problem ohne Aufwand zu lösen.

Eltern heute fühlen sich in viel höherem Maße verunsichert als die

11

vorige Generation. Das hat verschiedene Ursachen, deren auffallendste das weitgehende Fehlen der Großeltern und anderer Familienmitglieder im Leben der Kinder heute darstellt. In der Zeit vor dem Zweiten Weltkrieg, als in vielen Familien Kinder, Eltern, Großeltern und Verwandte in einem Haus oder in einer Wohnung zusammenlebten, stand der Elterngeneration immer die Erfahrung der Großeltern der Kinder zur Verfügung. Sie wußten Bescheid, sie konnten aus eigener praktischer Erfahrung berichten und so den Eltern eine Orientierung bieten, auch wenn diese Orientierung manchmal als lästig oder aufdringlich empfunden wurde und die Eltern sich dagegen abgrenzten. Das intensivere Familienleben – es gab noch kein Fernsehen –, der größere zeitliche und psychische Raum, den die einzelnen Familienmitglieder hatten, bot die Möglichkeit zum Gespräch und zum Erfahrungsaustausch. In der heutigen Zeit besteht ein deutlicher Mangel, der sich in der großen Anzahl der Hilfesuchenden bei Ärzten und häufigem Mißbrauch von Psychopharmaka zeigt.

Die Orientierungs- und Hilflosigkeit der Eltern zeigt sich letztlich auch in der erschreckend hohen Zahl von Kindesmißhandlungen, die jährlich in Deutschland begangen werden. Viele Eltern fühlen sich mit den Problemen ihres Kindes allein gelassen und wissen sich nicht mehr anders als mit körperlicher Gewalt zu helfen. Hier findet die verbreitete Orientierungslosigkeit bei Problemen von Kindern ihren traurigen Höhepunkt im großen Leid der Kinder und der Verzweiflung der Eltern.

Die weitverbreitete Verwendung von Psychopharmaka bei Kindern und die erschreckende Zahl von Kindesmißhandlungen stellen aber nur die Spitze eines Eisberges von Orientierungslosigkeit dar. Die Hilflosigkeit der Eltern offenbart sich in verschiedenen Formen des Umgangs mit Problemen von Kindern, die immer wieder beobachtet werden können: die Unterdrückung von Problemen, die Verleugnung der Probleme, die Überreaktion auf Probleme, die Suche nach einem Sündenbock für die Probleme und die Resignation bei wirklichen oder vermeintlichen erblichen Belastungen. Gemeinsam ist all diesen Formen, mit den Problemen von Kindern umzugehen, das Fehlen eines wirklichen Verständnisses für das Kind und seine Probleme, wie wir im folgenden zeigen wollen.

Unterdrückung der Probleme

Die häufigste Form, auf Probleme eines Kindes zu reagieren, ist der Versuch, das Problem mit Hilfe von Psychopharmaka oder mit Strafen zu unterdrücken. Probleme wie Einschlafstörungen, Bettnässen, Unruhe, das Schreien von Säuglingen, Leistungsversagen in der Schule und viele andere werden zu krankhaften Symptomen gemacht, die «weggemacht» werden müssen. Eltern haben hierbei oft die Vorstellung, die Entwicklung ihres Kindes müsse ohne jegliche Komplikationen verlaufen. Sie haben dabei das Ideal eines störungsfreien Funktionierens ihres Kindes im Auge. Alle Abweichung macht ihnen Angst und Sorge. Beruhigend scheint da die Möglichkeit, Probleme mit Hilfe von Psychopharmaka unterdrücken zu können. Einmal davon abgesehen, daß der Gebrauch von Psychopharmaka meist nicht den gewünschten Erfolg bringt und daß schwere Nebenwirkungen in Kauf genommen werden müssen, wird dabei eine wichtige Chance vertan. Es ist die Chance zu einem tieferen Verständnis des Kindes und seiner Bedürfnisse. Denn die genannten Probleme von Kindern drücken immer eine seelische Krise des Kindes aus, sie sind immer Reaktion auf Spannungen, die das Kind nicht anders verarbeiten kann. Bei der Unterdrückung des Symptoms mag zwar manchmal das Symptom verschwinden, die Ursachen für die Entstehung des Symptoms sind aber geblieben. So wird das Kind oft ein neues Symptom entwickeln, wie wir es in der Praxis immer wieder erleben. Und das Kind wird sich weiter unglücklich und unverstanden fühlen. Generell kann man sagen, daß die Anwendung von Psychopharmaka bei Kindern unnötig ist und einen Mißbrauch darstellt (bis auf die vorübergehende Anwendung bei bestimmten psychiatrischen Erkrankungen). Vergessen werden sollte in diesem Zusammenhang auch nicht, daß beim Mißbrauch von Psychopharmaka schon das Kind lernt, bei jeder seelischen Krise und jeder inneren Spannung nach Tabletten zu greifen. Eltern sollten sich auch hier ihrer Vorbildfunktion bewußt sein und selbst auf Psychopharmaka verzichten, die ja seelische Probleme nie lösen, sie allenfalls überdecken.

Strafen sind die andere Art, Probleme von Kindern unterdrücken zu wollen. Auch hier werden die kindlichen Bedürfnisse nach Liebe und Verständnis nicht ernst genommen, sondern das Kind wird den jeweiligen Bedürfnissen des Erwachsenen angepaßt, seine eigene Persönlichkeit, sein Wille werden gebrochen. Dies geschieht wesentlich durch Strafen, die bis heute in der Erziehung in Deutschland eine zentrale Rolle als legitimes Erziehungsmittel spielen. So vieles ansonsten in der Erziehung umstritten ist, «Strafe muß sein». Fast alle Erziehungskonzepte sind sich darin einig, auch wenn die sadistischen Formen der Bestrafung aus der «schwarzen Pädagogik» abgelehnt werden. Aber der Entzug von Taschengeld und das Verbot wegzugehen gelten auch bei aufgeschlossenen Eltern durchaus als vertretbare Formen von Strafe. Im Unterschied zu diesen milden Strafen sind heute in der Bundesrepublik Deutschland die traditionellen Formen der Strafe immerhin umstritten. An erster Stelle ist hier das Schlagen zu nennen, der Schlag mit der flachen Hand in das Gesicht des Kindes, das Schlagen mit Händen, Fäusten oder auch Rohrstock, Kleiderbügel und anderem auf die Hände oder das Gesäß des Kindes. Die schlimmste Wirkung des Schlagens liegt unserer Meinung nach weniger im körperlichen Schmerz als in der tiefen Demütigung, die das Kind dabei erfährt. Es ist das brutale Ausnutzen der körperlichen Überlegenheit des Erwachsenen gegenüber der körperlichen Schwäche des Kindes. Wenn man sich klarmacht, daß das Schlagen von Kindern noch in den fünfziger Jahren in der Bundesrepublik auch in den Schulen gängige und gültige Erziehungspraktik war, muß man davon ausgehen, daß die heutigen Eltern fast alle noch selbst in ihrer Kindheit geschlagen wurden. Die auch heute noch weite Verbreitung des Schlagens von Kindern findet hier wohl ihre Erklärung.

Es gibt aber neben dem Schlagen von Kindern eine für das Kind noch fatalere Form von Strafe. Es ist dies das Schweigen der Eltern als Strafe für das Kind. So sprechen Eltern mit ihrem Kind tage-, manchmal wochenlang kein Wort. Alle Annäherungsversuche des Kindes werden mit eisigem Schweigen beantwortet. Die Gefühle der Kälte, der Einsamkeit, der Ohnmacht, des Zurückgestoßenwerdens und der Demütigung verletzen die Seele des Kindes mehr als alle anderen Strafen, denn das Schweigen stellt einen Kontaktabbruch der Eltern dar.

Unserer Erfahrung nach sind Strafen für Kinder in der Erziehung selten nötig. In einem engen inneren Kontakt zwischen Eltern und Kindern genügt es meist, wenn Eltern dem Kind zu verstehen geben, wann sie ein bestimmtes Verhalten ihres Kindes nicht möchten. Das Gefühl des Kindes, die Eltern zu kränken, genügt in der Regel, daß es Dinge zu tun unterläßt, die die Eltern nicht wünschen.

Aus der Lerntheorie kennen wir zudem ein Erziehungsmittel, das viel wirksamer als alle Strafen ist: die Belohnung durch Anerkennung und emotionale Zuwendung. An die Stelle des Arsenals von Strafen in der Erziehung muß eine Kultur solcher Belohnungen für das Kind treten. Jeder Schritt des Kindes auf dem Weg zu seiner Selbständigkeit ist es wert, unterstützt, gefördert und belohnt zu werden. In der Regel ist es für das Kind die schönste Belohnung, wenn es spürt, daß die Eltern seinen Entwicklungsschritt wahrgenommen haben und sich zusammen mit dem Kind darüber freuen.

Verleugnung der Probleme

Häufige Anschauungen bei der Verleugnung der Probleme sind: «Es ist ja nicht so schlimm» oder «Es wächst sich aus». Tatsächlich haben diese Einstellungen ihre relative Berechtigung, denn Nägelkauen im Zusammenhang mit Entwicklungsschritten des Kindes (Eintritt in den Kindergarten, Schuleintritt, Lehrerwechsel etc.) bleibt völlig im Rahmen üblicher, kindlicher Entwicklung. Entscheidend wird hierbei immer sein, ob Eltern die Symptome ihrer Kinder verstehen, das heißt auch, ob Eltern die Bereitschaft und Offenheit für ihr Kind haben, Symptome wahrzunehmen und sich Gedanken über ihre Entstehung zu machen. In dem Augenblick, wo Eltern das Nägelkauen ihres Kindes wahrnehmen, sich darüber Gedanken machen, sehen sie ihr Kind mit anderen Augen, was oft schon ausreicht, daß Kinder auf solch ein Symptom verzichten können. Es ist natürlich deutlich, daß das Verbot, Nägel zu kauen, völlig an der inneren Situation des Kindes vorbeigeht und den Eltern die Chance nimmt, einen tieferen Zugang des Verstehens zu ihrem Kind zu finden. Wie die autoritäre Unterdrückung von Problemen an einem Verständnis für das Kind vorbeigeht, so vermag auch die antiautoritäre Form der Verleugnung dem Kind nicht gerecht zu werden. Besonders hier herrscht oft ein naives Vertrauen «in die Kraft der Natur» vor in dem Sinne, daß die Schwierigkeiten «sich schon auswachsen». So erhält das Kind auch in seinen Schwierigkeiten keine Grenzen, es muß sie grenzenlos aus-agieren. Hier verstehen diese Eltern die Schwierigkeiten ihrer Kinder nicht als Hilferuf nach Verständnis, sondern sie mißverstehen die Schwierigkeiten als scheinbar notwendige Reifungsprozesse der Natur. Diese Eltern halten es oft für «natürlicher» und damit besser, wenn ihre Kinder bis ins Schulalter nicht die Toilette benutzen, sondern Windeln brauchen. Welchen Qualen der Verspottung und des Außenseitertums sie damit ihre Kinder aussetzen, machen sich diese Eltern oft nicht bewußt.

Eine wichtige Frage ist immer, inwieweit Eltern bereit sind, Schwierigkeiten mit ihren Kindern öffentlich zu machen. Sie versuchen oft über Jahre hinweg, schwere Probleme mit ihrem Kind zu verleugnen. So kam einmal eine Mutter in die Sprechstunde des Kinderpsychotherapeuten und berichtete ihm mit dem Gefühl großer Peinlichkeit, daß ihr dreizehnjähriger Sohn seit seinem sechsten Lebensjahr Bettnässer sei, die Schulklasse nun aber ins Schullandheim fahre, was bedeute, daß das Problem ihres Sohnes öffentlich und er sicherlich von allen verlacht würde. Der Therapeut solle doch das Bettnässen in vierzehn Tagen bis zum Termin der Klassenfahrt «wegmachen». Hier ist deutlich, daß Eltern und Familien oft das Problem eines Kindes in Kauf nehmen, ja es in den normalen Familienalltag integrieren, als wäre es eine Selbstverständlichkeit (hier das tägliche Wechseln der Bettwäsche), und es damit verleugnen. Auch wird darüber in der Familie nicht gesprochen, es wird wie eine lästige Absonderlichkeit des Kindes, die man nicht abstellen kann, behandelt. Hier stellen oft Kindergarten und Schule für das Kind ein günstiges Korrektiv dar, da sie die Probleme des Kindes öffentlich machen und häufig Hilfsmöglichkeiten eingeleitet werden können. So kamen die Eltern der vierjährigen Anja in die Sprechstunde und klagten, daß ihre Tochter sowohl zu Hause als auch im Kindergarten einkoten würde. Die Kindergärtnerin sei nun aber nicht mehr bereit, der vierjährigen Anja fast täglich die Kleider zu wechseln. Auch käme ja nun in einem Jahr die Schule, und sie wüßten gar nicht, wie das mit Anja gehen würde, wenn sie auch in der Schule in die Hose machen würde. In der Therapie konnte die Ursache des Einkotens von Anja schnell gefunden werden: Sie lag in nicht ausgetragenen Konflikten zwischen den Eltern. Nachdem dies den Eltern verständlich und nacherlebbar geworden war, in welchen Situationen und aus welchen Gründen Anja in die Hose machte, verschwand das Symptom binnen kurzer Zeit. In der Schule hat Anja nicht mehr eingekotet.

Überreaktion auf Probleme

Im Gegensatz zur Verleugnung steht die Überreaktion von Eltern. Hier verlieren Eltern das Maß, auftauchende Schwierigkeiten ihrer Kinder einzuschätzen. Schon kleine Probleme genügen, diese Eltern in Panik zu versetzen: ein fünfjähriger Junge, der ab und zu Daumen lutscht, ein siebenjähriges Mädchen, das onaniert, der zehnjährige Junge, der manchmal ins Bett macht, der Dreijährige, der sich weigert, jeden Tag in den Kindergarten zu gehen, die sechsjährige Schülerin, die keine Hausaufgaben machen möchte, der Elfjährige, der ein Pornoheft nach Hause bringt, die dreijährigen Zwillinge, die nur bei Licht einschlafen können, die vierjährige Tochter, die immer zu den Eltern ins Bett kommen möchte, der Sohn, der in der Schule versagt, der Fünfjährige, der kein Fleisch essen mag, der Siebenjährige, der oft gern allein spielt usw. usw. Diese Beispiele für häufig auftauchende Schwierigkeiten könnten beliebig fortgesetzt werden. Fast jedes Kind wird eines oder mehrere dieser Probleme durchlaufen. Für manche Eltern stellen aber solche Schwierigkeiten bereits Anlaß für eine Überreaktion dar. Sie verordnen bei dem Auftauchen von Problemen Bettruhe, oder Kinder dürfen das Haus nicht verlassen, oder die Eltern gehen sofort mit ihrem Kind zum Arzt oder Psychologen. Andere Eltern versuchen durch ein Übermaß an Liebe beziehungsweise das, was sie dafür halten, einen Ausgleich zu diesen Schwierigkeiten zu schaffen. Dieses Übermaß an Liebe kann verschiedenste Formen haben: das Kind bekommt bestes Essen, die schönsten Kleider, alles Spielzeug, was es sich wünscht, jeder Wunsch wird dem Kind von den Lippen abgelesen. So verständlich diese Haltung ist, sie hat meist wenig Erfolg. Denn auch hier braucht das Kind Verständnis. Spielzeug erreicht das Kind in seiner Krise nicht, es fühlt sich weiter verlassen. So werde ich nie den Ausdruck tiefer Verlassenheit in den Augen vergessen, mit dem ein kleiner Junge in seinem mit allem erdenklichen Spielzeug vollgestopften Zimmer saß. Erdrückt von einem solchen Übermaß an «Zuwendung», war er nicht in der Lage, mit dem Spielzeug auch zu spielen. Auch die Eltern sahen mich hilflos mit einem Vorwurf an: «Wir haben doch alles für unser Kind getan! Warum macht es nur solche Schwierigkeiten?»

Eine weitere Form, mit Problemen von Kindern umzugehen, stellt die Überfürsorglichkeit dar. Hier versuchen Eltern, alles von dem Kind fernzuhalten, was dem Kind in ihren Augen schaden könnte. Solchen Kindern wird oft der Kontakt mit anderen Kindern verboten, sie dürfen nicht auf die Straße, kein Kind aus dem Kindergarten oder der Schule nach Hause mitbringen. Alle möglichen Gefahrenquellen werden von dem Kind ferngehalten usf. Die Überfürsorglichkeit hat bei dem Kind zumindest eine verzögerte Entwicklung und eine unselbständige Persönlichkeitsentwicklung zur Folge.

Suche nach einem Sündenbock

Manche Eltern suchen die Ursachen für die Schwierigkeiten ihrer Kinder nicht bei sich selbst, sondern in anderen Gründen. Häufig wird hier der schlechte Einfluß «der Straße» genannt, «schlechter Umgang» mit anderen Kindern, ein schlechter Einfluß eines Lehrers oder einer Lehrerin, allgemein der Schulstreß. Gemeinsam ist diesen äußeren Gründen für Probleme der Kinder, daß diese Gründe oft eine Sündenbockfunktion übernehmen müssen. Das heißt, oft stellen diese Gründe gar nicht die wirklichen Ursachen für die Schwierigkeiten dar. So versuchen manche Eltern, sich von einer Mitverantwortung für die Schwierigkeiten ihrer Kinder zu entlasten.

Die Rolle der «Vererbung»

Noch eine letzte Möglichkeit wird oft genannt, wie Schwierigkeiten von Kindern verursacht werden können: durch Vererbung. In vielen Gesprächen in der Kinderpsychotherapie weisen Eltern auf erbliche Belastungen aus ihren Familien hin: «Auch die Großmutter hatte schon Depressionen.» Sie gebrauchen diesen Hinweis als Begründung der Schwierigkeiten ihres Kindes und als Entlastung von eigener

Mitverantwortung. Dabei übersehen diese Eltern folgendes: Bis heute wissen wir sehr wenig über die genetische Vererbung psychischer Krankheiten. Dagegen existiert eine Vielzahl von Untersuchungen über die «psychische Vererbung» von psychischen Erkrankungen, also die Weitergabe dieser Erkrankungen durch psychischen Einfluß. Die Untersuchungen über längere Zeit oder zwei Generationen belegen die Erfahrung, daß zum Beispiel eine depressive Mutter zumindest eine gewisse Disposition an ihre Kinder weitergeben kann. Das heißt nicht, daß ein Kind oder alle Kinder dieser Mutter selbst depressiv werden müssen, aber von einer gewissen Disposition zu einer depressiven Persönlichkeitsstruktur muß ausgegangen werden. Inwieweit an einer solchen Disposition auch genetische Faktoren beteiligt sind, läßt sich bis heute kaum sagen.

Alle diese Diskussionen über das Ausmaß genetischer oder psychischer Vererbung gehen aber unseres Erachtens am Kern des Problems vorbei. Eltern gebrauchen ja das Argument der Vererbung meist zum Zweck eigener Entlastung von der Mitverantwortung für die Schwierigkeiten ihres Kindes. Statt dessen muß aber gerade das Vorhandensein einer möglichen genetischen Vererbung von psychischen Krankheiten oder einer Disposition zu solchen Krankheiten zu einem besonders verantwortungsvollen Umgang mit dieser Belastung führen. Bei körperlichen erblichen Krankheiten, zum Beispiel der Bluterkrankheit, ist es für die Eltern selbstverständlich, auf diese spezifische Schwäche ihres Kindes besonders Rücksicht zu nehmen, alle nur erdenklichen Schritte einzuleiten, damit das Kind durch diese Erbkrankheit nicht zu Schaden kommt. Eltern mit solchen Kindern haben nicht weniger Verantwortung für die Entwicklung ihrer Kinder, sondern im Gegenteil, sie haben eine ganz besondere Verantwortung. So sollte es auch bei einer eventuellen erblichen Belastung bei psychischen Erkrankungen sein: Wichtig ist, dem Kind eine größtmögliche Hilfe zukommen zu lassen.

Ein anderer Weg
zum Verständnis von Problemen

Die geschilderten Formen des Umgangs mit Problemen von Kindern sind unserer Erfahrung nach letztlich alle vergebens. Sie erreichen nie die Wurzeln der Probleme, sondern bleiben immer an der Oberfläche. Die Kinder werden dabei in ihrer Spannung gelassen. Der Hilferuf, der in jedem der genannten Probleme enthalten ist, wird nicht gehört. Und auch die Eltern haben die Chance vertan, das Problem ihres Kindes und seine Ursachen zu verstehen und dem Kind damit wirklich zu helfen. Zudem haben die Eltern sich die Möglichkeit zu einem tieferen Verständnis ihrer selbst genommen.

Demgegenüber möchten wir die Eltern ermutigen, Probleme ihres Kindes als zur normalen Entwicklung gehörend zu betrachten. Kinder haben in ihrer Entwicklung so viele Reifungsschritte zu bewältigen, daß krisenhafte Zustände und zeitweilige Probleme «normal» sind. Wenn Kinder Probleme haben, dann sollten Eltern darauf zunächst mit aufmerksamer Gelassenheit reagieren. Dann werden sie sich die Frage nach den Ursachen des Problems ihres Kindes stellen. Diese Frage ist nicht allein aus Kenntnis und Erfahrung beantwortbar, auch weil sehr viele Eltern sehr wenig über die Entwicklung ihrer Kinder wissen. Über die Entwicklungsstadien und die Reifungsschritte ihres Kindes sollten Eltern in den Grundzügen informiert sein. Unser Buch will dazu auch einen Beitrag leisten. Die Kenntnis der Entwicklungsschritte ihres Kindes stellt die Grundlage für das empathische (einfühlende) Erfassen der Situation des Kindes dar. Über den Weg der Identifizierung mit dem Kind werden Eltern einen emotionalen Zugang zu ihrem Kind finden. Was hier als bewußte Schritte auf dem Weg zu einem Verständnis für das Kind beschrieben ist, wird sich in der Praxis mehr als eine innere Haltung der Eltern dem Kind gegenüber darstellen. Nach unserer Erfahrung haben Eltern sehr oft viel zuwenig Zutrauen zu ihrer eigenen Fähigkeit, ihr Kind zu verstehen. Sie sind es ja, die mit dem Kind leben, die es besser kennen als jeder andere. Sie können erst einmal besser als jeder andere die Bedürfnisse ihres Kindes empathisch erfassen und darauf eingehen. Auch sich selbst können Eltern in ihren Kindern wie in einem Spiegel erkennen und zu einem tieferen Verständnis für sich selbst gelangen. So möchten wir allen Eltern Mut machen, sich auf den Prozeß des Verstehens der Bedürfnisse ihrer Kinder einzulassen.

Gibt es eine ideale Erziehung?

Mit unserem Buch möchten wir auch einen Beitrag zur Befreiung von der Diktatur einer idealen Erziehung leisten. Eltern, die die Fiktion einer «idealen Erziehung» erreichen wollen, dürfen keine Fehler machen. Da sich dies aber nicht vermeiden läßt, sind Schuldgefühle die zwangsläufige Folge. Meist haben Schuldgefühle die Konsequenz, daß die Eltern sich noch minderwertiger und unsicherer fühlen, was ihre Hilflosigkeit weiter verstärkt. Aus dieser noch bedrückenderen Hilflosigkeit heraus erleben sie sich dann noch weniger fähig, ihr Kind «richtig» zu erziehen, was weiteren Schuldgefühlen Nahrung gibt – eine deprimierende Entwicklung ohne Ende. Wer an eine ideale, eine richtige, eine perfekte Erziehung glaubt, sitzt einer Illusion auf. Der Grund dafür liegt in der unermeßlichen Vielfalt der Menschen. Was für das eine Kind angemessen und richtig sein kann, kann für das andere Kind unangemessen und falsch sein. Eltern, die zwei und mehr Kinder haben, bestätigen diese Erfahrung immer wieder. Eine richtige Erziehung gibt es nicht. Die Fiktion einer «idealen Erziehung» findet ihren Ausdruck auch in einer Flut von sogenannten «Ratgebern», die meist für bestimmte Situationen «richtige» Lösungen anbieten, dabei aber die Eigenverantwortlichkeit und die Erfahrungsfähigkeit von Eltern außer acht lassen.[1] Tatsache ist, daß es relativ wenige, klare Situationen im Heranwachsen eines Kindes sind, die nur eine Reaktion zulassen, wie es die meisten Ratgeber glauben machen möchten. Vielmehr ist der Prozeß des Heranwachsens von Kindern im Zusammenhang mit den Eltern, die sich ebenfalls entwickeln, so komplex, daß konkrete Ratschläge meist nicht wirklich weiterhelfen. Wenn Eltern sich von der Fiktion einer richtigen oder einer idealen Erziehung trennen, erwerben sie damit das Recht, Fehler zu machen.

Alle Eltern machen Fehler und alle Eltern *dürfen* Fehler machen. Der Anspruch, alles «richtig» machen zu müssen, kann nie eingelöst werden.

In dem Maße, wie sich Eltern dieses Recht zugestehen, in dem Maße werden sie ihre Fehler wahrnehmen können – und sie werden sich korrigieren können. In einer nächsten, vergleichbaren Situation werden sie besser reagieren können, und sie werden erleben, wie schnell ihr Kind auf diese Veränderung reagiert. Mit dem Recht, Fehler zu machen, haben Eltern ihre Erfahrungsfähigkeit gewonnen, denn nichts fördert die Fähigkeit, neue Erfahrungen zu machen, mehr als die Erkenntnis, einen Fehler gemacht zu haben. Wenn Kinder sprechen können, gehört es für diese Eltern zur Selbstverständlichkeit, bei schwereren Fehlern sich bei ihrem Kind zu entschuldigen. Ein Kind, das in dieser Weise ernst genommen wird, wird seine Eltern achten und lieben, weil sie glaubwürdig geblieben sind.

Die psychoanalytische Methode als ganzheitlicher Zugang

Unserer Arbeit legen wir die Psychoanalyse als Methode zugrunde. Als eine ganzheitliche Psychologie vermag unserer Erfahrung nach die Psychoanalyse am ehesten den komplexen, psychodynamischen Entwicklungsprozeß von Eltern und Kindern zu erfassen. Sie stellt ein Entwicklungsmodell der gesunden Entwicklungsphasen bereit wie auch der krankhaften Entwicklungen. Mit dem Verständnis der Entwicklung eines Kindes und der möglichen Störungen ist gleichzeitig auch der Weg zur Hilfe für Eltern und Kinder gezeigt. Das Spektrum der Hilfsmöglichkeiten reicht von Möglichkeiten, die die Eltern im Umgang mit ihren Kindern selbst haben, über kurzfristige Beratungen bis hin zur psychoanalytischen Kinderpsychotherapie. Gemeinsam ist diesem Spektrum von Hilfsmöglichkeiten, daß es auf dem Verständnis für das Kind und für seine Eltern beruht. Aus dem gewonnenen Verständnis ergeben sich dann die praktischen Konsequenzen im Umgang der Eltern mit ihrem Kind.

Die Psychoanalyse stellt über den individuellen Bereich des Kindes und seiner Eltern hinaus auch im sozialpsychologischen Bereich eine geeignete Methode dar, soziale Kräfte zu erkennen, die das Kind und die Familie in ihrer Entwicklung prägen. Hier hilft uns die Psychoanalyse, kritisch die unbewußten und zum Teil bewußten diskriminierenden Einstellungen dem Kind gegenüber in unserer Gesellschaft zu erkennen. Die Tatsache, daß Deutschland der Staat mit einer der geringsten Geburtenzahlen der Welt ist, wirft ein Schlaglicht auf die extrem minderwertige Stellung des Kindes in unserer Gesellschaft, deren Ursachen und Bedeutung für das Kind wir aufzeigen wollen. Nur eine Sensibilisierung für die Kinderfeindlichkeit bei den Eltern und der Widerstand dagegen wird langfristig daran etwas ändern. Unser Buch möchte auch dazu einen Beitrag leisten.

1 Grundlagen der psychischen Entwicklung

Nicht selten lesen wir in Zeitungen und Zeitschriften, daß die Verbreitung von seelischen Störungen und Erkrankungen in der deutschen Bevölkerung in den letzten Jahren dramatisch zugenommen habe und daß für die Zukunft noch Schlimmeres zu befürchten sei.[2] Diese Meldungen, die auf statistischen Erhebungen basieren und in gewissen Zeitabschnitten von Ministerien und den für die psychische Gesundheit zuständigen Dachverbänden verbreitet werden, sollen nicht zu einer Verunsicherung der Bevölkerung führen, vielmehr Anlaß sein, den darin ausgedrückten Sorgen nachzugehen.

Wenn wir unterstellen, daß die Verbreitung von seelischen Störungen und Erkrankungen stetig zunimmt, liegt die Frage nach den Ursachen und Bedingungen nahe, die dazu führen.

Gewisse Interessenverbände, die die immer wieder zum Ausdruck gebrachte Sorge um die Zunahme psychischer Störungen nicht teilen, wenden ein, daß diese Feststellung eine Fiktion sei. Ihre Ursache liege im Ausbau der psychiatrischen, medizinischen und psychologischen Versorgung in den letzten Jahrzehnten und der damit verbundenen Inanspruchnahme ihrer Einrichtungen durch immer mehr Menschen. Darüber hinaus seien die Möglichkeiten der Früherkennung seelischer Störungen gewachsen, und eine über seelische Leiden zunehmend besser aufgeklärte Bevölkerung suche direkt Rat und Hilfe bei Fachärzten, Erziehungsberatungsstellen und Diplom-Psychologen und Psychoanalytikern. Obwohl eine Auseinandersetzung um die Frage, ob die psychische Gesundheit unserer Bevölkerung in breitem Maße abnimmt, von großer sozialer Bedeutung ist, möchten wir nicht in diesen Disput eintreten. Ausschlaggebend scheint uns zu sein, daß die Sorge um die Erhaltung der psychischen Gesundheit sowohl der Kinder als auch der Erwachsenen zunimmt und immer mehr Menschen nach Rat und Hilfe suchen.

In den folgenden Kapiteln werden wir einige Ursachen und Zusammenhänge für Entwicklungsstörungen und auffälliges Verhalten beschreiben. Psychische Störungen entwickeln sich zwar in krank machenden Gruppen, doch haben sie immer auch eine gesellschaftliche Dimension. Daher stellen wir in diesem Kapitel eine Betrachtung von Kind, Eltern und Familie in der Gesellschaft voran, ehe wir uns den psychischen Entwicklungsaspekten von gesundem und krankem Verhalten des Kindes zuwenden und auf spezielle Probleme eingehen.

Kind, Eltern und Familie in der Gesellschaft

Das Kind in der Gesellschaft

Die vielfältigen Methoden der Empfängnisverhütung, ihre Verbreitung durch alle Bevölkerungsschichten hinweg, ihre verhältnismäßig leichte Handhabung und die Aufklärung der Bevölkerung über Sexualität haben den werdenden Eltern ermöglicht, den Zeitraum für die Geburt ihres Kindes weitgehend selbst zu bestimmen. Wir können daher davon ausgehen, daß der größte Teil der heute geborenen Kinder in Deutschland von den Eltern gewünscht wurde. Sie werden in eine Partnerbeziehung zwischen zwei erwachsenen Menschen hineingeboren, die, verwurzelt in unserer Gesellschaft, ein tragfähiges Fundament für ihre Entwicklung bilden.

Die beklagenswert hohe Zahl von Schwangerschaftsabbrüchen, im Jahre 1992 wurden von den Ärzten über 110000 gemeldet[3], steht im Widerspruch zu den Möglichkeiten der Schwangerschaftsverhütung. 88 Prozent der 1992 vorgenommenen Schwangerschaftsabbrüche sind mit einer «sozialen Notlage» begründet worden, teilt die Statistik[4] mit. «Soziale Notlage», was heißt das? Verbergen sich hinter diesem Begriff soziale und wirtschaftliche Gründe, die Unreife der Persönlichkeit der werdenden Eltern, die die Verantwortung für die Erziehung ihres Kindes nicht übernehmen können, die Angst vor der Zukunft oder die Tatsache einer für die Entfaltung des Kindes und der Eltern immer komplizierter und bedrohlicher werdenden Gesellschaft und Umwelt?

Wir wollen hier einige Aspekte herausgreifen, mit denen wir das Phänomen der «sozialen Notlage» genauer klären können und die schlaglichtartig einige soziale Bedingungen in den Blickpunkt rücken, unter denen heute Kinder aufwachsen.

Der Beginn der Schwangerschaft leitet eine neue Entwicklungsphase im Leben der Eltern ein. Angesichts dieses Ereignisses fragen sich die Partner meistens erneut, wie sie zueinander stehen, ob sie sich aufeinander verlassen können, und ob sie der neuen Aufgabe gewachsen sind. Obwohl ihnen diese Fragen schon viele Male durch den Kopf gegangen sind, gewinnen sie jetzt eine gewichtige Bedeutung. Sie fordern von ihnen eine Bejahung des sich neu entwickelnden Lebens und ein Sicheinlassen auf die mit ihm verbundenen Abhängigkeiten. Diese Entscheidung zu treffen ist schwer, und viele Paare sind im Umgang mit ihr in einer echten «sozialen Notlage», in der sie oft reale, psychische Hilfe benötigen. Denn ihre sich nun verändernde gesamte Lebenssituation konfrontiert sie auch mit gesellschaftlichen Prozessen und drängt sie aus der Anonymität der Zweierbeziehung heraus. Sie entscheiden, welchen Platz sie ihrem Kind in ihrem Leben einräumen werden und welche Gestalt er annehmen wird. Während sie noch mit dieser Frage beschäftigt sind und Vorbereitungen für die Geburt des Kindes treffen, hat die Gesellschaft – unsere soziale Großgruppe – mit ihrem Verhalten, ihren Institutionen und Vorschriften schon längst Entscheidungen getroffen, in welchem großen Rahmen sich die Entwicklung des Kindes vollziehen wird.

Eltern, die ein Kind erwarten, wird nicht selten ihre Wohnung gekündigt, weil Kinder im Haus unerwünscht sind. Auf der Suche nach einer neuen, größeren Wohnung erfahren sie keine Unterstützung und Erleichterung. Viele Vermieter lehnen es ausdrücklich ab, an Eltern mit Kindern Wohnungen zu vermieten, weil sie ihr Leben mit ihnen im selben Haus nicht teilen wollen, ihre Lebendigkeit und ihr Geschrei fürchten.

Frauen werden sozial diskriminiert, weil sie möglicherweise später ein Kind erwarten und Mutter werden. Sie haben in der Arbeitswelt eine weit geringere Chance, eingestellt zu werden, als Männer. Die Diskriminierung kann so weit reichen, daß sie bei einer Arbeitseinstellung eine Erklärung abgeben müssen, daß sie nicht schwanger sind.

Die Statistik zeigt eine abnehmende Zahl von Geburten in Deutschland an. Der Rückgang nimmt erschreckende Ausmaße an. So sind 1992 in Deutschland 76356 Menschen mehr gestorben als geboren.[5]

Die Abnahme der Zahl der Geburten ist von offiziellen Stellen viele Jahre mit den Auswirkungen des sogenannten «Pillenknicks» begründet worden. Unseres Erachtens ist diese Begründung eine Rationalisierung einer immer kinderunfreundlicher werdenden Gesellschaft und Umwelt, in welcher Kinder in der sozialen Werteskala nicht selten hinter Eigentum, Haus und Auto rangieren.

Der neueste Bericht der Bundesregierung räumt ein, daß der Geburtenrückgang nicht nur auf der wirtschaftlichen Benachteiligung der Familien, sondern auch auf der Einstellung der Bevölkerung zur Ehe und Familie beruhe. Neben der Verbesserung der materiellen Lage der Familien sei deshalb eine «Aufwertung der Elternschaft» nötig. Obgleich diese Feststellung richtig erscheint, wirkt sie wenig überzeugend. Eine Aufwertung der Elternschaft, die lediglich materielle Anreize verspricht, wird wenig verändern, wenn sich nicht grundsätzliche psychische Einstellungen und ein damit verbundenes soziales Entgegenkommen Kindern und Eltern gegenüber tiefgreifend zu wandeln beginnen.

Die politischen Parteien, Sozialverbände und die Bundesregierung sind zwar bemüht, dem anhaltenden Rückgang der Geburtenzahlen entgegenzuwirken und durch finanzielle Anreize – beispielsweise durch die Einführung des Babyjahres – potentiellen Eltern günstigere Voraussetzungen für die Geburt von Kindern zu schaffen. Hierbei allerdings, so scheint es, stehen eher die Sicherung der Renten und des erreichten Bruttosozialprodukts im Vordergrund als kinderfreundliche Zielsetzungen. Zudem spielt wohl die Angst eine Rolle, Deutschland könnte ein Einwanderungsland werden. In diesem Zusammenhang erscheint es nicht einsehbar, warum die Bundesregierung und die sie tragenden politischen Gruppierungen einerseits eine Strategie verfolgen, die materielle Anreize schaffen soll für die Geburt von Kindern, andererseits aber die finanziellen Mittel beispielsweise für Säuglings- und Kindertagesheime drastisch gekürzt werden. Es ist daher auch nicht verwunderlich, daß sich das Bundesgesundheitsministerium in kompromittierender Weise gegen die soziale Indikation bei Schwangerschaftsabbrüchen gestellt hat (vgl. die Diskussion über die Arbeit von «pro familia»). Das Anliegen, die Würde des Kindes und sein Recht auf eine glückliche und zuversichtliche Zukunft zu sichern, ist dabei nicht erkennbar.

Die Bedrohung, die von der Nutzung der Atomenergie ausgeht, die allgegenwärtige Umweltproblematik, die große materielle Belastung, die Kinder bedeuten, die zunehmende Massenarbeitslosigkeit von Jugendlichen und die Aussicht vieler Eltern, daß auch ihr Kind in nicht ferner Zukunft arbeitslos sein wird, wirken wenig motivierend, immer mehr Kindern das Leben zu schenken. Quasi von Geburt an werden Eltern von der Sorge beherrscht, daß ihr Kind durch die Umweltbelastung keinen Schaden nimmt, sich hinreichend gut entwickelt, und später, ob es die entsprechenden Zensuren nach Hause bringt, um noch eine Chance zu haben, in unserer Konkurrenzgesellschaft einen guten Platz einzunehmen. Ohne Prophetie ist absehbar, daß die halbherzigen staatlichen Maßnahmen den stetigen Trend der Abnahme der Geburtenrate nicht werden aufhalten können. Die «Vorsicht» der Bevölkerung als Reaktion auf die sozial unsichere und gesellschaftlich nur gering geachtete Stellung des Kindes, der Eltern und der Familie scheint – psychodynamisch verstanden – ein gesundes, biologisches Verhalten zu sein.

Dem Prinzip der Erhaltung des Lebens scheint allerdings immer dann, wenn die Sorge um seine Bedrohung zunimmt, eine Kraft innezuwohnen, die als Gegenreaktion, als ein Eintreten für gesundes Leben, verstanden werden kann. In jüngster Zeit scheinen uns zwei Entwicklungstendenzen bedeutsam zu sein, da sie das Denken weiter Bevölkerungskreise beeinflußt haben.

Der zu beobachtende Umbruch innerhalb der Gynäkologie und der Geburtsmedizin in den letzten Jahrzehnten hat eine Entwicklung eingeleitet, die viele Eltern mit Interesse aufgenommen haben. Das Eintreten für eine «sanfte Geburt», für eine schmerzfreie Geburt (Leboyer) oder allgemein gesagt für eine Einstellung, die sich an den spezifischen Bedürfnissen des neugeborenen Kindes, seiner Mutter, aber auch des Vaters orientiert, hat Möglichkeiten eröffnet, irrationale Angst vor der Geburt und dem Krankenhaus abzubauen, zugleich aber auch die Einstellung der Medizin zu den Eltern korrigiert. Noch vor dreißig Jahren war es eine Besonderheit, daß Väter bei der Geburt ihres Kindes zugegen sein konnten, während dies heute in der Regel von allen Geburtskliniken akzeptiert, zum Teil sogar ausdrücklich gewünscht wird. Vom psychologischen Standpunkt scheint die Beziehung und das Interesse des Vaters an seinem Kind und seiner Frau in dem Maße zu wachsen, als er an den entscheidenden Entwicklungsvorgängen beteiligt ist. Die Frau, die ein Kind gebärt, fühlt sich sicherer und nicht schutzlos Ärzten und Krankenschwestern «ausgeliefert», wenn sie ihren Mann in ihrer Nähe weiß. Das gemeinsame

Erleben der Geburt, Schmerz und Freude, festigen die Beziehung zueinander und den Beginn des Familienlebens. Die Geburtsmedizin hat durch diese veränderte Einstellung entscheidende Weichen neu gestellt, indem sie dem neugeborenen Leben und den Eltern einen Raum in unserer Gesellschaft gegeben hat, der von Beginn an eine Legitimation erfährt. Sie hat eine wichtige Trumpfkarte in der Hand, dem vorherrschenden Trend einer kinderunfreundlicher werdenden Umwelt positiv entgegenzuwirken. Mit den Neuerungen in der Geburtsmedizin vollzog sich ein Umdenken in weiten Kreisen der Bevölkerung.

Zahlreiche kulturanthropologische Veröffentlichungen über die Entwicklung von Kindern und die Erziehungspraktiken in kleinen ethnographischen Einheiten haben den Kreis pädagogisch interessierter Eltern beeinflußt. Diese Studien und Anregungen können zwar nicht ohne Einschränkungen in unseren Kulturbereich übertragen werden, sie haben jedoch Auswirkungen auf die Einstellung den Lebensprozessen des Kindes gegenüber. Die Bedeutung des Körperkontaktes zwischen Eltern und Kind scheint beispielsweise durch diesen Einfluß einen neuen Sinn erfahren zu haben. Das Tragen von Neugeborenen am Leib der Mutter oder des Vaters mit dem Tragetuch oder dem «Easy Rider» ist nur ein kleiner sichtbarer Ausdruck dieser Entwicklung, die vor vierzig Jahren noch nicht denkbar war.

Diese erfreulichen Neuorientierungen bieten jedoch leider keinen Anlaß anzunehmen, daß sich wesentliche Werthaltungen unserer Gesellschaft gegenüber den Bedürfnissen von Kindern und Eltern gewandelt hätten. Kinder scheinen nach wie vor häufig «Störenfriede» zu sein. Die Kinderspielplätze, mitten in Großstädten, gleichen häufig eher einem Kleinzoo, in welchem sich Kinder und Mütter, manchmal auch Väter tummeln, abgezäunt mit einem Maschendraht, isoliert zwischen verkehrsreichen, belebten Straßen voller gesundheitsgefährdender Schadstoffe in der Luft. Überdies ist die Einrichtung vieler Kinderspielplätze so gestaltet, daß Eltern und Kinder keineswegs zu gemeinsamem Spiel an den Spielgeräten angeregt werden. Oft ist die Benutzung bestimmter Spieleinrichtungen für Eltern ausdrücklich verboten. Ihnen bleibt nichts anderes übrig, als sich aus der Gegenwart des Spiels des Kindes zurückzuziehen, zu langweilen oder den Gang zum Spielplatz mit dem Kind als eine etwas lästige Verpflichtung zu betrachten.

Die öffentlichen und privaten Einrichtungen für Kinder und Eltern sind Ausdruck des Lebensraums, den ihnen unsere Gesellschaft gibt. Die Wohnungen, in denen sie leben, sind perfekt zugeschnitten auf eine Kleinstfamilie, eng und sachlich, in Großstädten für junge Eltern oft nicht mehr finanziell zu tragen. Säuglings- und Kinderheime werden, was die pädagogischen Mitarbeiter betrifft, knapp ausgestattet, sie sind in der Regel unpersönlich eingerichtet. Die Bemühungen der Gemeinden und der Bundesländer, den Mitarbeiterschlüssel für Säuglings- und Kinderheime weiterhin zu reduzieren, und der sich an dieser Beschneidung entzündende Protest der Mitarbeiter, Eltern und der Gewerkschaften zeigen unzweideutig, welche Bedeutung unsere Gesellschaft der Stellung des Kindes einräumt. Selbst das von der UNO 1980 ausgerufene Jahr des Kindes konnte diese allgemein zu beobachtende unfreundliche gesellschaftliche Haltung dem Kind gegenüber kaum beeinflussen.

Bei den Kindergärten scheinen insbesondere die öffentlichen und kommunalen, schon infolge der hohen Kinderzahl pro Gruppe (bis zu 25 Kinder), wenig pädagogisch sinnvolle Arbeit leisten zu können. Eine Erzieherin ist mit dieser Kindergruppenstärke trotz allen Bemühens und hohen persönlichen Engagements schlicht überfordert. Das an Arbeitsstellen in der Wirtschaft gemessen relativ geringe finanzielle Entgelt, das sie für ihre schwere Arbeit erhält, zeigt, welche Wertschätzung dieser Arbeit zufällt. Nicht ohne Grund erfreuen sich daher private Kindergärten einer stetig steigenden Beliebtheit, da sie dem Kind einen seinen Bedürfnissen entsprechenden Lebensraum sichern mit einer für Kinder überschaubaren Gruppenstärke (10 bis 12 Kinder). Meistens kümmern sich zwei Erzieherinnen um eine Gruppe dieser Stärke. Eingeschlossen in die pädagogische Arbeit, sind häufig Elternabende, die an den öffentlichen städtischen Kindergärten fast völlig entfallen oder nur ein- bis zweimal im Jahr als rein organisatorische Besprechungen abgehalten werden, so daß die Eltern am Erziehungsprozeß ihrer Kinder im Kindergarten keinen Anteil haben.

Die Bevorzugung privater Kindergärten durch jene Eltern, die der pädagogischen Arbeit mit ihren Kindern ein größeres Gewicht beimessen, hat jenseits der geschilderten noch andere Motive. Kindergärten, die beispielsweise nach pädagogischen Konzepten von Kurt Fröbel, Maria Montessori, Rudolf Steiner oder der psychoanalytischen Pädagogik arbeiten, betonen in ihrer grundsätzlichen pädagogischen Auffassung die Ganzheit des menschlichen Denkens, Fühlens und Handelns, die durch unsere Lebensbedingungen in ständiger Gefahr steht, in einzelne Funktionsbereiche zersplittert zu werden. Gleiches trifft auf die Auswahl von Schulen für Kinder zu – ein Aspekt, dem wir gleich noch mehr Aufmerksamkeit widmen werden.

Kritisch müssen wir feststellen, daß der Zugang zu jenen Institutionen, die die Ganzheit menschlichen Handelns in ihr pädagogisches Konzept einbeziehen, nur einer gewissen Schicht unserer Gesellschaft vorbehalten zu sein scheint, nämlich jener, die über ein mehr als durchschnittliches Einkommen verfügt. Sie setzt sich dank ihres Bildungsniveaus und ihrer finanziellen Möglichkeiten mehr als andere Eltern ein, der sonst schon früh einsetzenden Spaltung der verletzlichen kindlichen Persönlichkeit entgegenzuwirken. Die Kehrseite dieses Vorzugs besteht aber häufig darin, daß gerade wohlhabendere Eltern zwar ihre Kinder in solche Institutionen schicken, bei ihnen zu Hause jedoch eine Art von «Wohlstandsverwahrlosung» infolge des Arbeitsstresses der Eltern herrscht. Oft wird daher der Übergang von (vorschulischer) Erziehung im Kindergarten zur Schule für Kinder und Eltern zum Problem, weil ihre bis dahin verborgenen Leistungsansprüche an ihr Kind öffentlich werden. Das Kind bewegt sich nun in einem – bildlich gesprochen – erweiterten sozialen Spiegel unserer Gesellschaft, in welchem die bis dahin verinnerlichten Sozialisationsprozesse einer kritischen Beurteilung unterzogen werden. Das Verhalten des Kindes, seine Integrations-, seine Konflikt- und Gruppenfähigkeit werden in der Schulklasse auf die Probe gestellt. Sowohl für das Kind als auch für die Eltern ist dies der erste Schritt einer Trennung von den lange Zeit gelebten Bindungen, der zahlreiche Probleme, aber auch Entlastungen in sich birgt.

Probleme treten zumeist in Form von Aufmerksamkeits- und Konzentrationsschwierigkeiten des Kindes zutage, in Form von Hemmungen des Verhaltens den Mitschülern gegenüber, Aggression oder irrationaler Angst, die das gesamte Verhalten des Kindes betreffen kann. Eine Entlastung stellt der Schritt der Einschulung für die Eltern, meistens insbesondere für die Mütter, insofern dar, als sie sich während der Schulzeit des Kindes mehr ihren eigenen Bedürfnissen, ihrem Beruf, ihren beruflichen oder häuslichen Interessen widmen können.

Die Aufgaben, die den Eltern mit der Schulzeit des Kindes zufallen, werden jedoch immer vielschichtiger. Während in der Grundschule noch eine verhältnismäßig geringe Leistungsorientierung und eine intensive Möglichkeit der Förderung eines Kindes, auch im Sinne einer Korrektur des Verhaltens, gegeben ist, nehmen die Anforderungen an intellektuelle Leistung und Verhalten in den folgenden Klassen stetig zu. Mit dem Erreichen der vierten Klasse sind die Eltern (und das Kind) mehr als zuvor gefordert, eine Entscheidung zu fällen über den Bildungsweg, der nach ihrer Meinung ihrem Kind entspricht. Da das Bildungsangebot heute weit gefächert und nicht mehr so karg wie früher ist, wo es lediglich galt, zwischen Volksschule und Gymnasium zu entscheiden, trägt dieser Umstand zu einer erheblichen Verunsicherung der Eltern bei. Sicherlich drückt die Wahl des Schultyps für ihr Kind viel aus von den Vorlieben der Eltern und dem sozialen Stand, dem sie sich zugehörig fühlen. Eltern, die bei dieser Entscheidung die Fähigkeiten und Bedürfnisse ihres Kindes mißachten oder sich in ihrem Selbstverständnis gekränkt fühlen, weil ihr Kind nicht das erwartete Leistungsverhalten und den Arbeitseinsatz zeigt, die in einem Gymnasium gefordert werden, werden eine Wahl für ihr Kind treffen, die sie eher in ihrem Narzißmus bestätigt, als daß sie dem psychischen Entwicklungsstand des Kindes gerecht wird. Das Kind wird schwer darunter zu leiden haben, da ihm von den Eltern unbewußt eine Aufgabe aufgebürdet wird, die sie häufig früher selber nicht bewältigen konnten. Infolge der bestehenden psychischen Abhängigkeiten und des ausgeübten Drucks kann das Kind unschwer in die Rolle des Symptomträgers als Ausdruck der narzißtischen Störungen der Eltern gedrängt werden (vgl. Horst Eberhard Richter: Eltern, Kind und Neurose, Reinbek 1969). Eine schwere psychische Störung in der Persönlichkeitsentwicklung des Kindes, verbunden mit den unterschiedlichsten depressiven oder psychosomatischen Erscheinungen sind die Folge dieses unbewußten Mechanismus, mit dem Eltern etwas auf ihre Kinder übertragen.

Unsere Erfahrung zeigt, daß die Eltern gerade bei der Auswahl des schulischen Bildungsangebots für ihr Kind eine ausreichende psychologische Unterstützung brauchen, wie sie etwa Schulpsychologen, Erziehungsberatungsstellen oder psychologische Praxen mit ihren psychodiagnostischen Möglichkeiten bieten. Durch die Einführung der sogenannten Orientierungsstufe im System der schulischen Bildung ist zwar eine Hilfsmöglichkeit geschaffen worden, den Eltern die Entscheidung dadurch zu erleichtern, daß Kindern, die ihre Fähigkeiten und Begabungen erst nach und nach entwickeln, ein Aufschub für eine endgültige Entscheidung eingeräumt wird. Doch sollten die Eltern selbst eine Beratung (in der Schule oder anderswo) erfahren, mit Hilfe derer sie Einsicht in die unbewußten Motive ihrer Entscheidung erhalten. Letztlich treffen die Eltern mit der Wahl des Bildungsweges für ihr Kind infolge des Konkurrenzdrucks in unserer Gesellschaft immer eine Entscheidung über den sozialen Stand oder das Ansehen, das sie selbst im Freundes- und Bekanntenkreis genießen. Das trifft auch auf die Wahl von Schulen für ihre Kinder zu, die mehr die persönlichkeitsentfaltenden und musischen Seiten betonen, wie etwa die Waldorf, Montessori- oder Albert-Schweitzer-Schulen, die ähnlich wie viele private Kindergärten die Ganzheitsaspekte menschlicher Entwicklung fördern. Schulen dieser Ausrichtung erfreuen sich heute einer Nachfrage, der sie kaum gewachsen sind.

Zum Schluß unserer kurzen Betrachtung einiger Aspekte der Stellung des Kindes in unserer Gesellschaft möchten wir – trotz aller kritischen Einwendungen – feststellen, daß einer Pädagogik und einer Psychologie, die sich an den tatsächlichen Bedürfnissen des Kindes orientiert, heute mehr Interesse und Aufmerksamkeit quer durch alle Bevölkerungsschichten hindurch entgegengebracht wird, als dies vermutlich jemals zuvor in der Geschichte unseres Landes der Fall war. Die Wurzeln dieser veränderten Einstellung sehen wir nicht nur in dem Einfluß, den die sich weiterentwickelnde Medizin, Pädagogik, Psychologie und Psychoanalyse auf sie ausgeübt haben, sondern vor allem in der Wachsamkeit und Auseinandersetzung der Nachkriegsgeneration mit dem Erbe, das die Schreckensherrschaft des NS-Regimes hinterlassen hat. Insbesondere die Neuinspiration der Pädagogik durch die Studentenbewegung der späten sechziger Jahre, in deren Gefolge Konzepte einer freieren und schöpferischen Erziehung und einer von überkommenen Unterdrückungsmechanismen befreiten Gesellschaft diskutiert wurden, verdanken wir das veränderte öffentliche Bewußtsein von Bedeutung und Wirkung einer freizügigeren und weniger unterdrückenden Pädagogik auf das Kind. Wenn auch dieses Bewußtsein noch nicht tief genug verwurzelt ist, so drückt es sich zumindest in Versuchen aus, sich neuen pädagogischen Leitbildern zuzuwenden und dem Kind eigene Autonomie und Entfaltung einzuräumen. Was für alle geschichtlichen Prozesse gilt, hat auch in der Pädagogik Gültigkeit, insbesondere dann, wenn Kinder Probleme haben: «... was eine Generation nicht bewältigt, bürdet sie unbewußt der folgenden auf.»[6]

Eltern in der Gesellschaft

Das prägende Phänomen für die Geschichte der Bundesrepublik Deutschland von Anfang bis heute und für die Generation unserer Eltern sind das Dritte Reich, der Zweite Weltkrieg und der Mord an Millionen jüdischer Mitbürger. Diese Ereignisse sind von konstituierender psychischer Wirkung, was wir auch in unserer therapeutischen Arbeit immer wieder erfahren. Sie sollen daher im folgenden auf ihre psychische Auswirkung für die nachfolgende Elterngeneration erörtert werden.

Der Großteil der Deutschen war Teilnehmer, Zeuge, Mittäter, Mitläufer oder Opfer der Zeit von 1933 bis 1945. Sie haben Ereignisse miterlebt, die die Geschichte bis dahin nicht kannte und die hier nur stichpunktartig erwähnt werden sollen: die Unterdrückung aller geistigen Freiheit, die Unterordnung unter das «Führer-Prinzip», das heißt die Aufgabe eigenen und eigenverantwortlichen Denkens und Handelns, die Etablierung eines umfassenden Spitzelsystems, Massenverhaftungen von Andersdenkenden (Gewerkschaftler, Kommunisten, Christen), Aufbau eines weitverzweigten Systems von Konzentrationslagern, zunächst im Sinne ideologischer Umerziehung durch Zwangsarbeit, später als Einrichtungen zum systematischen Töten wehrloser Menschen, Euthanasie, die Diskriminierung und Verfolgung ethnischer Minderheiten, die Vernichtung einer unabhängigen Justiz.

Der Demokratisierungsprozeß in der Bundesrepublik nach dem Krieg[7] und die Erarbeitung einer freiheitlichen, vorbildlichen Verfassung konnten nicht verhindern (und können auch heute nicht darüber hinwegtäuschen), daß nicht Hitlers Gegner, sondern eher Kräfte, die sich dem Nationalsozialismus angepaßt hatten, die gesellschaftliche Macht nach dem Krieg zurückgewinnen konnten. Statt einer schonungslosen Überprüfung eigener Mitverantwortung für all die Verbrechen während der NS-Zeit setzte eine kollektive Verdrängung der Schuld ein. Die allgemeine Bereitschaft zur Unterordnung unter die nazistische Ideologie fand ihre Fortsetzung in der allgemeinen Bereitschaft, diese Phase der eigenen Geschichte zu verdrängen. Alexander Mitscherlichs kritische Bestandsaufnahme dieser kollektiven Verdrängung (vgl. Alexander Mitscherlich: Die Unfähigkeit zu trauern) verhallte weitgehend ungehört. Statt dessen setzte eine Neuorientierung der Werte ein. Statt die Vergangenheit zu erforschen und über das begangene Unrecht, das wehrlosen Menschen angetan wurde, zu trauern, trat das eigene materielle Wohlergehen in den Vordergrund. Vorbild dafür waren die – ideologisch in jeder Hinsicht unverdächtigen – Amerikaner. Als Sieger im Krieg, als Verteidiger der Freiheit und als Vertreter einer Wohlstandsgesellschaft traten sie unfreiwillig die Nachfolge Hitlers als Identifikationsobjekt der Deutschen an: Nun waren sie das Vorbild, mit dem sich die Menschen in (West-)Deutschland unverdächtig identifizieren konnten. Der Marshallplan wurde von der westdeutschen Bevölkerung als humanitäre Geste mißverstanden. In der Bereitschaft zur Idealisierung der Amerikaner wurde das machtpolitische Kalkül, das der Plan mitverfolgte, verdrängt. In der Neuorientierung auf äußeren Wohlstand entstand in der Identifizierung mit den Amerikanern und mit deren Hilfe das sogenannte «Wirtschaftswunder». Reste nicht verdrängbarer Schuld sollten durch die sogenannte «Wiedergutmachung» beschwichtigt werden. In Form von Geldzahlungen an die Hinterbliebenen von ermordeten Juden und an den Staat Israel sollte der millionenfache Mord «wiedergutgemacht» werden. Dieser verräterische Begriff verweist einerseits auf noch vorhandene Schuldgefühle, andererseits auf die Illusion, diese Schuld durch Geldzahlungen tilgen zu können. «Wiedergutmachung» durch Geldzahlungen bedeutet nichts anderes als den vergeblichen Versuch, sich von Schuldgefühlen loszukaufen.

Für das Selbstverständnis der Deutschen sind diese geschichtlichen Entwicklungen von prägender Kraft. Obwohl die Mütter und Väter heute alle der Nachkriegsgeneration angehören, haben sie alle teil an der tiefen Krise zwischen der Kriegs- und Nachkriegsgeneration. Angst, Unsicherheit und auch Ablehnung kennzeichnen nicht selten ihre Beziehung zu ihren Eltern. Sie haben nur wenige «glaubwürdige» Väter und Mütter der Kriegsgeneration, deren Glaubwürdigkeit fast immer die Zugehörigkeit zum Widerstand im Dritten Reich bezeugt. Der Mangel an überzeugenden Vorbildern, mit denen sich die Nachkriegsgeneration hätte identifizieren können, drückt sich in einer weitverbreiteten Identitätsleere aus. Alexander Mitscherlich beschreibt diese Erscheinung in seinem Buch «Auf dem Weg zur vaterlosen Gesellschaft». Mit dieser Identitätsleere sind sowohl eine radikale Infragestellung aller überkommenen Werte als auch eine Orientierungslosigkeit in den Geschlechts- und Elternrollen verbunden. Sie besitzt eine unmittelbare Auswirkung auf das Beziehungsgeflecht zwischen Eltern und Kindern heute. So steht die heutige Elterngeneration vor dem Problem, sich weitgehend selbst eine Identität als Vater oder Mutter schaffen zu müssen.

Die gesellschaftspolitische Dimension der Macht, die teils noch bis in unsere Zeit von jenen Kräften ausgeht, die zum Gefolge der Hitler-Herrschaft zu zählen sind, deren Auswirkungen auf die Institutionen, die Einfluß auf unser öffentliches Leben nehmen, aber auch die psychisch verinnerlichten Erziehungsmuster, die die Vorkriegsgeneration ihren Nachkommen hinterlassen hat, sowie Ergebnisse der psychoanalytischen Arbeit mit Eltern und Kindern drängen uns, auf einen Zusammenhang hinzuweisen, der in der Beziehungsdynamik zwischen Eltern und Kindern immer wirksam ist: die völlige Abhängigkeit des Kindes von seinen Eltern und deren Umgang mit elterlicher Macht und Autorität. Dieser Zusammenhang ist insofern von Bedeutung, als er geeignet ist, der Weitergabe von Verhaltensweisen der Vorkriegsgeneration bis in unsere Zeit hinein nachzugehen. Die bedingungslose Unterwerfung der meisten unserer Väter und Mütter unter eine nicht hinterfragbare Autorität und die dabei entstehende zerstörerische Aggression konnten nicht ohne Folgen für die Kinder bleiben. Theodor W. Adorno hat diesen Zusammenhang beispielhaft schlüssig dargestellt.[8] Eine geforderte oder erzwungene Unterwerfung unter eine Autorität bringt immer ein hohes Potential an zerstörerischer Aggression hervor. Wird die Unterwerfung fortgesetzt erzwungen, führt sie zu einer zwanghaften Panzerung der Persönlichkeit gegen Gefühlsregungen und zu einer Abspaltung und Verdrängung von Gefühlen. Das eigene Denken, Fühlen und Handeln müssen zugunsten der Autorität, wenn sie nicht hinterfragt werden darf, aufgegeben werden. Dadurch findet eine schwere narzißtische Kränkung der sich Unterordnenden statt. Eigentlich müßte die durch die Kränkung entstehende Aggression auf den Unterdrücker, die Autorität, gerichtet werden. Wenn dies nicht möglich ist, müssen sich die aggressiven Impulse andere Wege der Abfuhr suchen.

Für die Vorkriegsgeneration, die erzwungenermaßen gelernt hat, sich dem nicht hinterfragbaren Führerprinzip zu unterwerfen, bestand der Weg der Abfuhr der destruktiven Aggression darin, sie im Sinne der nazistischen Ideologie auf Außenfeinde zu richten, die das Wohlergehen des deutschen Volkes zu verhindern trachteten: sie richtete sie gegen das sogenannte «Weltjudentum», den Bolschewismus und später gegen alle das «Großdeutsche Reich» umgebenden europäischen Völker. Psychologisch gesehen wurde hier der unbewußte Mechanismus der Projektion eigener destruktiver Gefühle auf einen Außenfeind eingesetzt. Dieser von Sigmund Freud für den einzelnen entdeckte psychische Mechanismus ist der Schlüssel zum psychologischen Verständnis des engen Zusammenhangs zwischen autoritärem Charakter und nach außen geleiteter Aggression.

Für die Nachkriegsgeneration ist das «psychische Erbe» ihrer Eltern, die sich gegen die Unterdrückung ihres Denkens, Fühlens und Handelns mit einer zwanghaften Panzerung ihrer Persönlichkeit umgaben, ihre destruktive Aggression auf die fiktiven Verfolger gerichtet und ihre Schuldgefühle verdrängt haben, nicht ohne Folgen geblieben. Die Erziehungsmaßnahmen, die sie mit diesem «psychischen Erbe» unbewußt übernommen haben, führen bei ihren Kindern heute nicht selten zu einer zumindest partiellen Unterdrückung von Gefühlsregungen, vor allem von aggressiven Impulsen. Diese müssen sich einen anderen Weg bahnen.

Diese latenten Impulse äußern sich beispielsweise immer wieder in einem in unserer Gesellschaft besonders sensiblen Bereich, dem der Ausländerfeindlichkeit. Ein anderer Weg, den sich unterdrückte Aggression bahnt, führt nach «innen», in der radikalen Abkehr von der Autorität der Eltern und ihrer pädagogischen Einflußnahme auf das

Kind. Diese Erscheinungen werden wir in späteren Kapiteln mit Falldarstellungen untermauern.

Das «psychische Erbe», das die Väter und Mütter der Nachkriegsgeneration übertragen haben, ist schwer zu verarbeiten und selbst durch intensive Auseinandersetzungen in Psychotherapien nicht leicht zu lösen. Vor allem in Psychotherapien von Erwachsenen, wenn diese darüber klagen, daß sich ihre Kinder gegen ihre elterliche Autorität wenden, nichts mehr annehmen und sich bedingungslos zurückziehen, bleibt tiefe Unsicherheit zurück, wie sie das Kind behandeln sollen. Sie wollen ja nicht wie ihre Eltern sein, über die sie in Psychotherapien erfahren haben, welchen Verzicht auf Bedürfnisse und Gefühle sie ihnen aufgezwungen haben. Sie sind unsicher, wo sie die Grenzen zwischen sich und ihrem Kind abstecken wollen. Ein Kind, das sich zum Punk frisiert und mit Literatur über Teufelsaustreibung beschäftigt, damit die Eltern (die mit Schuldgefühlen reagieren) ängstigt, scheint unsicher zu sein über die Auseinandersetzungsbereitschaft seiner Eltern und über deren Wertvorstellungen. Die Wege einer offenen, konstruktiven aggressiven Auseinandersetzung, die das Kind in seinem Selbstgefühl achtet, sind in unserer Gesellschaft noch mit so viel Unsicherheit besetzt, daß sie ohne psychologische Hilfestellung von vielen Eltern nicht beschritten werden können. Eltern in unserer Gesellschaft haben, wenn man Eltern wirklich ernst nimmt, eine unausweichliche Aufgabe, nämlich sich mit der Vergangenheit ihrer Eltern auseinandersetzen zu müssen.

Die Familie in der Gesellschaft

In Übereinstimmung mit vielen soziologischen Untersuchungen[9] können wir einen zunehmenden Funktionsverlust in den Familien beobachten. Im Vergleich zu der Großfamilie, die noch zu Beginn dieses Jahrhunderts die meisten Aspekte des sich entfaltenden und gelebten Lebens integrieren konnte, hat die Familie als Gruppe heute, insbesondere in den Großstädten, an Integrationskraft und Identität verloren. Durch die rasch zunehmende Industrialisierung und der sich daraus entwickelnden Funktionsteilungen entstanden immer größere Widersprüche in ihrem sozialen Gefüge. Arbeit und Entspannung,

Ernst und Spiel, Jugend und Erwachsensein, Krankheit und Tod gerieten zunehmend in ein unauflösbares Spannungsverhältnis zueinander. Nur noch vereinzelt in dörflichen Großgemeinschaften finden wir ein Gruppenleben, in welches alle Seiten des Lebens integriert sind. Als psychologisch beobachtbare Folge dieses Funktionsverlustes sind zunehmende Reserviertheit und Isolierung, instabilere Beziehungsfähigkeit und brüchigere Identifikation nicht nur im Verhältnis unterschiedlicher Familien zueinander, sondern auch ihrer Mitglieder untereinander festzustellen. Wer heute eine Familie gründet, ist, da kein verläßliches Auffangnetz, wie es die Großfamilie früher gebildet hatte, mehr zur Verfügung steht, fast ganz auf sich selbst gestellt und mit seinen Problemen allein. Da das Verhältnis zwischen Nachbarn in Hausgemeinschaften vor allem in den Großstädten meist durch Anonymität gekennzeichnet ist, kann die Nachbarschaft keine Entlastungsfunktionen für die Eltern übernehmen.

Wir möchten nun an zwei Gesichtspunkten die Bedeutung der Familie umreißen: die Erkenntnisse der psychoanalytischen Forschung über den Wert der Familie und ihre Wirkung auf das Kind.

In den letzten fünfzig Jahren hat sich die psychoanalytische Forschung intensiv mit den Fragen beschäftigt, was eine schlechte Familie ausmacht und ob der einzelne überhaupt eine emotionale und geistige Reife anders als im Rahmen einer Familie entwickeln kann.[10]

Zwei Betrachtungsweisen erscheinen uns möglich, um uns der individuellen Entwicklung des Menschen zu nähern, an dessen Ende seine emotionale und geistige Reife stehen sollte. Die eine befaßt sich mit der phasenspezifischen Entwicklung seines Trieblebens. Wir werden im nächsten Kapitel ausführlich darauf zu sprechen kommen. Die andere Betrachtungsweise, für die wir uns jetzt entscheiden, sieht von den Entwicklungsphasen ab. Wir können sie am ehesten in den Rahmen einer Theorie des psychischen Wachstums des Menschen einordnen. Diese geht von seiner fast absoluten Abhängigkeit von den Eltern aus, die allmählich geringer wird, eine relative Unabhängigkeit erreicht, um schließlich zur Unabhängigkeit zu führen. Unabhängig zu werden, auch von der Familie, das ist das Ziel der Entwicklung.

Auch wenn wir hier die zweite Betrachtungsweise wählen, handelt es sich doch um das gleiche Problem, nämlich das der mütterlichen und väterlichen Fürsorge. Sie verändert sich im Lauf der Entwicklung des Kindes und muß sowohl den frühen Abhängigkeitsbedürfnissen des Kindes als auch später dessen Streben nach Unabhängigkeit gerecht werden. Beide Eltern fühlen sich verantwortlich für ihr Kind und für die Beziehung, die Geschwister untereinander haben. Die Eltern empfangen aber auch all das, was Kinder ihnen und ihrer Familie geben können. So entfaltet sich die elterliche Fürsorge zum Familienleben, und der Begriff der Familie erweitert sich, wenn Großeltern, Vettern, Kusinen, auch Freunde und Bekannte hinzukommen. Diese haben häufig für das Kind eine besondere Bedeutung.

Die Familie ist so nach wie vor eine wirkliche Grundlage für den Aufbau der menschlichen Gesellschaft und ein Weg, eine demokratische Einstellung zu gewinnen. Gleichgültig, ob es leibliche oder Adoptiveltern sind, ob sie Einzelkinder oder mehrere Kinder haben, sie formen durch bewußte und unbewußte Erziehungsprozesse soziale Einstellungen des Kindes. Die Einheit von Mutter und Vater bildet für das Kind eine verläßliche Basis, auf die es bauen kann. Sie stellt eine natürliche Grundlage dar für die fortschreitende Entwicklung seiner Lebens- und Erlebensprozesse und für eine persönliche Lösung des Problems einer dreiseitigen Beziehung, der Triangulation. Die Eltern nehmen ihm die Furcht vor dem Leben und machen den Weg frei sowohl zum Fortschritt für Entwicklungen wie auch zur Regression, das heißt zu notwendigen psychischen Rückzügen in bereits durchlaufene Entwicklungsphasen. Wenn die Bedeutung und die Rolle der Eltern nicht voll anerkannt werden, sind diese Wege blockiert, und eine vage Furcht vor Abhängigkeit bleibt zurück und Furcht vor dem Beherrschtwerden (ein Symptom, was regelmäßig bei autoritären Persönlichkeiten zu finden ist).

Die Bedeutung der Familie liegt darin, daß für jedes einzelne Familienmitglied der reale Vater und die reale Mutter als innerpsychische Wirklichkeit lebendig werden. Die Störung dieser innerpsychischen Wirklichkeit kann eine ernsthafte Erkrankung der Kinder auslösen, wenn sie nicht – wie in manchen Fällen – zur frühreifen Selbständigkeit und Verantwortlichkeit führt.

Gegenwärtig werden sowohl die Bedeutung der Mutter wie die des Vaters für den Beginn des Lebens des Kindes von vielen geleugnet, Mütterlichkeit scheint kein Wort zu sein, Väter hält man für unwichtig im Hinblick auf die Entwicklung des Kindes. Alleinerziehende

Mütter und alleinerziehende Väter gelten als «normal». Wir meinen, Mütter und Väter sind für Kinder gleichermaßen wichtig, denn tatsächlich bedeutet ein Interesse des Kindes an der Mutter ein ebensolches für den Vater, und beides zusammen bildet eine lebenswichtige Grundlage für das Kind. Die Gründe, warum die Wichtigkeit des Vaters und der Mutter geleugnet werden, reichen unseres Erachtens tief in unsere Gesellschaft hinein. Anders als in benachbarten Ländern hatten große Teile der heutigen Elterngeneration in Deutschland – wie wir im vorangegangenen Kapitel gezeigt haben – kein glaubwürdiges und in sich stimmiges Elternvorbild, mit dem sie sich identifizieren konnten. Unklare und brüchige Identifizierungen bis hin zur Verleugnung der Bedeutung und der Rolle der Eltern sind die Folge.

Wenn wir nochmals die Frage nach der emotionalen und geistigen Reife des Kindes aufgreifen, sind wir der Ansicht, daß sie nur in einem Lebensraum entstehen kann, in welchem die Familie eine Brücke bildet, über die der Weg direkt in das Leben in der Gesellschaft führt. Die Gesellschaft bildet im wesentlichen eine Erweiterung des Familienlebens im Guten wie im Schlechten. Das soziale Gefüge der Familie, ein partnerschaftliches Familienklima sind Modelle, nach denen alle gesellschaftlichen Institutionen geformt werden müßten, wenn sie funktionieren sollen.

Das Fernsehen und die Sozialisation des Kindes

Wir möchten uns jetzt einem Phänomen zuwenden, das seit fast vier Jahrzehnten das Familienleben entscheidend verändert hat, wovon in erster Linie die Kinder betroffen sind: das Fernsehen. Wegen seiner Bedeutung und Tragweite widmen wir ihm ein eigenes Kapitel.

Allein quantitativ wird das Fernsehen von Kindern und Eltern in einem Ausmaß in Anspruch genommen, daß wir von einer grundsätzlichen Veränderung des Lebens in den Familien ausgehen müssen.

So wird einmal das familiäre Leben durch die Anfangszeiten bestimmter Sendungen strukturiert: Das Abendessen muß zum Beispiel bis zum Beginn der Tagesschau beendet sein. Oder das Kind soll nach der abendlichen Kindersendung ins Bett gehen. Oder an Sonntagen soll das Frühstück bis zur Übertragung des politischen «Frühschoppens» fertig sein usf.

Neben die zeitliche Strukturierung des Familienlebens durch das Fernsehen tritt die inhaltliche Bestimmung der Familie. Die Familie hat nach einer Sendung, die sie gemeinsam gesehen hat, ein gemeinsames Thema, über das alle sprechen können. Das heißt, nicht mehr Themen, die den einzelnen in der Familie beschäftigen, finden in der Familie Platz, sondern von außen vorgegebene.

Das zeitliche Ausmaß des täglichen Fernsehkonsums geht zwangsläufig zu Lasten anderer Beschäftigungen der Familienmitglieder. Wo früher in Familien zum Beispiel abends Spiele gespielt wurden, über gemeinsam interessierende Dinge gesprochen wurde oder die einzelnen Familienmitglieder ihren persönlichen Interessen nachgingen, beansprucht heute fast immer das Fernsehen die Zeit der Familie. Dies hat zu einer Verarmung des familiären Lebens geführt: es wird wenig miteinander gesprochen und noch viel weniger aktiv miteinander getan.

Haben allein schon diese Begleiterscheinungen des Fernsehens die Situation der Familien und der Kinder von Grund auf verändert, liegt die wichtigste Bedeutung dennoch in einer anderen Konsequenz: der Erziehung zur Passivität, zu einem «stellvertretenden Leben». Der Fernsehzuschauer ist der Empfänger von Inhalten, er nimmt sie zunächst einmal passiv auf. Dies ist nicht unbedingt negativ einzuschätzen. Auch der Zuschauer in einem Theater, der Hörer eines Konzerts, der Leser eines Buches usf. nimmt erst einmal passiv auf. Die Qualität dieses Vorgangs entscheidet sich an der Fähigkeit des Aufnehmenden, diese Eindrücke aktiv zu verarbeiten, sich mit ihnen auseinanderzusetzen, sie in seine Persönlichkeit zu integrieren oder sie abzulehnen. Die leichte Verfügbarkeit des Fernsehers jedoch stellt eine so große Versuchung dar, daß diese aktive Verarbeitung des Gesehenen und Gehörten nur allzu leicht umgangen wird. Jedes Gefühl von Unbehagen oder innerer Leere kann als Auslöser für den Druck auf den Knopf am Fernseher genügen, unabhängig vom gerade laufenden Programm. Und schon ist man mitten in aufregenden Geschehnissen, die die eigene Befindlichkeit in den Hintergrund drängen. Hier passiert einmal mehr, was in unserer Gesellschaft ständig geschieht: Gefühle werden nicht ernst genommen, nicht ausgehalten, es findet keine Auseinandersetzung mit diesen Gefühlen statt, kein kurzes Innehalten und Nachdenken über die Ursachen der Gefühle von Leere. Dieses Nachdenken und Erkennen der Ursachen könnten zu einer kritischen Einsicht in frustrierende Lebensbedingungen führen, zum Beispiel in der Arbeitswelt, die wiederum das Motiv für notwendige Veränderung sein könnte. All dies findet aber bei dem Druck auf den Fernsehknopf nicht statt. Statt dessen werden die eigenen Gefühle verdrängt, wie eine lästige Störung abgetan und mit Fernsehkonsum betäubt.

Man darf vermuten, daß dieser Mißbrauch des Fernsehens im Interesse bestimmter gesellschaftlicher Kräfte liegt, die auf die Stabilisierung der bestehenden Verhältnisse fixiert sind.

Unmittelbar mit diesem passiven Konsum des Fernsehens hängt eine psychische Begleiterscheinung zusammen, die außerordentlich persönlichkeitsformend wirkt. Die Wirkung aller Spielfilme, aller Theaterstücke und Romane beruht auf dem psychischen Mechanismus der Identifikation. Der Zuschauer identifiziert sich in einem Film zum Beispiel mit dem Helden und besteht so dessen Abenteuer mit. Der kleine Junge vor dem Fernseher erlebt, wie er einen Mörder jagt und wie er ihn letztlich fängt und hinter Schloß und Riegel bringt. Diese unbewußten Identifikationsprozesse spielen in der Entwicklung eines Menschen *die* konstitutive Rolle. Freud hat die Persönlichkeit eines Menschen einmal als Summe aller in der Geschichte dieses Menschen liegenden Identifikationen beschrieben.[11] Zwar sind diese Identifikationsprozesse während eines Films relativ flüchtig, aber in der Summe über Jahre der Entwicklung hinweg werden sie die Persönlichkeit eines Kindes prägen. Dies bedeutet, daß die Persönlichkeit unserer Kinder zu einem wichtigen Teil durch den Fernsehkonsum und die damit verbundenen, verborgen ablaufenden Identifikationsprozesse bestimmt wird.

Eltern sollten sich kritisch fragen, ob die «Helden» im Fernsehen diejenigen Vorbilder sind, die sie ihren Kindern zur Identifikation anbieten möchten. Hierzu gehört auch die negative Wirkung der brutalen und sadistischen Szenen in Filmen, die zu Recht in die öffentliche Kritik geraten sind. Wie Kinder solche Szenen verarbeiten, wird aber von der inneren Einstellung der Eltern abhängig sein. Wir plädieren nicht für ein «sauberes» Fernsehen, in dem weder Grausamkeit noch Sexualität vorkommen, denn das Leben enthält beides. Wenn Eltern mit ihren Kindern über diese zum Leben und zur Welterfahrung gehörenden Darstellungen reden, ihre eigenen Gefühle dabei zulassen und auch darüber mit ihren Kindern sprechen können, dann verlieren diese Darstellungen ihre mögliche traumatisierende Wirkung. Die alten Märchen, die Sexualität und Grausamkeit zur Genüge enthalten, lehren uns, nicht den vergeblichen Versuch zu unternehmen, beides aus der Wahrnehmungs- und Erfahrungswelt der Kinder auszugrenzen.

Noch einen letzten Gesichtspunkt möchten wir erwähnen: den krassen Unterschied zwischen der glänzenden Scheinwelt des Fernsehens und der scheinbaren Eintönigkeit der Erfahrungswelt von Kindern. Im Fernsehen finden ständig unglaublich spannende Scheinabenteuer in einer phantastischen Scheinwelt statt, in der die Helden sich dauernd in Grenzsituationen des Lebens bewegen. Immer geht es um hochdramatische Geschehnisse, fast immer um Tod und Leben und großartige Liebeserlebnisse. Das Kind bekommt eine phantastische Scheinwelt vorgegaukelt, gegen die das eigene Leben nur noch grau und eintönig wirken kann. Damit geht eine tiefe Entwertung der kindlichen, alltäglichen Erfahrung einher. Ein aus Papier gebasteltes Schifflein, das, ins Wasser gesetzt, auf einem Bach unter einer Brücke hindurchschwimmt, ist dann viel weniger aufregend als zum Beispiel phantastische Seeräuberabenteuer. Zum Glück ist die kindliche Phantasie so kreativ, daß Kinder sich immer noch besser als Erwachsene gegen diese Entwertung des eigenen Lebens wehren können.

Unter all den genannten Aspekten ist der Einfluß des Fernsehens kritischer zu sehen, als dies bislang geschieht. Besonders Eltern sollten sich die Probleme vergegenwärtigen, die das Fernsehen grundsätzlich mit sich bringt. Sie sollten ihre Verantwortung als Eltern ihren Kindern gegenüber wahrnehmen. Entscheidend wird dabei immer ihre eigene Vorbildfunktion sein, das heißt, wie sie selbst mit dem Fernsehen umgehen. Ein bewußt ausgesuchtes, begrenztes Programm, über das die Familie spricht und sich kritisch auseinandersetzt, kann sicherlich eine Bereicherung des Familienlebens darstellen. Dieser mündige Umgang mit dem Fernsehen ist jedoch leider die Ausnahme, der geschilderte Mißbrauch die Regel. Da die Bedeutung des Fernsehens weiter zunehmen wird – das Kabelfernsehen, weitere private Fernsehprogramme, das Video und der Großbildschirm sorgen dafür –, ist es von besonderer Bedeutung, sich seiner Wirkung auf Einstellungen und Verhaltensweisen bewußt zu sein. Wenn sich dieses Bewußtsein in den Familien durchsetzt, wird der Fernsehkonsum vermutlich abnehmen. Das Fernsehen wird einer verbreiteten und fundierten Kritik unterzogen werden, die unserer Meinung nach notwendig ist.

Die psychische und soziale Entwicklung des Kindes

Was zu tun ist, wenn Kinder Probleme haben, werden Leserinnen und Leser besser verstehen, wenn wir uns zuallererst mit der normalen, gesunden psychischen Entwicklung des Kindes befassen. Wenn wir annähernd wissen, was eine gesunde Entwicklung ist und was diese ausmacht, dann können wir besser beurteilen, wann sie gefährdet ist, wann Probleme auftauchen könnten oder gar besorgniserregende Erscheinungen sich zu zeigen beginnen.

An sich ist jede Entwicklung des neugeborenen Säuglings auf körperliches, psychisches und geistiges Wachstum ausgerichtet, für das ihm die Eltern und das ihn umgebende Milieu den «Boden» bereiten. Indem sie ihr Kind umsorgen, seine Bedürfnisse erfüllen, seinen Lebensäußerungen, mit denen es die «neue Welt» sich zu eigen zu machen beginnt, kontinuierlich Aufmerksamkeit und Interesse entgegenbringen, schaffen sie ihm ein wohliges «Nest», über dessen Begrenzung es auch mal hinausschauen kann. Wir gehen davon aus, daß verantwortliche Eltern auf die Bedürfnisse des Kindes eingestellt und seine biologischen, psychischen und geistigen Entwicklungsschritte zu verstehen bemüht sind, auch wenn diese einem kontinuierlichen Wandel unterworfen sind und dadurch Komplikationen im Verstehensprozeß auftreten.

Die Eltern sollten kein allzu festes Bild oder Konzept haben, wie ihr Kind sein sollte, weil dadurch die «Verständigung» unnötig erschwert wird; sie sollten vielmehr ihren natürlichen Möglichkeiten entsprechend offen den jeweiligen Entwicklungsschritten begegnen und diese für das Kind befriedigend unterstützen.

Die Veränderungen der Lebensäußerungen des Kindes und seines Verhaltens während bestimmter Entwicklungsphasen sind untrennbar verbunden mit Lernprozessen sowohl des Kindes als auch der Eltern: lernt der Säugling, wenn die Eltern ihm dies gestatten, seine Bedürfnisse und Wünsche stetig klarer und eindeutiger, zunächst durch Schreien, Weinen oder Lallen, zu äußern und später sprachlich zu artikulieren, so lernen auch die Eltern nach und nach diese Äußerungen seiner Bedürfnisse und Wünsche immer deutlicher wahrzunehmen, ihren Sinn besser zu verstehen und auf sie zu reagieren. In diesem Zusammenhang der Verständigung miteinander beginnt sich ein Netz zu entwickeln, auf dessen Sicherheit und Zuverlässigkeit das Kind vertraut und auch die Eltern vertrauen sollten. Es bildet die Grundlage für alle weiteren Lebensschritte, die das Kind und die Eltern machen.

Von dieser Grundlage aus stellen wir unseren weiteren Überlegungen einen Abriß über die psychische und soziale Entwicklung des Kindes voran, bei dem wir zunächst vor allem gesundes und normales Verhalten beschreiben wollen. Wo es uns geboten erscheint, werden wir die Gefahrenquellen aufzeigen, aus denen heraus sich problematisches und ins Krankhafte übergehendes Verhalten zu entwickeln beginnt. Wir beanspruchen nicht, alle Details der normalen, problematischen oder auch krankhaften Lebensäußerungen während der Entwicklungsphasen vom Säugling bis hin zur reifen Persönlichkeit zu erfassen. Hierzu gibt es ausreichend Fachliteratur, die die einzelnen Entwicklungsphasen zum Teil höchst differenziert beschreibt.

Da es heute sowohl auf dem Gebiet der Kindererziehung und der Entwicklungspsychologie wie auch zum Thema Störungen im kindlichen Verhalten geradezu eine Flut von Büchern gibt, die den interessierten Leser zu überschwemmen droht, möchten wir zur Orientierung im Literaturangebot und zum allgemeinen Verständnis folgendes anmerken: Inoffiziell hat sich, vereinfacht gesagt, eine Unterscheidung zwischen akademischer und psychoanalytischer Entwicklungspsychologie herausgeprägt. Die sogenannte akademische Entwicklungspsychologie wird von Autoren, die Diplompsychologen und Professoren sind, häufig als solche bezeichnet, weil sie an unseren Universitäten gelehrt wird. Sie versucht einen Gesamtüberblick über die Entwicklungsphasen des Menschen zu geben, setzt sich dabei über unterschiedliche Forschungsrichtungen mit unterschiedlichen Vorannahmen hinweg und bedient sich keines einheitlichen Begriffssystems zur Erläuterung der erforschten Sachverhalte. Die Psychoanalyse hingegen beansprucht für sich, ein in sich schlüssiges, systematisches Denkgebäude aus der Praxis differenzierter Beobachtung und vor allem der psychotherapeutischen Arbeit gewonnen zu haben. Aus ihm heraus beschreibt sie die Entwicklungsphasen des Menschen, wobei sie unbewußte Prozesse zugrunde legt. Diese Prozesse werden dem reifen Menschen entweder niemals oder nur teilweise bewußt, es sei denn, er unterzieht sich selbst einer eigenen psychoanalytischen Erforschung. Unsere praktische Arbeit bezieht die grundlegenden Erkenntnisse der psychoanalytischen Forschung ein. Und die Grundpfeiler der psychoanalytischen Lehre weisen auf das Unbewußte und seine spezifische Dynamik: «Ein Hauptcharakter des Unbewußten ist das Infantile – das Unbewußte ist das Infantile.»[12]

Den interessierten Leserinnen und Lesern möchten wir einige Werke nennen, die über unsere Ausführungen hinausgehend in das Gebiet der Entwicklungspsychologie einführen. Für lesenswert halten wir die Bücher von Margaret S. Mahler: Die psychische Geburt des Menschen. Symbiose und Individuation (Frankfurt a. M.), ferner René A. Spitz: Vom Säugling zum Kleinkind (Stuttgart 1967), Erik H. Erikson: Kindheit und Gesellschaft (Stuttgart 1984), Bruno Bettelheim: Die Geburt des Selbst (Frankfurt a. M. 1967).

Schwangerschaft und Geburt – Triangulation

Die Geburt des Menschen beginnt nicht erst mit dem Austritt des reifen Fötus aus dem Mutterleib, mit dem, was wir gewöhnlich als «Geburt» zu bezeichnen pflegen, sondern mit dem Beginn der Schwangerschaft. Die psychische Einstellung der Eltern zur Schwangerschaft, das Erleben der Mutter während des Wachstums des Kindes in ihrem Leib, ihre Wahrnehmung des sich zunehmend differenzierenden Lebens in ihr, ihre Fürsorge für ihr seelisches und leibliches Wohl und ihre Gesundheit, ihre soziale Sicherheit und das Gefühl, von ihrem Partner geliebt, beachtet und unterstützt zu werden, nehmen auf das vorgeburtliche Wachstum des Kindes Einfluß. Obwohl wir heute noch nicht genügend über die vorgeburtliche psychische Entwicklung des Fötus wissen, vor allem aber nicht sagen können, wie sich das Erleben der Mutter während der Schwangerschaft auf die spätere Entwicklung des Kindes auswirkt, gibt es berechtigte Gründe, deren Wirksamkeit als nicht gering zu veranschlagen. Die pränatale

Entwicklungspsychologie, eine verhältnismäßig junge Forschungsrichtung, hat uns viele Beweise dafür geliefert, daß die «Geburt» des Kindes schon im Mutterleib beginnt. In diesem Zusammenhang erscheint uns der psychoanalytische Roman Georg Groddeks «Das Buch vom Es» lesenswert, da er eindrücklich die Phantasien der Mutter über ihr werdendes Kind und die imaginären Phantasien des werdenden Kindes über die Mutter beschreibt.

Unserer Erfahrung nach finden die Einstellung der Eltern zur Schwangerschaft und die Lebensumstände, die zu ihr geführt und sie begleitet haben, eine allgemein viel zu geringe Beachtung. Zu Beginn einer Kinderanalyse, wenn wir eine Anamnese (das heißt Lebenslauferforschung) über die Entwicklung des Kindes mit den Eltern erheben, erfahren wir häufig, daß sie sich nur bruchstückweise erinnern können, wie ihr Lebensgefühl, ihre Lebensumstände und die Beziehung der Partner zueinander waren, als sie erfuhren, ein Kind zu erwarten. Dieser Erinnerungsverlust scheint uns nicht zufällig, sondern psychisch bestimmt zu sein: das Herausgerissenwerden aus der bis dahin gelebten Unabhängigkeit, die durch die Schwangerschaft bedingte Einschränkung in der Lebensgestaltung der Partner, die zuvor offen und ohne bestimmte Grenzen war, der vorübergehende Verlust an individueller Entfaltung, die Verantwortung für das sich entwikkelnde Kind, das in die Beziehung der Partner zueinander tritt, sowie die Sorge, nicht die gleichen Fehler in der Erziehung zu begehen, die die werdenden Eltern häufig selbst in ihrer Entwicklung zu spüren bekommen haben, alle diese Gesichtspunkte verbinden sich zu einem Wendepunkt in ihrem Leben, der sich mit keiner bis dahin gelebten Erfahrung messen kann. Auch wenn das Kind erwünscht war und sehnlichst erwartet wurde, verändert der Beginn der Schwangerschaft tiefgreifend das Leben und Erleben der Eltern.

Um die Bedeutung und Tragweite der Schwangerschaft für die nachgeburtliche Entwicklung des Kindes zu verdeutlichen, möchten wir eine Fallvignette (das ist ein Ausschnitt aus einer kompletten Falldarstellung) berichten. Aus ihr soll nachvollziehbar werden, welches Gewicht der Wahrnehmungs- und Erlebnisfähigkeit der Partner, insbesondere der Mutter, die mit dem Kind auf natürliche Weise leiblich und psychisch vereint ist, während der Schwangerschaft zukommt. An der Fallvignette läßt sich nach unserer Meinung ablesen, welche

Wirkung eine unklare Wahrnehmung der Mutter für ihren Körper und die Verleugnung der beginnenden Schwangerschaft auf das werdende Kind ausüben können.

Die etwas älteren Eltern des werdenden Kindes nahmen vom Beginn der Schwangerschaft keine Kenntnis und führten ihr Leben in gewohnter Weise fort. Die Mutter unterzog sich wie schon früher nur gelegentlich einer gynäkologischen Untersuchung, die sie aber ansonsten ihrer inneren Einstellung nach für überflüssig hielt und verabscheute. In der anamnestischen Untersuchung, vor Beginn der Kinderanalyse, machte sie deutlich, daß sie erst im fünften Schwangerschaftsmonat nach einer gynäkologischen Untersuchung von dem Werden ihres Sohnes Kenntnis genommen habe. Die weiteren Monate bis zur Geburt des Kindes verliefen voller Unsicherheit und Angst, insbesondere vor der Ausdehnung ihres Körpers und der veränderten Wahrnehmung ihrer Person.

Als sie die Schwangerschaft erstmals wahrnahm, brach ein Chaos über sie herein. Der Vater des Kindes verleugnete seine Vaterschaft. Ratlosigkeit und depressive Niedergeschlagenheit bestimmten ihr Lebensgrundgefühl und Angst vor der nun auf sie zukommenden Verantwortung. Die Geburt war «normal», doch der Säugling zeigte in den ersten zwei Lebensjahren immer deutlichere Anzeichen einer verlangsamten Entwicklung. Der Saugreflex war gleich nach der Geburt kaum entwickelt, das Kind von ihr häufig nicht zu beruhigen und zufriedenzustellen. Der Körper des Kindes fühlte sich für die Mutter fremd, häufig wie ein «Ding» an. Es kam ihr so vor, als ob es sich so anfühlte wie ihr Körper, während sie mit dem Kind schwanger war.

Die weitere Entwicklung des Kindes verlief mit vielen Komplikationen. Mit Beginn des Eintritts in den Kindergarten, mit fast fünf Lebensjahren, traten die nicht zu übersehenden Verhaltensauffälligkeiten des Kindes so deutlich hervor, daß die Mutter auf Anraten der Kindergartenleiterin den Jungen zur psychoanalytischen Behandlung brachte. Im Kindergarten fiel das Kind durch seine plumpen Körperbewegungen auf. Es war schwer in die Kindergruppe zu integrieren, weil es mit seinen undifferenzierten Bewegungen, was dem Kind unbewußt war, immer wieder die Körpergrenzen der anderen verletzte und dadurch übermäßig häufig die Aggressionen der anderen Kinder auf sich zog. Bei den geringsten darauffolgenden Frustrationen zog es sich aus dem Spielgeschehen zurück oder wurde ausgestoßen. Der Junge hatte nicht die psychische Fähigkeit, sich sinnvoll zur Wehr zu setzen oder sich Zuwendung und Hilfe von seiner Erzieherin zu holen.

Wenn sich ein bestimmtes Maß an Wut in ihm aufgestaut hatte, entlud sich diese heimtückisch. Der sich nun entzündende Streit verlief sprachlos. Das Sprachverhalten des Jungen war auch sonst in friedvollen Situationen unklar, uneindeutig und der Wortschatz wenig entwickelt. Durch seinen gesamten Ausdruck rief er in Erwachsenen Gefühle des Mitleids hervor. Er war sichtlich unglücklich, seiner Grundgestimmtheit nach depressiv und auf sich selbst zurückgezogen.

Die anamnestische und psychologische Untersuchung erhärtete den Eindruck einer autistisch gefärbten Verhaltenstendenz, welche dem Jungen ein soziales Verhalten, bestimmt durch die gestörte Wahrnehmung seiner selbst und die der anderen, erheblich erschwerte.

Diese Fallvignette kann uns auf folgende aufeinander bezogene Voraussetzungen aufmerksam machen, die schon mit Beginn der Schwangerschaft auf das sich entwickelnde Kind Einfluß nehmen: einerseits wirkt die Persönlichkeit der Eltern durch ihre Verhaltensweisen, in denen ihre eigenen Strukturen zum Ausdruck kommen, nicht nur nachgeburtlich, sondern schon während der Schwangerschaft auf das werdende Kind. Diese Verhaltensweisen der Eltern formen die Persönlichkeit des Kindes derart, daß die Untersuchung der kindlichen Persönlichkeit andererseits zu Rückschlüssen auf die Persönlichkeitsstruktur der Eltern berechtigt. Beide Aspekte dieser Beziehung werden, insbesondere was die Schwangerschaft betrifft, häufig wenig beachtet.

In unserer Fallvignette zeigt das Verhalten der Mutter, daß sie offenbar keinen Wunsch hatte, ein Kind zu bekommen. Ihre Wahrnehmung der Schwangerschaft, die erst im fünften Monat aufgrund einer gynäkologischen Untersuchung «einsetzte», weist auf Störungen ihrer Körperwahrnehmung und ihrer Körper-Ich-Struktur hin. Diese Störungen sind nun auch Teil der Körperwahrnehmung ihres Kindes und seiner Körper-Ich-Struktur. Das Verhalten des Kindes im

Kindergarten wird von dieser Analyse aus verständlich. Auch ihr Kind verhält sich, was die Wahrnehmung seiner Körperlichkeit und seiner Körpergrenzen betrifft, unklar, vor allem im Kontakt zu anderen Kindern. Es rempelt sie dauernd an und zieht ihren Unmut auf sich. Seine auf sich selbst bezogene Haltung, seine depressive Grundstimmung finden eine Entsprechung in der Persönlichkeitsstruktur der Mutter.

Die Störung der Körperwahrnehmung der Mutter und ihre blockierte Sensibilität für Veränderungen in ihrer Körperbefindlichkeit gleich zu Beginn der einsetzenden Schwangerschaft weisen zugleich auf ein hohes Angstpotential hin, Kontakt auf der Ebene des Körpers mit ihrem werdenden Kind aufzunehmen. Natürlicherweise bringt eine Schwangerschaft die emotionale und körperliche Homöosthase (das heißt das Gleichgewicht) einer Frau vorübergehend durcheinander, bis sie sich etwa im vierten Schwangerschaftsmonat wieder zu stabilisieren beginnt. Die meisten Schwangeren fühlen sich dann sehr wohl, weil die Kommunikation auf der leiblichen Ebene mit ihrem werdenden Kind gelungen ist, sie sagen häufig in der Rückschau, daß dies eine sehr glückliche Zeit in ihrem Leben war. In dem hier dargestellten Fall ist diese Kommunikation nicht geglückt. Sie wurde durch den Abwehrmechanismus der Verleugnung (das ist die unbewußte Dynamik, mit der sich das Ich vor unbequemen oder schmerzhaften Einsichten schützt) bis in den fünften Schwangerschaftsmonat hinein verneint und führt uns wieder auf das Moment der Angst dieser Mutter zurück, der Angst nämlich, eine völlige Symbiose auf körperlicher und psychischer Ebene mit ihrem werdenden Kind einzugehen. Das Verhalten des Vaters des Kindes zeigt, daß auch er seine Vaterschaft verleugnete und daher nicht in der Lage war, die Umstände, in denen seine Frau sich befand, wahrzunehmen und sie in ihrem veränderten Zustand zu unterstützen.

Die Angst der Mutter, eine Symbiose mit ihrem werdenden Kind einzugehen, manifestiert sich nach der Geburt in gestörter Kommunikation bei der Nahrungsaufnahme des Säuglings mit der Brust und beim täglichen Umgang der Mutter mit ihm. Die Mutter-Kind-Beziehung (man spricht auch von Mutter-Kind-Dyade) ist buchstäblich von Anfang ihrer Entstehung an gestört, sowohl auf der körperlichen wie auch psychischen Ebene des Verhaltens. Die verzögerte körperliche, psychische und geistige Entwicklung des Kindes findet von hier aus eine Erklärung. Dieser gestörte Kommunikationsprozeß wird in der weiteren Entwicklung des Kindes auf alle anderen Beziehungen, die das Kind aufnimmt, übertragen. Es ist daher verständlich, daß eine sinnvolle Beziehungsaufnahme des Jungen mit den anderen Kindern im Kindergarten nicht gelingt.

Nach diesem Exkurs, der uns notwendig erschien, um die Bedeutung der Schwangerschaft zu verdeutlichen, möchten wir uns den folgenden Entwicklungsphasen des Kindes zuwenden.

Mit dem Ende der Schwangerschaft naht die Geburt. Die Geburt ist ein so einschneidendes Erlebnis für das Kind, daß manche Psychoanalytiker (u. a. Rank, Ferenczi) in dem sogenannten «Trauma der Geburt» den Ursprung aller psychischen Störungen erkennen. Für die Mutter des neugeborenen Kindes ist dieses Ereignis das Ende einer langen Sehnsucht danach, das zu sehen, was neun Monate lang in ihrem Körper verborgen war. Der Schmerz der Geburt ist häufig bald vergessen, wenn sie sieht, daß ihr Kind gesund ist und sein kleiner nackter Körper sich an ihren schmiegt. Erschöpfung, Freude und unwiederbringliche Momente des Glücks beherrschen ihr Erleben. Sie hat sich nicht nur weit körperlich geöffnet, um das Kind zur Welt zu bringen, sondern ist auch besonders empfänglich und sensibel für alle Sinneseindrücke, natürlich insbesondere für diejenigen, die ihr Kind betreffen.

Für den Vater des Kindes ist besonders dann, wenn er der Geburt beiwohnt und seine Partnerin psychisch unterstützt (was angesichts des Maschinen starrenden Kreißsaals einer durchschnittlich eingerichteten Geburtsklinik anzuraten ist), die Geburt seines Kindes ebenfalls ein unwiederbringliches Ereignis. Auch er öffnet sich psychisch unter dem Eindruck der Geburt seines Kindes, und wir hören nicht selten Väter berichten, daß, nachdem sie ihre Partnerin und das Kind zu einem ersten tiefen Schlaf nach der Geburt in der Klinik zurückgelassen hatten, während der Fahrt nach Hause und danach sie die Welt und die Natur in so intensiven Farben und mit soviel Freundlichkeit und Güte erlebt haben wie nie zuvor.

Das Neugeborene hat den Leib der Mutter verlassen und muß nun beginnen, selbständig zu atmen. Drinnen im Körper der Mutter war es warm, draußen ist es kälter. Das Neugeborene sucht mit intensiven Bewegungen nach der Mutter, weil das Geburtstrauma, die Trennung von der primären Leiblichkeit mit ihr, wie ein Schock auf seine empfindliche Haut und seinen Körper wirkt. Bei jedem gesund auf die Welt kommenden Kind sind die Bedürfnisse nach Hautkontakt, körperlicher Wärme, der Saugreflex und die Tendenz, in der Nähe der Mutter zu sein und sich geborgen zu fühlen, ausgeprägt. Die vorgeburtliche Dyade zwischen Mutter und Kind erfährt dadurch eine nachgeburtliche Fortsetzung, die zunächst im wesentlichen dadurch gekennzeichnet ist, daß die gegenseitige Abhängigkeit fortbesteht.

Einer der bedeutendsten Psychoanalytiker auf dem Gebiet der Kleinkindforschung, D. W. Winnicott, nimmt an, daß in dieser Phase eine absolute Abhängigkeit zwischen Mutter und Kind besteht. Mehrfach erinnert er daran, daß «der Säugling gar nicht existiert». Seiner Ansicht nach, womit er Freuds berühmte Formulierung von der Einheit des Säuglings und der mütterlichen Fürsorge wiederaufnimmt, wächst der Säugling mit der ihn hegenden und haltenden Mutter zusammen, indem sie ihm die entsprechende Fürsorge angedeihen läßt, die ihr zuzuordnen sein Instinkt ihm ermöglicht. Wir zitieren: «Ich will versuchen, diese Erscheinung auf die einfachste mögliche Weise zu beschreiben, wie ich sie sehe. Was das Baby und die Mutterbrust anbelangt (ich behaupte nicht, daß die Brust zur Übermittlung der Mutterliebe unentbehrlich ist), hat das Baby Triebregungen und räuberische Vorstellungen. Die Mutter hat eine Brust, kann Milch produzieren und hat die Vorstellung, sie würde sich gern von einem hungrigen Baby angreifen lassen. Diese beiden Erscheinungen treten nicht zueinander in Beziehung, bis Mutter und Kind *miteinander* die Erfahrung des Zusammenlebens machen. Die Mutter muß, da sie reif und körperlich voll ausgewachsen ist, diejenige sein, die Toleranz und Verständnis aufbringt, so daß sie es ist, die eine Situation schafft, die unter günstigen Umständen dazu führt, daß der Säugling eine erste Bindung an ein äußeres Objekt herstellt (nämlich die Mutter; Anm. der Autoren), ein Objekt, das vom Standpunkt des Säuglings außerhalb seines Selbst liegt.»[13]

Neuere Erkenntnisse der psychoanalytischen Reflexion der frühen Entwicklung des Kindes heben hervor, daß die Vorstellung einer zweidimensionalen Beziehung Mutter-Kind (Mutter-Kind-Dyade) ungenügend ist. Das zweidimensionale Beziehungsgeflecht vermag grundlegende Entwicklungsfortschritte des Kindes nur teilweise zu erklären und wird den Erfahrungsmöglichkeiten des Säuglings auf der Stufe seiner angeborenen Selbstbezogenheit (primärer Narzißmus) nicht gerecht. Sie unterstreichen, daß schon «sehr früh einer dritten Person neben der Mutter eine entscheidende Bedeutung für die Existenz und Entwicklung des kleinen Kindes zukommt»[14]. Sie gehen aus von einer Dreidimensionalität der frühkindlichen Entwicklung, für die Abelin 1971 den Begriff der «Triangulation» geprägt hat.

Die Bedeutung der Funktion des Vaters hat Stork in seiner dynamischen als auch ökonomischen Hinsicht im Geflecht Mutter-Kind-Vater in dem Begriffspaar «Befreier» und «Störenfried» zusammengefaßt. Mit diesem Begriffspaar versucht er das Spannungsfeld zu beschreiben, in dem der Vater für das Kind in Erscheinung tritt und seine ihm für das Kind eigentümliche Bedeutung erlangt. Wenn wir vom primären Narzißmus des Kindes ausgehen, richten sich seine grundlegenden Bedürfnisse «auf urtümliche, phantasierte Bilder von Vollkommenheit und Glückseligkeit, von unendlichem Wohlbefinden und höchster Harmonie, von Selbstüberschätzung und Allmachtsträumen, was dem primären Narzißmus in seiner reinen Form gleichkommt»[15]. Die Erfüllung dieser Urwünsche wird in der Zwei-Einheit mit der Mutter gesucht. Dieses selige Einssein mit dem Bild von der all die Wünsche des Säuglings befriedigenden Mutter kann aber nur aufrechterhalten werden, wenn ihre gegensätzlichen Seiten, die das Kind frustrieren, abgespalten und projiziert werden können. «Für gewöhnlich wird die verschlingende Mutter-Imago (Mutter-Bild) auf den Eindringling, den Vater und sein Imago projiziert, die dann besondere Erscheinungsformen des repressiven, kastrierenden Vaters annimmt. Der Zweck dieser Projektion ist in dem Verlangen zu sehen, den Fremden als Dritten sozusagen zu verteufeln und die ursprüngliche Zwei-Einheit mit einem geliebten Mutterwesen und damit die eigenen Allmachtswünsche aufrechtzuerhalten.»[16] Hier erscheint der Vater als «Störenfried» der Mutter-Kind-Symbiose. Er muß als Fremder, als «der Dritte, der die Beziehung stören könnte und der durch die Vater-Imago repräsentiert wird»[17], eliminiert werden.

Durch seine Gegenwart ermöglicht der Vater dem Kind aber

gleichzeitig, die bedrohlichen Seiten der Mutter-Imago auf ihn zu projizieren, was zu einer positiven Veränderung der Mutter-Imagines führt. «Sie verlieren die Macht und Magie, das Übernatürliche und Gefährliche, was von ihnen ausgeht, und durch die Gegenwärtigkeit des Vaters kann die Mütterlichkeit der Mutter erst ihr volles Gewicht erlangen.»[18] So gesehen tritt hier der Vater als Agent, Mittler und Garant der Realität und damit aus der Sicht des Kindes als Gegner und Störenfried auf, der die Erfüllung seiner Wünsche nach Absolutheit und Vollkommenheit stört. Er leitet damit einen Prozeß ein, in dem das Kind auf diese phantasierte, allumfassende Wunscherfüllung verzichten muß. Dadurch wird ein Trennungsprozeß von der idealisierten Mutter-Imago ermöglicht, der vom Kind «wie eine narzißtische Verstümmelung erlebt wird»[19]. Gleichzeitig gewinnt der Vater für das Kind damit auch die Bedeutung als Befreier und Retter von der Allmacht der verschlingenden Mutter-Imago, da der Vater keinerlei Angst vor der Mutter hat, er ist frei. So leitet er den Prozeß der primären Identifizierung ein und ermöglicht Schritte zur Individuation.

In diesem Spannungsfeld der in sich gegensätzlichen Bedeutungen der Vater- und Mutter-Imagines und der widerstreitenden Kräfte ist der Vater aber immer von einem Bedeutungsverlust bedroht. «Wenn auch für das psychische Geschehen die Beteiligung der Vater-Imago eine grundsätzliche Voraussetzung ist und eine existentiell notwendige und strukturierende Rolle spielt, so bleibt sie gegenüber der Mutter-Imago immer in der Position desjenigen, der Gefahr läuft, geschwächt oder ausgeschlossen zu werden.»[20] Der Grund dafür liegt vermutlich darin, daß die Mutter seit der Befruchtung immer schon da ist, und der Vater immer erst «wird». Der Vater wird in gewisser Weise ebenso wie das Kind erst geboren, er wächst in seine Position in der Dynamik der Triangulation erst hinein, in der sich die Mutter vom Zeitpunkt der Zeugung an schon befindet.

Was im folgenden über die weitere frühkindliche psychische Entwicklung gesagt wird, stützt sich auf die Arbeiten von Sigmund Freud, Karl Abraham[21], Wilhelm Reich und Erik Erikson[22].

Die erste psychische Entwicklungsstufe des Neugeborenen wird «orale Stufe» genannt.

Die orale Stufe

Im günstigen Fall kann die erste Oralstufe, die Säuglingszeit, zum glücklichsten Teil des Lebens werden. Nie wieder kommen so viele Erfahrungen von Glück und Zufriedenheit zusammen. Der Säugling hat keine Sorgen, braucht sich um den Erwerb von Geld und um Arbeit nicht zu kümmern, empfindet die Welt als absolut sicher, wird genährt, wenn er hungrig ist, getröstet, wenn er weint, trockengelegt, wenn er naß ist, liebkost, umarmt und geküßt. Seine Nahrungsaufnahme wird von so vielen sinnlichen Reizen begleitet, wie dies später nie wieder im Leben des Menschen der Fall sein wird. Mit Gefühlen der Lust beim Stillen des Hungers und des Durstes verbindet sich das angenehme Gefühl des Saugens an der Brustwarze der Mutter.

In der Gegenwart der Mutter pulsiert sein ganzer Körper im Einssein mit ihr. Mutter und Kind sind eine pulsierende, aufeinander bezogene Einheit. Beide bilden ein Energiefeld, in welchem das Kind auch psychisch genährt wird, um wachsen zu können. Die Bewegungen der psychischen Energie im Körper des Säuglings beim Saugen durchziehen vom Mund ausgehend seinen ganzen Körper die Wirbelsäule entlang bis hin zu ihrem Ende, dem After. Wir verstehen den psychischen Energieverlauf als ein freies Fließen des Plasmas in allen Körperzellen des Säuglings, zu dem er aufgrund seiner relativen Ungepanzertheit fähig ist.

Zum Verständnis des Begriffes Panzerung, der im bioenergetischen Sinne von Wilhelm Reich stammt, einem Schüler Freuds, ist es notwendig zu verstehen, daß alles Lebendige sich durch das Fließen der bio-psychischen Energie im Körper des Lebewesens auszeichnet. Alles, was den freien Fluß der psychischen Energie im Körper hemmt, wird verursacht durch Blockierungen der plasmatischen Bewegungen in den Körperzellen. Blockierungen entstehen, wenn der Körper des Kindes unangenehme innere oder äußere Reize wahrnimmt und auf diese mit einer Hemmung der plasmatischen Bewegung in den Körperzellen reagiert. Gewöhnlich wird ein Säugling durch Schreien oder durch andere biologisch angeborene Ausdrucksmöglichkeiten den bio-energetischen Fluß in seinem Körper selbst regulieren, um ein freies Fließen aufrechtzuerhalten, da jede Hemmung als unangenehm erlebt wird und der Körper sich von ihr zu befreien versucht. Immer wiederkehrende, also chronisch verlaufende oder infolge von Schocks plötzlich ausgelöste Hemmungen in seinem bioenergetischen Haushalt können jedoch zu Vorformen einer dauerhaften Blockierung führen, die sich später in Formen seiner muskulären Panzerung zeigt, da der Körper mit einer muskulären Anspannung auf die unangenehmen Reize antwortet. Blockaden im Energiefluß des Menschen können schon kurz nach der Geburt auftreten. Ursachen dafür können plötzliche Veränderungen im Temperaturgefälle sein, beispielsweise wenn der Säugling nach dem Baden plötzlich von einem warmen zu einem kälteren Platz gebracht wird, hastige Bewegungen beim Tragen, ein zu schnelles Niederlegen oder zu plötzliche Trennungen aus dem Energiefeld der Mutter oder des Vaters. Solche plötzlichen Veränderungen wirken auf den Körper des Säuglings schockartig ein, da er aufgrund seiner Hilflosigkeit und seiner Unorientiertheit nicht wissen kann, was mit ihm geschieht. Sein Energiefluß im Körper oder in bestimmten Körperzonen wird jedoch durch solche schockartigen Einwirkungen blockiert, was unter Umständen dazu führt, daß er sich nicht mehr völlig entspannen kann oder längere Zeit zur Entspannung braucht. Dies kann der Beginn seiner Fallangst sein, einer Angst, die dadurch entsteht, daß der gesamte bio-energetische Fluß im Organismus unterbrochen wird durch muskuläre Kontraktionen, die später, wenn schockartige Einwirkungen immer wiederkehren, zu chronischen Blockaden führen können. In der Entwicklung des Kindes kann sich so eine beginnende Angst vor sich selbst, vor den unwillkürlich ablaufenden Impulsen, aufbauen. Vor dem Hintergrund dieses Verständnisses ist zu kritisieren, daß Babys meist sofort nach der Geburt von ihrer Mutter getrennt werden und das Energiefeld der Mutter verlassen müssen, was schon im statu nascendi zur unnötigen Blockierung des Energieflusses führt. In der Natur bleibt jedes gesunde Muttertier bei seinem Neugeborenen.

Symptome der Fallangst oder der plötzlich eintretenden Blockaden im Energiefluß können bläuliche Verfärbungen der Haut an den Händen, Armen und Beinen und der Füße sein sowie Kälte in den Beinen, Armen und dem Po, Erschauern, verkrampfte Hände und ähnliche Erscheinungen.

Wenn der warme Arm der Mutter oder des Vaters den Körper des

Säuglings hält, fühlt er sich sicher. Oft wird er dabei gewiegt oder geschaukelt. Oral-, Muskel-, Haut- und Tastreize werden dabei gleichzeitig angesprochen.

Das Gefühlsleben des Säuglings unterliegt weder einer Hemmung noch einem Zwiespalt. Es ist weder durch Liebe noch durch Haß «verwirrt». In der Psyche des Säuglings besteht – wie wir schon oben erwähnt haben – noch kein Gegensatz zwischen der nährenden Mutter und dem saugenden Kind. Der Säugling sucht sich die Welt durch das Saugen einzuverleiben. Er nimmt sie dabei nicht als ein getrenntes Objekt wahr, sondern erlebt sie als Teil seines Körpers. Freud hat dieses Stadium als «kannibalisch» bezeichnet, weil das Ziel in dieser Lebensphase die Einverleibung des Objekts (der mütterlichen Brust) ist. Sie ist das «Vorbild dessen, was späterhin als Identifizierung eine so bedeutsame psychische Rolle spielen wird»[23].

Diese einfach Form des Lustgewinns wird tatsächlich niemals gänzlich im späteren Leben überwunden. Sie besteht vielmehr unter allerlei Maskierungen während des ganzen Lebens fort. In der Haltung der Erwachsenen zum Besitz beispielsweise zeichnet sie sich oft als intensives Besitzstreben aus, im Umgang mit Geld als Versuch, andere Menschen ohne schlechtes Gewissen auszubeuten, da die aus dieser Phase stammenden Wunschtendenzen noch völlig frei sind von den zerstörerischen Tendenzen, die in den Triebregungen der nächsten Phase zum Ausdruck kommen. Je lustreicher und ungestörter die Säuglingszeit von Menschen verläuft, um so überzeugter sind sie später, daß es ihnen immer gutgehen wird.

Bei anderen Charakterbildungen, die auf die Stufe dieser oralen Phase fixiert sind oder auf diese regredieren (das heißt den Entwicklungsweg zu ihr zurück antreten), tritt demgegenüber oft das Gegenteil ein. Sie leben mit der unbewußten Illusion, die Welt sei ihre Mutter. Sie arbeiten nicht – oder nur gelegentlich – und leben in der Erwartung, die Gesellschaft habe sie zu ernähren. Die Säuglingszeit hat sie so sehr verwöhnt, daß sie zu der Ansicht kommen, die Milch aus der Mutterbrust werde immer fließen. Sie haben in der Regel keine echte Beziehung zu Dingen, zu Eigentum und Besitz, weder Respekt vor ihnen noch Verachtung für sie. Sie nehmen diese Dinge überhaupt nicht als Objekte wahr. Die Folgen einer solchen Verwöhnung sind nicht zu unterschätzen. Bei manchen Eltern ist häufig eine

61

starke Opposition gegen eine frühe Entwöhnung anzutreffen. Die Mütter entwöhnen oft verspätet, nach dem Zahnen; sie empfinden beim Stillen derart starke Lustgefühle, daß sie diese als Ersatz nehmen für die Befriedigung ihrer natürlichen sexuellen Wünsche. Wenn sie länger als notwendig stillen, so geschieht das dann weniger ihrem Kind als ihnen selbst zuliebe.

Das Ergebnis einer solchen Verwöhnung können entweder dauernde Arbeitshemmungen, eine depressive Grundhaltung zum Leben oder Störungen der Durchsetzungsfähigkeit und des Strebens nach Weiterentwicklung sein oder eben jene gewissenlose Aneignung, wie wir sie oben beschrieben haben. Die klinischen Erfahrungen bestätigen immer wieder, daß diese Charakterbildung hier ihren Ursprung hat.

Jede Phase der kindlichen, im psychoanalytischen Begriffssystem präziser gesagt der Libidoentwicklung (das heißt der Triebentwicklung) wird in unserem Kulturkreis in zwei Stufen geteilt: Die Oralphase wird durch die Entwöhnung von der Brust oder Flasche abgelöst. In der oralen Phase beginnt keine umsichtige Mutter mit der Entwöhnung, bevor ihr Kind zu zahnen begonnen hat. Das Zahnen kennzeichnet den biologischen Übergang in die spätere orale Phase.

Wenn das Kind zu früh oder zu spät entwöhnt wird, kann daraus ein Schaden entstehen, der kaum wiedergutzumachen ist.

Während – wie wir oben beschrieben haben – die erste orale Phase die glücklichste Zeit im Leben eines Menschen sein kann, kann der Übergang zu ihrer zweiten Stufe für andere zur unglücklichsten Lebenszeit werden. Die Gründe dafür können recht verschieden sein: beispielsweise ein verfrühter Abbruch des Kontakts mit der Brust, eine mit Komplikationen verbundene Phase des Stillens, eine Darmkolik usf. Die psychoanalytische Erfahrung lehrt, daß beispielsweise ein schwach trinkender Säugling eine ängstliche Mutter entmutigt. Mitunter mag er in ihr Gefühle unterschwelliger Aggressivität oder unbewußter Feindseligkeit erregen, da er ihr den Eindruck einer Nichtanerkennung ihrer Mühe, Hingabe und Opferbereitschaft vermittelt. Ein etwas dickeres Kind, das gierig trinkt, mag sie entspannen, da es sie durch sein Verhalten in ihrer Mütterlichkeit bestätigt. Eine andere Mutter wird, abgestoßen vom oralen Verlangen ihres Säuglings, welches sie als Freßgier oder eine frühe Äußerung ungezähmter Triebe auffaßt, ihn durch verschiedene Mechanismen des Entfernthaltens zurückstoßen. Weint das Kind vor Schmerzen oder Hunger, wird sie dazu tendieren, ihm weniger Geduld und Liebe entgegenzubringen als einem zufriedenen Säugling.

Als Ergebnis dieser Mechanismen des Entfernthaltens wird sich das Kind auf der Suche nach Befriedigung mit einer unstillbaren Gier auf die nächste Entwicklungsphase stürzen. Dabei wird es sich in steter Gefahr befinden, neue Enttäuschungen zu erfahren, auf die es dann mit einer verstärkten Neigung zum regressiven Rückzug auf die vorangegangene Entwicklungsstufe reagiert. Den Verzicht auf die Befriedigung der Sauglust, der ja charakteristisch für die erste orale Phase ist, wird es versuchen, durch das Beißen, das die spätere orale Stufe charakterisiert, auszugleichen und ihm Befriedigung abzugewinnen. In dieser Entwicklungsphase nimmt der Säugling bekanntlich jeden ihm zur Verfügung stehenden Gegenstand in den Mund und versucht ihn, oft mit großer Kraftanstrengung und deutlich wahrnehmbarem Lustgewinn, zu zerstören. Bei diesem Vorgang tritt zum erstenmal in seiner Entwicklung die Ambivalenz (das heißt die Zwiespältigkeit) des Gefühlslebens zutage, nämlich die Befriedigung durch Zerstörung. Der Säugling, der in der ersten oralen Stufe enttäuscht wurde, wird eine besondere Lust am Beißen entwickeln. Während wir die erste orale Stufe als vorambivalent bezeichnen, da das Gefühlsleben des Kindes noch einheitlich ist, beginnt mit der späten oralen Phase der Ambivalenzkonflikt, der das gesamte spätere Leben beherrschen kann, wenn er nicht unter die Herrschaft einer späteren Entwicklungsstufe, der endgültigen genitalen Stufe der Objektliebe, gelangt.

Der Abbau des Ambivalenzkonflikts mißlingt im Fall eines zwangsneurotisch sich entwickelnden Menschen fast immer. Dieser Konflikt ist geradezu charakteristisch für sein Verhalten. Ein gesunder, zur vollen Reife sich entwickelnder Mensch hat sich demgegenüber von den Resten seiner frühkindlichen Entwicklung befreit, er ist auch ambivalenzfrei.

Hat ein sich entwickelndes Kind noch im Stadium der späteren oralen Stufe der Aufnahme der Nahrung durch Beißen oder Kauen Gelegenheit, ein jüngeres Geschwisterkind beim Saugen an der Mutterbrust zu beobachten, erfährt sein Neid auf dieses eine besondere

«Nahrung». Je nachdem, welchen Weg die in ihm dabei hervorgerufenen Gefühle nehmen und wie die Eltern imstande sind, mit ihnen umzugehen, können sie später zur Quelle einer Charakterhaltung werden, deren Hauptkennzeichen der Neid sein wird. Der neidische Mensch verbindet, nach M. J. Eisler[24], mit dem Begehren nach dem, was der andere besitzt, nicht nur Neid; mit dem Begehren gehen auch gehässige Gefühlsregungen gegen den Beneideten einher.

In der späten oralen Entwicklungsstufe, in der die Zähne des Kindes das erste Organ sind, mit dem es zerstörend auf die Objekte der Außenwelt einwirken kann (da seine Händchen bestenfalls zum Greifen oder Halten taugen), erfährt es diese zum erstenmal als ein selbständiges, unabhängig von ihm existierendes Etwas, das es sich einverleiben kann, welches aber beim Vorgang des Einverleibens zerstört wird. Dieser Vorgang der Erfahrung der Außenwelt des Kindes als eines von ihm unabhängigen Etwas erscheint uns so bedeutsam, daß wir ihn näher beschreiben wollen. Das Entwicklungsstufenmodell nach Freud und Abraham, an das wir uns in unserer Beschreibung anlehnen, stellt die Folgen der Triebentwicklung des Kindes dar. Es entstand in den ersten Jahrzehnten unseres Jahrhunderts, in denen die psychoanalytische Forschung die Entwicklung des Individuums in den Vordergrund der Betrachtung stellte. Nach dem Zweiten Weltkrieg vollzog sich eine Weiterentwicklung der psychoanalytischen Forschung, die sogenannte Ich-Psychologie, die zunehmend soziale Aspekte der Ich-Entwicklung berücksichtigte, da eine Entwicklungsbeschreibung des Menschen im sozialen Zusammenhang fehlte. M. S. Mahler hat in neuerer Zeit die Bedeutung der Mutter-Kind-Dyade und die sich aus ihr ergebenden Entwicklungsprozesse sehr differenziert im sozialen Zusammenhang beschrieben. Unserer Ansicht nach sind ihre Forschungsergebnisse eine wichtige Fortsetzung und Vervollständigung des Triebentwicklungsmodells, das dadurch an Gültigkeit nichts einbüßt. Da uns die Entwicklungsprozesse der frühesten Kindheit außerordentlich wichtig erscheinen und häufig allgemein in ihrer Auswirkung auf das spätere Leben des Menschen nicht erkannt werden, wollen wir sie ausführlich darstellen.

Nach Mahler ist das Ziel der Entwicklung des Neugeborenen, eine von der Mutter getrennte, individuelle Einheit zu werden und eine erste, wenn auch primitive Stufe der Selbst-Identität zu erreichen.

Die fehlende biologische Vorbereitung des Säuglings, wenn er auf die Welt kommt, sowie seine verlängerte Abhängigkeit von der Mutter (im Gegensatz zum Verhalten von vielen Säugetieren, die die Abhängigkeit zur Mutter schnell verlassen) machen in einer normalen Entwicklung eine Mutter-Kind-Symbiose notwendig. Der primäre Wunsch nach Individuation (das heißt Verselbständigung) aus diesem Geschehen, nach Getrenntsein von dem ersten Liebesobjekt, der Mutter, ist mit Angst vor ihrem Verlust verbunden. Die «psychische Geburt» als das Ergebnis dieses Prozesses findet in der Zeit vom 4. oder 5. bis 30. oder 36. Lebensmonat statt. Mit ihr wird das Bewußtsein der Getrenntheit erreicht, welches die Vorbedingung für die Entwicklung aller späteren Objektbeziehungen unter Wahrnehmung der äußeren Realität ist. Dieser Prozeß ist, wie alle innerpsychischen Vorgänge, niemals ganz abgeschlossen, sondern wiederholt sich in abgeschwächteren Formen in jeder neuen Phase der Entwicklung, die wir in dem Stufenmodell noch darstellen werden.

Das Konzept der frühkindlichen Entwicklung nach Mahler besteht aus drei Hauptphasen: der autistischen (das heißt der Phase, in der das Kind ein ganz auf sich selbst bezogenes Eigenleben führt), der symbiotischen und der Loslösungs-Individuationsphase. Die autistische Phase umfaßt den ersten Lebensmonat und geht der Entwicklung zur Symbiose voraus. Sie ist gekennzeichnet dadurch, daß das Neugeborene in einer Art Ur-Zustand lebt, der dem vorgeburtlichen im Leib der Mutter ähnelt. Seine wesentliche Funktion besteht darin, das Gleichgewicht des Organismus nach der Geburt aufrechtzuerhalten. Nur das Körperinnere, insbesondere die Bauchorgane, sind libidinös (mit Lebensenergie) besetzt. In dieser Entwicklungsphase kommt es aber allmählich zu einer Verschiebung der libidinösen Besetzung von innen nach außen. Die Verschiebung wird erst durch die Funktion der Mutter möglich. Nur durch eine ausreichende mütterliche Fürsorge kann das von inneren und äußeren Reizen überwältigte Baby eine furchteinflößende Überempfindlichkeit gegen Schmerzen und Leibesempfindungen bestehen und seine innerpsychischen Spannungen reduzieren. Gegen Ende der 3. bis 4. Lebenswoche kulminieren diese Spannungen zu einer Reifungskrise. Sie haben ein Schmelzen der «autistischen Schale» zur Folge und leiten das Ende der objektlosen Phase (das heißt der Phase also, in der die Mutter noch gar nicht wahrgenommen wird) und den Übergang zu einer beschützenden Mutter-Kind-Dyade ein.

Die symbiotische Phase, die im 2. Lebensmonat beginnt, fällt mit der Fähigkeit des Kindes zur vagen Wahrnehmung und zeitweiligen Besetzung der Mutter in ihrer Eigenschaft als Objekt zusammen, das es hält, umhegt und seine Bedürfnisse befriedigt. Das Kind verhält sich so, als ob es selbst und seine Mutter eine omnipotente (das heißt allmächtige) Einheit mit gemeinsamen körperlichen und psychischen Grenzen wäre. Im sensorischen, durch die Sinne vermittelten Erleben des mütterlichen und des eigenen Körpers werden beide als nicht voneinander getrennt erlebt. Alle unlustvollen Reize werden nach außen, außerhalb der Symbiose mit der Mutter, verlagert. Das Kind erkennt noch nicht genau, ob die Reize von innen oder außen kommen, es kann zwischen Innen und Außen, zwischen Selbst und anderen, noch nicht unterscheiden.

Indem das Kind alle seine Erfahrungen auf die symbiotische Einheit der Mutter-Kind-Dyade bezieht, beginnt es Vorstellungen seines Selbst zur innerpsychischen Struktur zu entwickeln. Die Vorstellungen über seinen Körper, das Körper-Schema, und über die äußeren Objekte können so zum Ich werden. Die inneren Empfindungen bilden den Kern des Selbst, und die libidinös besetzte Körperoberfläche und die Sinnesorgane helfen bei der Abgrenzung gegenüber der äußeren Welt.

Diese innerpsychischen Vorgänge leiten im 4. bis 5. Monat im Zenit der symbiotischen Phase den Loslösungs- und Individuationsprozeß ein. Dieser Prozeß, der das Gewahrwerden einer getrennten Existenz des Kindes von seiner Mutter und die Entwicklung seines inneren Körper-Schemas umfaßt, dauert ungefähr bis zum 10. Lebensmonat. Mit ihm vollzieht das Kind die ersten tastenden Versuche, um sich körperlich aus der Zwei-Einheit mit der Mutter zu lösen. Das Kind entzieht sich den haltenden Armen der Mutter und beginnt von ihrem Schoß zu krabbeln. Nach diesem ersten Sich-Entfernen von der Mutter setzt eine Lust ein am Untersuchen ihrer Person und aller äußeren Gegenstände.

Mit sieben bis acht Monaten sucht das Baby sich immer wieder durch Blickkontakt und das sich mit ihm entwickelnde visuelle Muster zurückzuversichern, ob es noch in ausreichendem Kontakt mit der

Mutter ist. Dieses visuelle Muster ist ein wichtiges Anzeichen eines gesunden und normalen geistigen und emotionalen Entwicklungsverlaufs. Das Baby stellt jetzt Vergleiche aller Gegenstände seiner Umgebung mit der Mutter an. Die in dieser Phase häufig auftretende Angst vor Fremden, die von René A. Spitz beschriebene Acht-Monats-Angst, tritt nach Auffassung von Mahler nur bei irgendwie psychisch belastenden Mutter-Kind-Beziehungen auf. Ihrer Ansicht nach ist die Acht-Monats-Angst entweder Anzeichen für eine unzureichende Verläßlichkeit der Mutter in der symbiotischen Phase oder die Folge der aus irgendwelchen Gründen zu abrupt einsetzenden Erfahrung des Getrenntseins von der Mutter. Aus beiden Gründen kann es in der innerpsychischen Struktur des Kindes zu einer teilweisen Spaltung in eine verinnerlichte «gute Mutter» und eine «böse Mutter» kommen. Wie beim Vorgang der Nahrungsaufnahme durch die Brust, einer übermäßig symbiotischen Befriedigung und der danach einsetzenden Entwöhnung von ihr kann sich ein Ambivalenzkonflikt entwickeln und damit eine Spaltung einer bis dahin einheitlich erlebten Objektwelt des Kindes.

Am Ende des ersten Lebensjahres und in den ersten Monaten des zweiten ist nach Mahler am deutlichsten zu sehen, daß der Ablösungs-Individuationsprozeß aus zwei Entwicklungstendenzen besteht, die miteinander verbunden sind. Die eine, die zuerst zu beobachten ist, ist die Individuation; ihr gehören die Entwicklung der inneren psychischen Selbstbestimmung (Autonomie), des Denkens, der Realitätsprüfung, der Wahrnehmung und des Gedächtnisses an. Die andere ist die Loslösung, die über die Schritte der Differenzierung, Distanzierung, der Ausbildung von Abgrenzungen und der Ablösung von der Mutter verläuft. Bei einer optimalen Entwicklung des Kindes laufen beide Entwicklungstendenzen parallel zueinander.

Nach dem Gewahrwerden des Getrenntseins von der Mutter folgt eine Phase, in der das Kind die Loslösung von ihr einübt. Das Kind kann noch nicht selbständig gehen. Aber es krabbelt und kriecht von der Mutter weg, und seine Aktivitäten, die für die Bildung seiner Ich-Funktionen wichtig sind, drängen sein Interesse an der Mutter in den Hintergrund. Das Kind kehrt zu ihr meistens nur noch kurz zurück, um durch Körperkontakt «emotional aufzutanken». Durch Hören und Sehen, die sich zunehmend differenzierter entwickeln, kann es zu der Mutter Kontakt halten. Je besser dieser Distanzkontakt aufrecht-erhalten werden kann, um so weiter kann sich das Kind von der Mutter entfernen. Dabei treten kurze Phasen der Trennungsangst auf, die die erste Ablösung einleiten. Für Mütter und Kinder sind diese Schritte erleichternd, insbesondere dann, wenn die symbiotische Phase schwierig verlaufen ist und unbefriedigend war.

Wie das Kind den Loslösungsprozeß erlebt, hängt zum großen Teil davon ab, in welchem qualitativen Verhältnis die verinnerlichten mütterlichen Teile (Teilobjekte) zueinander stehen: Je mächtiger die «böse Mutter» das Seelenleben des Babys bestimmt, um so größer erlebt es die vorgestellte Gefahr, die mit einer Trennung und Entfernung von ihr verbunden ist. Es kann, wenn die Entwicklung negativ verlaufen ist, in einen tiefen Ambivalenzkonflikt fallen, der sein Gefühlsleben lebenslang bestimmen wird.

Die Einübungsphase der Loslösung vollzieht sich, zeitlich gesehen, zwischen dem 10. und 12. und dem 16. bis 18. Lebensmonat. Ihr Höhepunkt ist gekennzeichnet durch den Übergang zum zweibeinigen Gehen, zur aufrechten Haltung und dem Fortschreiten eigener Ich-Autonomie (Ich-Selbstbestimmung). Die libidinöse Besetzung wird größtenteils auf die autonomen Ich-Funktionen, auf den eigenen Körper und auf die vom Kind entdeckte belebte und unbelebte Umwelt verschoben. Mit ihr geht auch die Entstehung einer zielgerichteten, aktiven Aggression einher. Während dieser Phase kann das Kind auch andere Bezugspersonen als die Mutter akzeptieren, und wir meinen, daß von dieser Zeit an der Vater in eine intensive Beziehung zu seinem Kind treten kann.

Nach der Phase der Loslösung von der Mutter folgt die Phase der Wiederannäherung, etwa um die Mitte des zweiten Lebensjahres. Parallel zur wachsenden geistigen Entwicklung (Erwerb der symbolischen Sprache und des symbolischen Spiels) kann man eine Differenzierung des Gefühlslebens und der Bewegungsfähigkeit feststellen neben dem Anwachsen der Trennungsangst von der Mutter und der Angst vor ihrem Verlust. Das Kind hat nun eine erste Form der Identität erreicht. Es erlebt sich als eine getrennte, individuelle Ganzheit. Die psychische Geburt ist vollzogen. Jetzt aber entsteht im Kind das Bewußtsein von einem tatsächlichen Getrenntsein von der Mutter und mit ihm wieder ein Bedürfnis nach ihr.

Mahler unterscheidet eine Dreiteilung der Wiederannäherungsphase: die beginnende Wiederannäherung, eine Krise der Wiederannäherung und eine individuelle Lösung dieser Krise.

In der Zeit etwa zwischen dem 15. und 24. Lebensmonat kommt es zu einem scheinbar paradoxen Verhalten des Kindes: es sucht betont nach der Mutter und vermeidet gleichzeitig einen intensiven Körperkontakt mit ihr. Dieser scheinbare Widerspruch in seinem Verhalten wird hervorgerufen durch zwei entgegengesetzte Wunschtendenzen in ihm: einerseits sucht es seine neuerworbene Autonomie zu verteidigen, und andererseits strebt es eine Wiedervereinigung mit seinem ersten Liebesobjekt, der Mutter, an. Dieser Konflikt findet darin seine Erklärung, daß das Kind einerseits stolz ist auf seine neuen, lustbetont erlebten Fähigkeiten, die ihm ein unabhängiges Verhalten ermöglichen, andererseits jedoch sein wachsendes Bewußtsein der Getrenntheit von der Mutter ihm die schmerzvolle Erfahrung vermittelt, daß es ein relativ hilfloses, kleines, vereinzeltes Individuum ist. Es erlebt die Welt voller Grenzen, an die es stößt und die seine narzißtische Selbstüberschätzung und seine Größenphantasien mit der Realität der Welt konfrontieren. Damit einher geht die Erfahrung, daß seine Eltern von ihm getrennte Individuen sind, die ebenso wie es selbst eigenen Interessen nachgehen.

In Form von Wutanfällen zeigt sich schon ein bevorstehender Kampf mit seinen Liebesobjekten an. Der Trotz und die Verneinung gehören in die anal-sadistische Entwicklungsstufe, die wir anschließend beschreiben wollen.

Das Erleben des Getrenntseins von der Mutter hat für das Kleinkind nicht nur schmerzvolle, sondern auch positive Aspekte. Die Angst vor dem Verlust der Mutter, die im Zustand seiner völligen Abhängigkeit von ihr bestand, kann nun fortschreitend durch Angst vor dem Verlust von Liebe und Zuwendung ersetzt werden. Dadurch weitet sich die Mutter-Kind-Welt. Der Vater kann miteinbezogen werden. Nach Mahler gehört er schon von frühester Entwicklung des Säuglings an zu einer völlig anderen Art von Liebesobjekten als die Mutter. Er ist zwar in die symbiotische Einheit miteingeschlossen, aber niemals völlig in diese integriert. Wahrscheinlich bemerkt das Kind schon sehr früh, daß seine Eltern eine sexuelle Beziehung zueinander haben, auch wenn es diese noch nicht versteht. Es entdeckt in dieser Entwicklungszeit anatomische Geschlechtsunterschiede. Intensiv sucht es in symbolischen Spielen seine Probleme und Konflikte, die es damit hat, auszuleben und sie zu meistern. Es experimentiert mit dem Bild, welches es von seiner Mutter verinnerlicht hat, schickt die Mutter von sich weg, womit es die Trennung von ihr verarbeitet, identifiziert sich aber auch mit ihr, beispielsweise beim Puppenspiel. Es tauscht mit den Eltern seine Besitztümer, nimmt an ihrem auch gesellschaftlichen Leben teil, spielt Versteck und läuft weg, um von ihnen wieder eingefangen zu werden. Hinzu kommen Beschäftigungen mit anderen Kindern und Nachahmungs- und Versteckspiele, mit denen sich das Kind emotional in den Werthaltungen und Vorstellungen der Eltern spiegeln kann.

Gegen Ende des zweiten Lebensjahres kommt es zu immer mehr Konflikten im Erleben des Kindes, die aus seinen Allmachtswünschen und seinen Autonomiebestrebungen sowie aus der Erkenntnis seiner Abhängigkeit von der Mutter und der Bedürfnisbefriedigung durch sie herrühren. Als Folge dieser Konflikte entstehen Stimmungsschwankungen, eine allgemeine Unzufriedenheit, Unersättlichkeit und eine Neigung zu Wutanfällen. Das Kind stößt nun einerseits die Mutter von sich und hängt andererseits an ihrem Rockzipfel. In dieser Phase der Ambivalenz erlebt es plötzlich auftretende Angstzustände, daß die Mutter abwesend sein könnte, auch wenn sie für das Kind präsent ist. Es kann passieren, daß manche Kinder nach einer kurzen Abwesenheit der Mutter sie für einen Augenblick lang nicht erkennen. Typischerweise tritt hier das «Fremdeln» wieder auf, vor allem im Kontakt zu jenen Personen, denen das Kind zuvor mit großer Freude begegnet war. Das Kind wirkt zögernd und entschlußunfähig. Meistens geht es ihm dabei darum, ob es bei der Mutter bleiben oder seinen eigenen Aktivitäten nachgehen soll, die es aus dem mütterlichen Umkreis herausführen. Die Krise der Wiederannäherung ist gering oder nahezu überhaupt nicht ausgeprägt bei jenen Kindern, die von Anfang an eine besonders vertrauensvolle Beziehung zu ihrer Mutter hatten. Auch hier betont Mahler, daß eine optimale Verfügbarkeit der Mutter für das Kind, ihre Fähigkeit und Toleranz zur Annahme der Ambivalenz des Kindes, ihre Liebe zu ihm und ihre gefühlsmäßige Bereitschaft, es aus der symbiotischen Bindung freizugeben, für seine gesunde Individuation der einzige Weg sind.

Etwa um den Zeitraum des 21. Lebensmonats konnte Mahler beobachten, daß die Krise der Wiederannäherung generell nachläßt. Indem das Kind eine individuelle, tragfähige Beziehung zur Mutter findet, in der es am besten seine Wünsche und Aktivitäten ausleben kann, verliert es die Angst vor der An- bzw. Abwesenheit der Mutter, und seine Forderungen nach Nähe und Autonomie lassen nach.

Folgende Individuationsschritte führen u. a. zu der günstigen Distanz zur Mutter, auch bei ihrer Abwesenheit:

a) Die Entwicklung der Sprache, mit der die Fähigkeit des Kindes einhergeht, Dinge zu benennen und seine Bedürfnisse und Wünsche auszudrücken. Damit wächst in ihm das Gefühl, sich seine Umgebung verfügbar machen zu können.

b) Ein fortschreitender Verinnerlichungsprozeß, der aus den Identifikationen, der guten, das Kind versorgenden Mutter einerseits und Vaterimagines (Vaterbilder) andererseits, besteht sowie aus der Verinnerlichung von Werthaltungen, Regeln und Forderungen, dem sich langsam entwickelnden Über-Ich (das heißt der Repräsentation der Wertvorstellungen, Regeln, Normen und moralischen Einstellungen).

c) Die wachsende Fähigkeit des Kindes, durch symbolisches und nachahmendes Spiel seine Wünsche und Phantasien auszudrücken und durch Einsatz dieses Spiels eine Möglichkeit zu erkennen, seine Objektwelt und die eigenen Konflikte beherrschen zu lernen.

Etwa um die Mitte des 21. Lebensmonats sind nach Mahlers Erfahrungen die Veränderungen, die der fortschreitende Individuationsprozeß mit sich bringt, derart vielfältig, daß sie sich nach bestimmten Kriterien nicht mehr gruppieren lassen, sondern höchst individuell verlaufen. Antriebe aus der oralen, analen und frühen genitalen Entwicklungsstufe treffen auf dem Höhepunkt der Loslösungs- und Individuationsphase zusammen und verstärken die individuellen Ausprägungen der Persönlichkeit.

Ehe wir diesen Entwicklungsabschnitt verlassen, möchten wir auf einige Gefahrenquellen hinweisen, aus denen heraus sich pathologische Verhaltensweisen des Kindes entwickeln können. Bei emotional unzuverlässigen Müttern, Müttern also, die für das Baby emotional wenig oder nur partiell psychisch greifbar und präsent sind, kann die

Werbung um ihre Zuwendung so viel ihrer Lebens- und Entwicklungsenergie (Libido) abziehen, daß nicht genügend Libido und neutralisierte konstruktive Aggression für die normalen Aufgaben einer gesunden Ich-Entwicklung zur Verfügung stehen. Kinder, die ständig damit beschäftigt sind, sich die Zuwendung ihrer Mütter erkämpfen zu müssen, werden nicht fähig sein, die sie umgebende Realität und ihre eigenen, sich entwickelnden Ich-Funktionen emotional positiv und hinreichend zu besetzen. Wenn die Trennungsangst des Kindes von der Mutter zu stark wird, kann sie ein Hinweis darauf sein, daß eine Störung der Interaktionen in der Mutter-Kind-Beziehung vorliegt. Eine emotional unzuverlässige Hinwendung der Mutter zum Kind bringt immer die Gefahr einer betonten Ambivalenz, einer Aufspaltung in «gute» und «böse» mütterliche Anteile und damit auch guter und böser Repräsentanzen (das heißt der psychischen Spiegelung von Objekterfahrungen) im Ich des Kindes mit sich. Eine Integration der Selbst- und Objektrepräsentanzen wird damit verhindert, und es erfolgt ein Rückzug «nach innen» auf eine autoerotische und autoaggressive (das heißt sich selbst befriedigende und selbstzerstörerische) Abfuhr der Lebensstrebungen. Eine häufig anzutreffende Verhaltensweise des Kindes, die aus dieser Problematik resultiert, ist das plötzliche Davonrennen. Zum einen zeigt das Kind in diesem Verhalten seine neuerworbene Autonomie, zum anderen aber provoziert es die Mutter, ihm nachzulaufen und es einzufangen, wodurch sein Verlangen nach der Wiedervereinigung mit der Mutter eine Befriedigung erfährt.

Ein Beispiel aus der Praxis soll die Folgen mangelnder mütterlicher Zuwendung veranschaulichen.

Schon während der frühesten Säuglingszeit ihres Kindes ließen die Eltern, wenn sie abends an kulturellen Veranstaltungen teilnahmen, ihr Kind allein zu Hause zurück. Sie begründeten ihr Verhalten mit der rationalen Überzeugung, daß das Kind durchschlafen werde. Zwar beherrschten einige Schuldgefühle dem Baby gegenüber ihr Verhalten und Denken, doch wurden diese so rationalisiert, daß sie keine Veränderungen in ihrem Verhalten nach sich zogen. In etwas späterer Entwicklung, etwa um den neunten Lebensmonat des Babys, ließ die Mutter eines Nachmittags ihr Kind bei einem Babysitter zurück, um sich mit Freundinnen zu treffen. Nach kurzer Zeit, als die Mutter das Kind verlassen hatte, fing es an, entsetzlich zu weinen und zu schreien, es quälte sich herzzerreißend mit dem Gefühl des plötzlichen Alleinseins. Der Babysitter stand ihm hilflos gegenüber, wiegte und liebkoste es, um es zu beruhigen, hatte jedoch keine Möglichkeit, zu ihm einen gefühlsmäßigen Kontakt aufzunehmen. Das Baby schrie unentwegt, fast eine Stunde lang, aber es war weder abzulenken noch zu beruhigen. Schließlich mußte die Mutter benachrichtigt werden, sie kam zurück und nahm das Kind in ihre Arme. Wimmernd, schluchzend und erschöpft schmiegte es sich an ihren Körper. Die Mutter schrieb die Unfähigkeit, das Kind nicht beruhigen zu können, dem Babysitter zu.

Als das Kind etwa zweieinhalb Jahre alt war, geriet die Mutter dadurch in Verzweiflung, daß immer dann, wenn sie sich zurückziehen wollte, um selbst etwas zu tun, ihr Kind sie durch herabfallende Gegenstände und durch Behinderungen anderer Art bei ihren Aktivitäten störte. Wenn sie mit ihm im Kinderzimmer saß und ein Buch zu lesen begann, bewarf das Kind sie mit Bauklötzen und begann, ihr weh zu tun. Das Kind brachte sie immer in die Lage, reagieren zu müssen. Es hatte keine andere Möglichkeit, ihr Interesse und ihre Zuwendung auf sich zu ziehen. Die Aggression des Kindes, die sich auf die Mutter richtete, äußerte sich immer destruktiver. Immer mehr Gegenstände gingen in der Wohnung zu Bruch. Ständig zog das Kind dadurch die Aufmerksamkeit auf sich.

Wenn andere Kinder eingeladen wurden, lief es wild in der Wohnung umher, alles geriet durcheinander, und ein sinnvolles, kreatives Spiel war nicht möglich. Bisweilen versuchte es mit enormer Anstrengung, diejenigen Kinder, die sich nicht für seine Aktivitäten interessierten, dadurch für sich zu gewinnen, daß es sich körperlich ihrer zu bemächtigen und dadurch zum Mitspielen zu zwingen versuchte. Später, im Kindergarten, fiel es dadurch auf, daß eine Integration des Kindes in seine Gruppe äußerst schwierig wurde.

Immer versuchte es, andere zu einem bestimmten Verhalten zu zwingen; wenn ihm dies nicht gelang, rannte es davon und zog sich in eine Ecke oder einen anderen Raum zurück. Die Erzieherin mußte es ständig suchen.

Zur Entstehung dieses Verhaltens können wir nach den beschriebenen Entwicklungsphasen der ersten etwa 21 Lebensmonate feststellen, daß die symbiotische Phase von Mutter und Kind gestört abgelaufen ist. Nach Mahlers Auffassung kann bei sehr unglücklichem Verlauf eine Psychose auftreten. Mildere, nichtpsychotische Störungen (wie zum Beispiel Borderline-Störungen, das heißt Störungen an der Grenze zwischen Psychose und Neurose, narzißtische Persönlichkeitsstörungen usw.) kommen vor, wenn das Kind zwar einen Loslösungs-Individuationsprozeß durchgemacht hat, jedoch der Verlauf der einzelnen Unterphasen Abweichungen und Störungen ernsthafterer Art aufweist, wie in dem dargestellten Fall. Die Bildung einer Neurose hat letztlich immer auch ihre Wurzeln in einer unvollständig verlaufenden Individuation und einer ungenügenden Lösung von der Mutter.

Ob sich das verinnerlichte Abbild der Mutter und das der Objekte, die an ihre Stelle treten können, als konstant in der Persönlichkeit des Kindes erweisen, hängt letztlich immer von der positiven Besetzung des Mutterbildes ab. Das Kind kann nur unter Rückgriff auf eine gelungene symbiotische Phase ein Gefühl des Vertrauens und der Zuversicht entwickeln.

Nach Mahler sind jedoch auch andere Faktoren am Erreichen der Objektkonstanz beteiligt: die angeborene Triebausstattung und ihre Reifung, die Toleranz des Kindes gegenüber Frustrationen und Angst, die Realitätsprüfung, die Verfügbarmachung neutralisierter Triebenergie und andere Faktoren mehr. Aber erst wenn es einigermaßen gelungen ist, die Objektkonstanz zu etablieren, kann das Kind die Mutter bei ihrer Abwesenheit durch ihr inneres Abbild ersetzen, unabhängig von seiner Bedürfnisspannung oder seinem inneren Unbehagen. Nach Winnicott ist das Kind erst dann fähig, allein zu sein und die Trennung von der Mutter akzeptieren zu können.

Je abrupter die innerpsychische Erfahrung der Ablösung und des Getrenntseins des Kindes von der Mutter erlebt wird, oder auch je besitzergreifender oder unberechenbarer die emotionale Haltung der Eltern ist, um so weniger wird das Ich des Kindes in der Lage sein, einen inneren Ausgleich zu schaffen bei der Verarbeitung des Getrenntseins von ihnen. Die gegen die schlechten Introjekte (das heißt die Repräsentationen der Elternbilder im Ich des Kindes) gerichtete Aggression wird auch die guten Erfahrungen mit ihnen in ihrer Wirkung reduzieren und das Lebensgrundgefühl des Kindes in Mitleidenschaft ziehen. Gleichzeitig wird es auch im späteren Leben immer wieder versuchen, als Reaktion auf die gestörte symbiotische Beziehung zu den Eltern immer wieder das frühere symbiotische Verhältnis mit anderen Kindern und später mit Partnern wiederherzustellen.

Eine ähnlich differenzierte Beschreibung der Entwicklungsprozesse des Kindes, wie sie M. S. Mahler u. a. für die ersten etwa 30 Lebensmonate erforscht haben, fehlt für die folgende Entwicklungszeit. Wir möchten uns daher wieder den Folgen der Triebentwicklung des Kindes im Stufenmodell nach Freud und Abraham zuwenden, wobei die soziale Dimension des Verhaltens nicht außer acht gelassen werden darf.

Die anale Stufe

Die Analphase wird durch die anale Entwöhnung, nämlich die Erziehung zur Reinlichkeit, in zwei Stufen geteilt. Wir haben die Teilung in zwei Stufen schon bei der Beschreibung der Oralphase kennengelernt. Die erste Analstufe ist ähnlich wie die erste Oralstufe für die meisten Kinder eine glückliche Zeit. Sie finden im Kot ihre erste bewußt erlebte «Schöpfung», ihre erste kreative Leistung. Wenn die Eltern das Kind gewähren lassen, kann es vorkommen, daß es mit seinem Kot spielt, ihn knetet oder modelliert, manchmal sogar auch verspeist. Der Umgang mit dem Kot gehört nun zu seinen befriedigendsten Tätigkeiten. Wird ihm diese Befriedigung genommen, dann findet eine Kränkung statt, und der Stolz des Kindes auf seine erste Kreation und damit sein wachsendes Selbstvertrauen werden ihm geraubt.

Das Ausmaß der Befriedigung und der Grad des Lustgewinns des Kindes bei der Kotausscheidung können sehr unterschiedlich sein. Dies hat mehrere Ursachen. Einerseits kann die libidinöse Betonung der Vorgänge um den After des Kindes durch seine Konstitution bedingt sein. Andererseits aber – und dies scheint uns am häufigsten der Fall zu sein – neigt jeder Charaktertyp der Eltern dazu, seine psychische Einstellung und seine damit verbundenen Probleme, auch seine Anomalitäten, unbewußt auf sein Kind zu übertragen. Wie wir schon in anderen Kapiteln beschrieben haben, setzen die Eltern in der Regel ihr Leben in ihren Kindern fort. Dies geschieht auch mit ihren analen Merkmalen.

Eltern, die allgemein dem Schmutz gegenüber, der Unterordnung unter ihre Einstellung und den Schwächen des Kindes gegenüber tolerant und nachgiebig sind, wird die Erziehung zur Reinlichkeit des Kindes keine allzu großen Probleme bereiten. Sie werden ihr Kind ohne Strenge und Eile zur Reinlichkeit führen und damit sein Stadium der Lust an der Kotausscheidung unterstützen und verlängern.

Hingegen werden Eltern, die unbewußt selbst ernsthafte Probleme mit dem Schmutz, den Gefühlen des Ekels, ihren eigenen Schwächen und der Unterordnung unter andere haben, ihrem Kind gegenüber unnachgiebig sein und dadurch häufig die Auseinandersetzung mit ihm verschärfen. Sie werden ihr Kind besonders früh und streng zur «Reinlichkeit» erziehen, sich über die heftigen Gefühle des sich wehrenden Kindes hinwegsetzen und es damit verfrüht in die späte analsadistische Entwicklungsstufe treiben wollen. Unbewußt werden sie durch diese Dressur die Charaktereigenschaften der Kleinlichkeit, des Geizes und des Konservatismus sowie den Wunsch, andere Menschen zu maßregeln (ebenso wie sie selber früher gemaßregelt worden sind), in ihr Kind «hineinverlegen». Wir können also deutlich erkennen, daß der Charaktertyp der Eltern mit seinen jeweiligen psychischen Einstellungen alleine durch die Erziehung in der Lage ist, sich dem Kind aufzuprägen.

Durch eine gelungene Verdrängung der Lust an der Kotausscheidung können diese ursprünglichen Triebstrebungen im späteren Leben des Kindes zu einer Lust und Freude am kreativen Schöpfen, am Modellieren, am Entdecken von Neuem und anderen nach außen gerichteten Eigenschaften wie Großzügigkeit und Nachgiebigkeit werden. Demgegenüber wird eine nicht oder nur partiell gelungene Verdrängung libidinöser Besetzungen der Analität einen Zwang zur Ordnung und Reinlichkeit, zur Lust am Registrieren, Organisieren und zu Geiz, Kleinlichkeit auch in bezug auf Liebe, Zeit und Geld führen.

In der Therapie neurotischer Krankheitserscheinungen, die aus dieser Entwicklungsphase herrühren, stoßen wir auf große Schwierigkeiten, wenn sich eine Analneurose voll entwickelt hat. Der einzig wirksame Weg zur Vermeidung von Fehlentwicklungen scheint uns in der Vorbeugung, der Präventivtherapie, zu liegen, die bei den Eltern beginnen sollte.

Wie wir dargestellt haben, reagieren Eltern, die selbst unbewußte Analkomplexe haben, diese an ihrem Kind in Form verfrühter und strenger «Reinlichkeitserziehung» ab. Sie sind häufig besonders stolz darauf, daß ihr Kind schon sehr früh «sauber» geworden ist. Gewiß, auch sie wollen das Beste für ihr Kind, nämlich es möglichst schnell an die Gebote der Welt heranführen, lassen ihm allerdings nicht die Zeit, die es dafür braucht.

Im anderen Extrem passiert es heute, daß besonders junge Eltern die Erziehung zur Reinlichkeit fast vernachlässigen. Die Kinder werden in ihren Windeln gelassen, und die Eltern scheinen sich überhaupt nicht darum zu kümmern, wie sich das Kind mit den Exkrementen darin fühlt. Sie verschleppen unnötig den Vorgang der analen Entwöhnung. Dies geschieht weniger dem Kind als ihrer eigenen Bequemlichkeit zuliebe oder aus der falschen Auffassung, daß «es die Natur schon von selbst regeln werde».

Als Folge der Erziehung zur Reinlichkeit können wir allgemein feststellen: Empfängt das Kind mehr Strenge als Liebe, wird es selber im späteren Leben nur eine Ersatzliebe oder -strenge geben können.

Während die erste Stufe der Analentwicklung sich durch die Lust am Ausstoßen des Exkrementes auszeichnet, wird die spätere anal-sadistische Entwicklungsstufe durch die Beherrschung der Ausscheidungsfunktionen des Kindes charakterisiert. Dies geschieht auf zweifache Weise: das Kind wird einerseits aus der Illusion seiner Allmacht herausgerissen, die es in der ersten analen Entwicklungsstufe gewonnen hatte. Andererseits wird aber diese verlorengegangene Allmacht durch die Entdeckung des Kindes wiederhergestellt, daß es mit dem Stuhlgang seine Eltern beherrschen kann. Das Kind lernt, den Erziehern Bewunderung, Belohnung und Komplimente zu entlocken, wenn es ins Töpfchen gemacht hat. Es lernt aber auch, indem es selbst bestimmt, wann und wo es ausscheidet, Gefühle der Macht über die Eltern kennen. Es kann sie zur Raserei bringen, wenn es beispielsweise entweder ins Bett oder in ein gerade frisch angezogenes Unterhöschen macht oder seine Exkremente trotzig zurückhält.

Eine Fallvignette mag verdeutlichen, welche komplizierten Lebenssituationen und Probleme sich für Eltern und das Kind ergeben können, wenn sie diese Autonomiebestrebungen des Kindes gewaltsam unter ihre Kontrolle zu bringen versuchen.

Die Eltern, beide um die 35 Jahre alt, hatten ernsthafte Probleme mit ihrem fast vierjährigen Sohn. Das Kind weigerte sich beharrlich, den Gebrauch seiner Windeln aufzugeben. Die täglich wiederkehrenden Versuche der Eltern, den Sohn zur «Reinlichkeit» zu erziehen, scheiterten. Die Eltern begannen nun, das Kind stundenweise auf das Töpfchen zu setzen oder es zu kontrollieren, ob es schon in die Windeln gemacht hatte. Bisweilen ersetzten sie die Windeln durch ein Unterhöschen, um so schneller an ihr Ziel zu kommen. Doch trotz der stündlichen Kontrolle und der Prozedur mit den Unterhöschen war kein Fortschritt in Sicht. Der Junge näßte oder kotete immer dann ein, wenn er sich der Beobachtung durch die Eltern entziehen konnte. Ihre Kontrollmethoden wurden immer raffinierter und skurriler und steigerten sich schließlich bis hin zur Androhung von Strafen und offener Gewalt. Aber auch dies nützte nichts. So kamen sie schließlich mit dem Kind zur Erziehungsberatung.

Die geschilderten Vorfälle waren voller Dramatik, so als ginge es den Eltern darum, etwas Kostbares zu erobern. Sie selber wirkten durch alle ihre wirkungslos eingesetzten Methoden verzweifelt, erschöpft und am Ende ihrer Kraft. Den Jungen aber schien das nicht zu berühren. Er machte einen klaren und nicht unzufriedenen Eindruck.

Nach einem längeren Gespräch stellte sich heraus, was die Motive des Kindes für seine beharrliche Weigerung waren, das Einkoten und Einnässen nicht aufzugeben. Es sagte schlicht: «Ich mache in die Hose, weil ich will.» Diesem schon oft gehörten Kommentar des Jungen maßen die Eltern keine Bedeutung bei. Sie setzten sich einfach über ihn hinweg und folgten ihren Vorstellungen von Erziehung zur Reinlichkeit. Der Junge fühlte sich dadurch gekränkt, in seinem wachsenden Selbstwertgefühl herabgesetzt und in seiner Person mißachtet. Um sein Selbstwertgefühl zu schützen, blieb ihm nichts anderes übrig, als mit unnachgiebigem Trotz auf das Verhalten der Eltern zu reagieren. Die zeitaufwendigen Kontrollen, die die Eltern eingeführt hatten, verfestigten nur seine Haltung.

Bei verständnisvoller Erziehung ohne Dressur zur Reinlichkeit erhöht sich gewöhnlich der Reiz des Ausscheidens für das Kind. Durch das Zurückhalten und das danach gewaltsame Ausstoßen wird die Analzone noch höher libidinös besetzt, für das Kind wird es erstrebenswerter, die Darmfunktionen zu beherrschen.

Während der Entwicklung in der anal-sadistischen Stufe macht das Kind wichtige grundlegende Fortschritte: Es entdeckt, daß die Ausscheidung eine Art von Selbstbefriedigung ist. Darüber hinaus erfährt es, daß es durch ein schnelles Ins-Töpfchen-Machen Belohnungen erreichen kann. Es entdeckt, daß es durch das Ausstoßen zurückgehaltener Exkremente einen größeren Lustgewinn erzielen kann. Und schließlich erfährt es, daß es durch das Zurückhalten der Exkremente sich selbst (gegen die Eltern) behaupten kann und anderen Menschen Gefühle, auch negativer Art (wie Ärger und Wut), entlocken kann.

Diese Verbindung von analem Lustgewinn und der Aggressionsbefriedigung hat Freud dazu veranlaßt, diese Entwicklungsphase als «anal-sadistisch» zu bezeichnen.

Der Widerstand des Kindes gegen die Aufgabe der lustbetonten Zurückhaltung der Exkremente entspringt seiner Autonomiebestrebung und der damit verbundenen aggressiven Neigung. Wie in der späten Oralstufe sich starke sadistische Impulse zu seinem Wunsch gesellten, sich die Welt durch das Beißen einzuverleiben, so binden sich in der späten anal-sadistischen Entwicklungsstufe sadistische Wünsche an diese Teiltriebe und wandeln den Wunsch nach «Festhalten» in den Wunsch nach «Beherrschen» um. Auch die Ausbildung dieser Teiltriebe ist der Vorläufer der späteren Objektliebe des Menschen. Von daher ist der Ausgang ihrer Entwicklung entscheidend für die spätere Liebesfähigkeit.

Die genitale Stufe

Die erste Entwicklungsstufe für die spätere geschlechtliche Reife kann am treffendsten charakterisiert werden durch ein erwachendes erotisches Interesse des Kindes am anderen Geschlecht. Aufgrund einer dem Kind eigentümlichen «Zurückhaltung» vor den Genitalien des anderen Geschlechts bezeichnet Abraham diese Entwicklungsstufe als «Objektliebe mit Genitalausschluß». Unserer Ansicht nach ist diese Bezeichnung im vollen Wortsinn nicht haltbar. Denn das erotische Interesse des Kindes am anderen Geschlecht schließt häufig die Vereinigung seiner Genitalien mit denen des anderen nicht aus. Das erotische Interesse des Kindes ist aber eher spielerischer Art und von lustbetonter Neugier und dem Ausprobieren und Schauen begleitet, was es mit den Genitalien des anderen machen kann. Dieses Verhalten entspricht seiner völlig normalen und gesunden Entwicklung. In den «Doktorspielen», in denen es das Geschlecht zu erforschen und zu untersuchen beginnt, passiert es nicht allzu selten, daß der kleine Junge in der Identifikation mit seinem Vater und das kleine Mädchen, indem es sich mit seiner Mutter identifiziert, tatsächlich versuchen, körperlich ineinander einzudringen. Diese Versuche haben jedoch eine andere Qualität, als dies bei Erwachsenen der Fall ist. Eltern sollten, wenn sie ihre Kinder bei diesen sexuellen Spielen sehen, ihnen nicht Schuldgefühle und Vorwürfe machen, sondern Interesse und Wohlwollen entgegenbringen. Ihre Kinder tun ja schließlich nicht etwas, um sie zu ängstigen oder ihren Unmut heraufzubeschwören, sondern um ihre Neugier zu stillen und ihr erotisches Interesse zu befriedigen.

In dieser Entwicklungsphase steht das Interesse der Kinder für die Genitalien im Mittelpunkt. Dieses richtet sich sowohl auf das eigene als auch auf das andere Geschlecht. Es entspricht dem kindlichen, spielerischen Zugang zum anderen Geschlecht, nicht nur zu dem der Eltern, sondern auch zu dem anderer Kinder. Schuldgefühle und Angst jedoch können zu einer unnötigen Belastung dieser kindlichen Aktivität werden, die sich im späteren Leben als sexuelle Hemmungen und Ängste, in schwerwiegenderen Fällen als Impotenz und Frigidität manifestieren kann.

Das Kind faßt mit dem Erreichen der frühen genitalen Entwicklungsstufe die einzelnen Entwicklungsaspekte aus den vorangegangenen Stufen zusammen. Aber der letzte Schritt zur völligen sexuellen Reife, der Fähigkeit zur Objektliebe, fehlt noch. Bei diesem letzten Entwicklungsschritt ist das Genitalorgan des anderen Geschlechts nicht mehr mit einer ambivalenten Gefühlseinstellung besetzt, sondern Teil einer in seiner Ganzheit geliebten Person.

Auf die frühe genitale (phallische) Stufe, die etwa mit dem 5. bis 6. Lebensjahr endet, folgt eine Latenzphase von etwa sechs bis sieben Jahren. Sie bedeutet nicht, daß die Kinder in dieser Zeit kein sexuelles Interesse besäßen oder keine sexuellen Erfahrungen machten, vielmehr finden in dieser Zeit keine wesentlichen sexuellen Entwicklungen statt. Die Latenzphase endet mit der Pubertät, die zugleich die endgültige genitale Entwicklungsstufe ist. Diese Stufe der Charakterbildung ist am besten charakterisiert durch die Übertragung positiver Gefühle auf das geliebte Objekt, den Geschlechtspartner im engeren Sinne oder die Gesellschaft allgemein im weiteren Sinne.

Die Bedeutung dieser Entwicklungsstufe besteht im wesentlichen darin, die noch nicht bewältigten Reste früherer Entwicklungsstadien zu meistern. Wenn dies gelingt, werden sich in der Beziehung zum Geschlechtspartner nicht nur erotisches Begehren seiner Person entwickeln, sondern auch «viel gehemmtere» Formen der Liebe: Zärtlichkeit, gefühlsmäßige Anteilnahme, Güte, emotionale Bindung. Mit der Zeit können diese Regungen, die ursprünglich dem Liebespartner zugedacht sind, sich auf einen weiteren Personenkreis übertragen: auf ein eigenes Kind, auf Freunde, Bekannte und auf soziale Gruppen. Aus ursprünglicher erotischer und sexueller Liebe bilden sich auf diese Weise Menschenliebe und ein Sinn für das Gemeinwohl.

Auch diese Entwicklungsphase läßt Beziehungen zu allen vorangegangenen Entwicklungsphasen erkennen. Die psychotherapeutische Erfahrung zeigt immer wieder, daß keine Phase der vorangegangenen Entwicklung spurlos verschwindet oder ohne Wirkung auf das Leben und Erleben der Erwachsenen bleibt.

2 Häufige Probleme von Kindern

Ursachen und Falldarstellungen

In diesem Kapitel werden wir häufig auftretende Probleme von Kindern beschreiben und ihre Ursachen aus den Entwicklungsstufen, die wir im vorangehenden Abschnitt dargestellt haben, verständlich machen. Wir haben dieses Kapitel in zwei Bereiche von Störungen gegliedert: in *spezifische Störungen* und in *unspezifische, komplexe Störungen*. Unter «Spezifische Störungen» haben wir die Probleme von Kindern zusammengefaßt, die aus umgrenzten Fehlentwicklungen in einer Entwicklungsphase resultieren. Die unspezifischen, komplexen Störungen hingegen resultieren nicht aus umgrenzten Fehlentwicklungen in einer Entwicklungsphase. Sie sind, wie ihr Name besagt, komplex, das heißt zusammengesetzt aus Störungen mitunter mehrerer Entwicklungsphasen. Im Fall der Verwahrlosung kann beispielsweise die gesamte Persönlichkeitsorganisation des Kindes aufgrund von Fehlentwicklungen in allen Entwicklungsphasen gestört sein. Da im Bereich der psychischen Erfahrungen nichts verlorengeht, können sich Störungen in einer Entwicklungsphase in den nachfolgenden fortsetzen, sich zu einem Komplex verdichten. Die unspezifischen, komplexen Störungen werden dann auf diesem Hintergrund verständlich.

Unsere Unterscheidung in spezifische und unspezifische komplexe Störungen beansprucht nicht, eine nach den herkömmlichen Kriterien der Wissenschaft belegbare Systematik der psychischen Störungen von Kindern darzustellen. Sie ergab sich aus unserer praktischen, psychotherapeutischen Arbeit mit Kindern und bietet uns eine brauchbare Grundlage, uns dem Verstehen des jeweiligen Problems zu nähern. Zum besseren Verständnis und zur Veranschaulichung, in welcher Form und mit welchen Symptomen sich die am häufigsten auftretenden Probleme von Kindern äußern, haben wir die beschriebenen Probleme mit Fallvignetten belegt. In den Fallvignetten stellen wir die Symptome der Störung und ihre Psychodynamik (das heißt das psychodynamische Verständnis der Ursache der Störung) dar, wie wir sie erforscht haben.

Der Leser wird sich aufgrund dieser Fallberichte ein Bild davon machen können, wie die konkrete psychodiagnostische Arbeit eines Kinderanalytikers aussieht. Die Fallvignetten werden am Ende des Kapitels «Psychoanalytische Kinderpsychotherapie» (s. S. 175) fortgesetzt mit der Beschreibung, wie die Psychotherapie der hier dargestellten Fälle verlief. Sie soll dem Leser ermöglichen, die nachholenden Entwicklungsschritte, um die es dem Kinderanalytiker in der Psychotherapie des Kindes und der Eltern geht, mitzuerleben und nachzuvollziehen. Damit der Leser die Fallberichte den Autoren des Buches zuordnen kann, haben wir nach der Darstellung des Therapieverlaufs den Therapeuten genannt. Die Namen der Kinderpatienten und die Beschreibung ihrer Eltern sind aus Gründen der Schweigepflicht des Psychoanalytikers so geändert worden, daß die wirklichen Personen nicht identifiziert werden können.

Spezifische Störungen der oralen Entwicklungsphase: Eßstörungen, Nägelkauen

Die Nahrungsmittelaufnahme füllt das emotionale Leben des kleinen Kindes fast völlig aus. Die Welt des Säuglings kreist geradezu um die Ernährung, ein Vorgang, den wir in den Abschnitten über die frühe und die späte orale Entwicklungsstufe beschrieben haben. Die stärksten Gefühle des Säuglings, Gefühle der Unlust und Befriedigung, werden eng mit verschiedenen Aspekten der Nahrungsaufnahme verbunden. Auch im späteren Leben bleiben viele Phasen des Verdauungsvorgangs an bestimmte emotionale Haltungen gekoppelt, die aus dieser frühen Entwicklungsstufe resultieren. Viele früh gebahnte automatische Reaktionsweisen (bedingte Reflexe) sind mit der Ernährung verknüpft. Beispielsweise werden der Speichelfluß und die

Magensaftabsonderung beim Anblick der Nahrung oder bei der Wahrnehmung ihres Geruchs assoziativ aufeinander bezogen. Ekel, der allgemein gesprochen einen Widerwillen gegen bestimmte Umweltobjekte ausdrückt, stammt von der Ablehnung gewisser Speisen her und ist mit Reflexvorgängen an Speiseröhre und Magen verbunden.

Keine andere lebenswichtige Funktion der frühen Lebensjahre nimmt eine so zentrale Rolle im Gefühlshaushalt des Menschen ein wie das Essen. Der Säugling erfährt beim Stillen die Linderung seiner psychischen und physischen Unbehaglichkeit. Die Befriedigung seines Hungers ist zutiefst mit dem Gefühl von Wohlbefinden, Sicherheit und emotionaler Wärme verbunden.

Die Angst zu verhungern, im wesentlichen emotional zu «verhungern» (da in unserer Gesellschaft ein tatsächliches Verhungern kaum vorkommt), die Angst des Kindes vor dem Morgen, ist der Kern aller seiner Unsicherheitsgefühle. Über die Assoziation der Nahrungsaufnahme mit dem Gefühl der Sicherheit hinaus werden das Essen und das Gefüttertwerden mit dem Gefühl des Geliebtwerdens zusammengebracht. Gefüttert- und Geliebtwerden sind für das Kind gleichbedeutend.

Aus den Erfahrungen, die das Kind mit der Nahrungsaufnahme macht, bildet sich seine grundlegende emotionale Haltung zum Besitzstreben mit allen ihren Ausprägungen wie Eifersucht, Neid und Gier. Das Besitzstreben ist für das Kind gleichbedeutend mit körperlicher, oraler Einverleibung. Störungen bei der Nahrungsaufnahme im weitesten Sinn lösen aggressive Impulse aus und Gefühle des Unwohlseins, des Sich-nicht-geliebt-Fühlens. Diese aggressiven Impulse sind darauf gerichtet, sich mit Gewalt das zu nehmen, was einem nicht freiwillig gegeben wird. Das Beißen wird so zur ersten Äußerung von Feindseligkeit des Kindes. Werden diese aggressiven Strebungen, sobald sich das Gewissen zu entwickeln beginnt, zur Quelle von Schuldgefühlen, müssen sie verdrängt werden. Eß- und Appetitstörungen können die Folge dieser Verdrängung sein. Die psychoanalytische Erfahrung hat bei an verschiedenen Eßstörungen leidenden Patienten mit großer Regelmäßigkeit Schuldgefühle als ihr zentrales Motiv entdeckt. Daneben gibt es natürlich auch andere unbewußte Motive für Eßstörungen.

Ein Patient berichtete, daß er in seiner Kindheit stets seinen Teller leer zu essen hatte. Seine Mutter habe immer so lange bei ihm gesessen, bis alles aufgegessen war. Trotz seiner heftigen, widerstrebenden Gefühle und Tränen sei er gezwungen worden, so lange die Speisen in sich hineinzustopfen, bis nichts mehr auf dem Teller war. Er pflegte anschließend auf die Toilette zu gehen, um das Gegessene zu erbrechen. Danach fühlte er sich freier.

In den Ferien, als er etwa fünf Jahre alt war, hätten seine Eltern mit ihm in einem Hotel gewohnt. Mittags bei Tisch, als er wieder gegen heftiges Widerstreben aufgefordert wurde, alles aufzuessen, hätten seine Eltern, da er sich verweigerte und das Essen zeitlich in die Länge zog, nach mehr als zwei Stunden schließlich den Kellner gebeten, ihm das Essen in den Mund zu stopfen. Er fühlte sich gedemütigt, seiner Autonomie beraubt und empfand seine Eltern als Verräter. Noch heute, im Alter von mehr als 35 Jahren, habe er Schwierigkeiten mit dem Essen und Appetit. Bei gewissen Speisen und in gewissen Lokalen verspüre er Ekelgefühle. Nach jedem Essen fühle er den inneren Zwang, einen kleinen Teil der Speisen auf dem Teller zurückzulassen. Von dieser Angewohnheit könne er nicht lassen. Sie verschafft ihm sicherlich eine unbewußte Befriedigung, über sich selbst bestimmen zu können, enthält jedoch auch die verdrängte Erinnerung an jene Torturen, denen seine Eltern ihn unterworfen haben.

Gewaltsames Drängen bei der Nahrungsaufnahme kann, wie wir an diesem Beispiel sehen, zu Eß- und Appetitstörungen führen, die das ganze Leben lang fortdauern können. Da das Stillen und alle Vorgänge um das Essen die ersten grundlegenden Erfahrungen des Kindes sind, diese assoziativ mit physiologischen Reflexvorgängen verbunden werden, können beim Eßvorgang aus falsch verstandener Haltung dem Kind gegenüber sich schwere psychosomatische Symptome entwickeln. Bauchschmerzen, Verdauungsstörungen, Appetitlosigkeit können die Folge «erzieherischer Maßnahmen» sein.

Die Kenntnis dieser fundamentalen psychischen Vorgänge ist unerläßlich zum Verständnis des emotionalen Hintergrunds von Eß- und Appetitstörungen. Da die Vorgänge jedoch vielschichtig und sehr kompliziert sein können, muß jeder Fall von Eßstörungen individuell analysiert werden.

Ein weiterer, verbreiteter Faktor bei Kindern mit Appetitlosigkeit und Eßstörungen kann eine unbewußte Trotzreaktion sein. Hier verweigert das Kind die Nahrung, um seine Eltern zu zwingen, ihm besondere Aufmerksamkeit zu schenken und sich Sorgen zu machen. Eltern sollten ganz allgemein das Kind beim Essen gewähren lassen. Das Essen und die Umstände, unter denen es eingenommen wird, ob die Eltern Zeit für das Kind haben oder das Essen immer in Eile eingenommen wird, ob das Kind allein essen muß oder in Gesellschaft, alle diese Vorgänge greifen in das Wohlbefinden des Kindes ein und können bei Fehlentwicklungen zu Eßstörungen führen.

Wir möchten uns nun noch einem anderen weit verbreiteten Symptom zuwenden, dem Nägelkauen. Beim Nägelkauen tritt ein verkappter Beißimpuls zu den oralen Bedürfnissen des Kindes hinzu. Orale und aggressive Impulse werden im Symptom des Nägelkauens miteinander verbunden. Während das Daumenlutschen eine orale Ersatzbefriedigung des Kindes ausdrückt, die für seine Zärtlichkeitsbedürfnisse steht, gewinnt beim Nägelkauen die Aggression die Oberhand. Erfahrungen in der analytischen Kindertherapie haben gezeigt, daß man das Nägelkauen eines Kindes nicht beseitigen kann, ohne bestimmte Lebensumstände, in denen das Kind lebt, zu verändern und mit den Eltern an der emotionalen Haltung ihrem Kind gegenüber zu arbeiten. Andererseits jedoch muß die Therapie aggressive Ausdrucksmöglichkeiten im Kind mobilisieren. Die verdrängten aggressiven Impulse müssen so lange gelockert werden, wie sie die konstruktive Verarbeitung der Aggression notwendig macht. Da es sich beim Nägelkauen um eine unbewußte Reaktion des Kindes handelt, die es vorübergehend von seinen inneren Spannungen befreit, der Biß sich aber nicht gegen die Umgebung, sondern gegen den eigenen Körper richtet, muß eine erfolgreiche Therapie die Wege der Aggressionsabfuhr des Kindes umzentrieren, damit diese sich nach außen, weg von seinem Körper, richten.

Ein Kind, das Nägel kaut, kann bei oberflächlicher Betrachtung durchaus unbekümmert und frisch wirken. Unsere Erfahrung zeigt aber, daß solche Kinder nie selbstsicher sind. Häufig neigen sie zu Haltungen von Gefügigkeit und falscher Bescheidenheit, und nicht allzu selten ist das Symptom des Nägelkauens mit einer Veränderung der Persönlichkeit des Kindes im Sinne einer zwangsneurotischen Struktur verbunden. Diesen Störungen *dieser Ausprägung* wollen wir uns im nächsten Abschnitt zuwenden.

Spezifische Störungen der analen Entwicklungsphase: zwanghaftes Verhalten, motorische Unruhe, Bettnässen, Stottern

Störungen, die aus der analen Entwicklungsphase des Kindes resultieren, haben stets mit der Haltung der Eltern ihrem Kind gegenüber zu tun. Unbewältigte Probleme der Eltern im Umgang mit Schmutz, Gefühlen des Ekels, dem Bestehen darauf, daß sich das Kind unterzuordnen habe, Unnachgiebigkeit und eine allzu früh einsetzende und strenge sogenannte «Erziehung zur Reinlichkeit» sind an den Störungen und Symptomen beteiligt, die das Kind aus dieser Entwicklungsphase erwirbt. Bisweilen kann die Haltung der Eltern dem Kind gegenüber sich zu einem kompletten Zwangsverhaltenssystem entwickeln, welches das Kind gezwungen ist, unbewußt zu verinnerlichen. Zwei voneinander verschiedene Beispiele zwanghaften Verhaltens, gepaart mit Kontaktabwehr des Kindes und motorischer Unruhe, sollen die nachfolgenden Fallvignetten verdeutlichen.

ALFRED

Der fast siebenjährige Alfred kam mit seinen Eltern, einem angespannt, wütend wirkenden 37jährigen Vater, von Beruf Bankkaufmann, der seine Gefühle im Erstgespräch durch ein zwanghaft anmutendes Lächeln zu verbergen suchte, und einer 42jährigen Mutter, die bald wieder ihrem Beruf als Oberärztin im Krankenhaus nachgehen wollte, in die psychotherapeutische Praxis. Die Mutter war sehr beredt, unterbrach mit ihren Auskünften und Bemerkungen häufig das Gespräch, wirkte aber in ihrem Ausdruck erschöpft, mürrisch und kontrollierend.

Alfred, dessen Frisur aussah, als sei sie nach einer Schablone geschnitten, und dessen Kleidung nicht zu ihm zu passen schien, war aus seinem Kindergarten ausgeschlossen worden, weil er, sobald ein Kind in seine unmittelbare Nähe kam, um Kontakt mit ihm aufzunehmen, es wie von inneren Zwängen motiviert aggressiv von sich wegstieß. Dieses Verhalten, gepaart mit flirriger, permanenter Unruhe, die auch während des Erstgesprächs deutlich zu spüren war, und die Angst der Eltern, daß der Junge nach der bevorstehenden Einschulung in seiner

Klasse von seinem Verhalten nicht werde ablassen können, waren Anlaß, psychotherapeutische Hilfe in Anspruch zu nehmen.

Das Erstgespräch war schwierig zu führen. Alfred, der so roch, als habe er in die Hose gemacht, wippte auf seinem Stuhl hin und her, unterbrach dadurch den gesamten Gesprächsfluß, so daß es angeraten schien, ihm Spiele anzubieten, mit denen er im Zimmer nebenan spielen konnte. Die nun eingetretene Ruhe dauerte aber nicht lange. Seine Mutter unterbrach, wenn Kontakt zu dem eher zurückhaltenden Vater hergestellt war, häufig besserwisserisch das Gespräch, so daß eine Spannung entstand, die unerträglich wurde. Alfreds Vater hielt an sich, starr und wutgeladen in seinem Ausdruck.

Beim zweiten Gespräch war zu erfahren, daß Alfred schon von Geburt an ein schwieriges Kind gewesen sei, das lange geschrien habe und nicht zur Ruhe gebracht werden konnte. Während der Phase der Sauberkeitserziehung sei sein Vater, der im Leben stets alles in Ordnung gehalten und besondere Freude daran habe, wenn ein Stoß Akten erledigt sei, häufig mit dem Sohn ins Gericht gegangen, wenn dieser sich widerstrebend gegen seine Erziehungsmaßnahmen gestellt habe. Dabei sei es in der Familie zu Szenen gekommen, die ihn bewogen hätten, das Haus zu verlassen, um Schlimmeres zu verhindern.

Zur psychodynamischen Erklärung der Verhaltensstörungen Alfreds sei folgendes angemerkt: Alfreds allgemeine Intelligenz lag extrem hoch, weit über dem Durchschnitt. Mit sechs Jahren begann er dicke Bücher zu lesen, U-Bahn- und Busfahrpläne zu studieren, die er auswendig konnte, und mit Zahlen zu operieren. Er spielte nicht, sondern benahm sich wie ein kleiner Erwachsener. Sein Intelligenzverhalten hatte nur noch eine lockere Beziehung zu seinen ursprünglichen kindlichen Gefühlen.

Alfreds Eltern rivalisierten von Anfang an um die Gunst des Jungen. Jeder von ihnen wollte es besser machen. Eine echte Nähe zu dem Kind wurde dadurch verhindert. Das Kind war so zwei unterschiedlichen Erziehungsmaßnahmen ausgesetzt: den Maßnahmen des Vaters und der Mutter. Indem das Kind die emotionalen Spannungen, die zwischen den Eltern herrschten, durch sein unruhiges, flirriges und aggressives Verhalten anderen gegenüber austrug, vereinte es beide Elternteile in seiner Seele. Seine Autonomiebestrebungen in der Phase der Sauberkeitserziehung, die sich bis zum Unter-

suchungstermin verschleppte, wurden durch Alfreds Vater so gestört, daß er sich gezwungen fühlte, die ursprünglichen Wünsche nach eigener Entwicklung aufzugeben und zu verdrängen und statt dessen die intellektualisierten Werthaltungen des Vaters und seine Leistungsansprüche durch Identifikation mit ihm in sich aufzunehmen. Die dadurch entstehende Wut, aber auch die gefühlsabwehrende Haltung beider Eltern waren die Ursache für seine zwanghafte Kontaktabwehr anderen gegenüber.
(Emil Wieczorek, s. S. 182)

THOMAS

Thomas, ein sechsjähriger, spindeldürrer Junge, konnte keine Minute ruhig sitzen, er konnte in der Schule nicht in der Bank sitzen bleiben, er mußte einfach herumlaufen. Im Hort konnte er keine Gruppensituation aushalten, lief ständig im Zimmer herum, stieg auf Schränke, faßte an (gesicherte) Steckdosen, manipulierte am Plattenspieler herum usf., so daß die Erzieherin ständig hinter ihm her sein mußte, ihm ständig Grenzen setzen mußte, ihn ermahnen mußte, was aber so gut wie nichts half. Wenn er die Finger in die Steckdose steckte, sah er die Erzieherin triumphierend an, nach der fälligen Ermahnung witschte er schon wieder zur Tür hinaus usw. usf.

Psychodynamik

Die völlig überlastet wirkende Mutter klagte darüber, wieviel Kraft sie Thomas kosten würde. Zu Hause würde sie zu nichts kommen. Thomas könne sich auf nichts konzentrieren, könne bei keiner Sache bleiben, könne auch mit keinem Kind spielen, er würde jedes Spiel zerstören und ständig ihre Aufmerksamkeit erfordern, da er sich auf gefährliche Situationen einließ, die sie dann abgrenzen müsse. Mit ihm habe sie keine Sekunde Ruhe.

Die Problematik von Thomas konzentrierte sich auf das Problem der Ambivalenz zwischen dem Wunsch, eingefangen, geschützt, gehalten zu werden und andererseits selbständig, frei zu sein, wie es für die Phase des Austritts aus der Symbiose charakteristisch ist. Die Mutter fühlte sich selbst in ihrem Leben «nicht zu Hause» und konnte die Abgrenzungsschwierigkeiten von Thomas nicht ertragen. Sie wollte ihn immer ganz dicht bei sich haben, mit ihm schmusen und verschmelzen. So konnte Thomas seine Selbständigkeit nicht schuldfrei entwickeln, da die Mutter bei jedem Schritt zur Selbständigkeit unglücklich war. Mit seinem Symptom der Überaktivität, des ständigen Herumlaufens, der Ruhelosigkeit und des Aufsuchens gefährlicher Situationen hatte er einen Kompromiß gefunden für einerseits seinen Wunsch nach Autonomie und andererseits für den Wunsch der Mutter, sich nicht von ihr zu entfernen, indem er ihre ständige, sorgende Gegenwart forderte. Einen wirklichen Kontakt, wirkliche Nähe, konnten aber weder die Mutter noch Thomas ertragen. (Manfred Link, s. S. 187)

Störungen in der analen Entwicklungsstufe beeinträchtigen stets die Ich-Autonomie und den Ausdruck der Aggression des Kindes. Wie wir im Kapitel über die Entwicklungsphasen bereits gesehen haben, erwirbt das Kind mit den Autonomiebestrebungen die Möglichkeit, anale Lust und Aggressionsbefriedigung miteinander zu verbinden. Bleiben dem Kind durch Erziehungsmaßnahmen und elterliche Unachtsamkeit seiner Entwicklung gegenüber die Wege zur Autonomie versperrt, wird das Kind später, wenn die Anforderungen der Umwelt wachsen, beispielsweise durch den Eintritt in den Kindergarten oder in die Schule, auf die Stufe der analen Entwicklung zurückfallen. Es deutet mit dem Symptom des Einkotens oder Einnässens dann gleichsam an, in welcher Phase seine Entwicklung gestört wurde. Diese Symptome haben einen doppelten Sinn: sie weisen einerseits in ihrem Ausdruck auf die «Schwachstelle» der Entwicklung hin, andererseits haben sie einen Aufforderungscharakter an die Eltern, dem Kind zu ermöglichen, die fehlgegangene Entwicklung nachzuholen. Das folgende Beispiel soll diese psychischen Vorgänge veranschaulichen.

WOLFGANG

Wolfgang, ein aufgeweckter, lebendiger Junge von fünf Jahren, fing in den Augen seiner Eltern völlig unmotiviert an, sowohl im Kindergarten als auch zu Hause in die Hosen zu machen. Die Eltern reagierten zunächst mit Verständnis und versuchten, das Einkoten zu übergehen; es wurde allmählich wie eine lästige Angewohnheit von Wolfgang behandelt. Als Wolfgang damit aber nicht aufhörte und der Einschulungstermin nahte, kamen die Eltern zur Kinderpsychotherapie.

Psychodynamik

Auch hier liegt eine Regression (Rückentwicklung) vor, das heißt, Wolfgang befindet sich mit seinem Symptom des Einkotens psychisch gesehen in der analen Phase, in der es um Autonomie und Abgrenzung geht. Mit dem Einkoten hat er seine Eltern hilflos und gleichzeitig untergründig wütend gemacht. Als «moderne» Eltern versuchten sie, die offenbare Aggression zu übergehen und nur mit Geduld zu reagieren, wobei das Symptom aber immer schlimmer wurde.

In den Elterngesprächen gelang es, den Anlaß für Wolfgangs Einkoten zu finden. Der Vater war häufig auf Dienstreise, was beide Eltern jeweils Wolfgang zu verheimlichen suchten, «damit er die Trennung leichter erträgt». Ohne sich zu verabschieden, war der Vater dann eben einfach weg, eine Situation, die Wolfgang nur mit Ohnmacht und Wut ertragen konnte. Auch die Mutter war über die häufige Abwesenheit ihres Mannes untergründig wütend, gestand sich diese Wut aber nicht ein, sondern fand die Reisen ihres Mannes «ja notwendig».

Mit seinem Einkoten protestierte Wolfgang somit nicht nur für sich selbst, sondern auch für seine Mutter unbewußt gegen die Gefühle der Ohnmacht und Wut, indem er exakt die gleichen Gefühle an seine Umgebung zurückgab.
(Manfred Link, s. S. 189)

Nicht alle psychischen Störungen, die aus einer gestörten analen Entwicklung hervorgehen, bilden Symptome, die relativ einheitlich und in ihrem Ausmaß begrenzt sind. Aber auch wenn sie sich bis hin zur

Regression auf die orale Entwicklungsstufe erstrecken, wie das nachfolgende Beispiel einer Zwangsneurose zeigt, bildet den Kern der Störung stets eine Einengung der Autonomie des Kindes. Wenn das Kind sich geradezu von den unbewußten Bedürfnissen der Eltern, die diese an dem Kind befriedigen, erdrückt fühlt, wird es auch in seinem Verhalten immer mehr sich einengen. Da es sich ihnen gegenüber ohnmächtig und hilflos fühlt, bleibt ihm in seinem Verhalten nichts anderes übrig, als die Befriedigung ihrer Wünsche zuzulassen.

ERNST

Über einen Kinder- und Jugendpsychiater kam Ernst, elf Jahre, in die Kinderpsychotherapie. Die vierzigjährige Mutter wirkte abgearbeitet und voller Sorge für ihren Sohn. Wortreich schilderte sie seine schweren Krankheitssymptome. Ernst saß wortlos daneben. Sein Aussehen war kindlich und etwas pummelig. Er wirkte zunächst innerlich abwesend. In der Schule hatte sich Ernst auf den Boden gesetzt, er hatte zunehmend weniger gesprochen bis zu völligem Schweigen. In der Pause hatte er einen Haufen Kot ins Klassenzimmer gemacht. Auf der Straße blieb er oft scheinbar unmotiviert stehen und konnte die Begrenzungen der Steinplatten nicht übertreten. So blieb er in Begleitung seiner Mutter oft in der Stadt eine halbe Stunde wie angewurzelt stehen. Mit den Eltern verständigte er sich nur noch mit Zeichen. Zu Hause fing er an, wie ein Kleinkind wieder ins Bett zu machen, und wollte nur noch Brei essen, keine feste Nahrung. Als die Symptome sich verschlimmerten, konnte er nicht mehr zur Schule gehen, sondern kam in eine jugendpsychiatrische Klinik, wo sich sein Zustand leicht besserte. Anschließend lebte er zu Hause und absolvierte eine ambulante Kinderpsychotherapie.

Psychodynamik

Bei den Symptomen von Ernst fällt zunächst auf, daß er sich insgesamt wie ein Kleinkind verhielt, das heißt, er war stark regrediert (in der Entwicklung zurückgegangen). Indem er sich wie ein Kleinkind verhielt, brauchte er die umfassende Zuwendung seiner Mutter. In der Elterntherapie berichtete die Mutter von nächtlichen, schweren

Asthmaanfällen, die sie immer wieder in Todesangst versetzten. Sie hatte eine tiefe Angst vor dem Alleinsein und der Leere, die eintreten würde, wenn «Ernst mich nicht mehr braucht». Die Ehe war seit Jahren tot, der Ehemann wich der Familie aus, trank Alkohol, sie sah keine Perspektive mehr in ihrem Leben. Ernst hatte auf die tiefe Lebensangst seiner Mutter unbewußt mit seiner Krankheit reagiert und seiner Mutter damit das Gefühl gegeben, wieder gebraucht zu werden.
(Manfred Link, s. S. 190)

Einen speziellen Fall von unterdrückten Strebungen der Ich-Autonomie des Kindes möchten wir am Beispiel des Stotterns demonstrieren. Im Symptom des Stotterns verdichten sich, ähnlich wie beim Nägelkauen, unterdrückte aggressive Impulse, die nicht angenommen und verstanden werden.

SUSANNE

Susanne, ein neunjähriges, hübsches und klar aussehendes, braves Mädchen, kam mit ihrem 34jährigen Vater, der als Malermeister einen eigenen Betrieb führte, zur psychologischen Beratung. Susanne hatte Probleme mit ihrer Sprache: Wenn sie sich äußern wollte, begann sie mitten im Satz zu stottern. Sie erweckte dabei den Eindruck, als würde sie mit dem, was sie artikulieren wollte, nicht von der Stelle kommen.

Ihr Vater war in Sorge, seine Tochter könnte wegen ihres Stotterns von anderen gehänselt werden, ganz abgesehen davon, daß er sah, wie Susanne unter dem Stottern litt. Er berichtete, er habe Susanne schon von einem Logopäden untersuchen lassen. Dieser habe jedoch keine Anzeichen für Störungen der Sprechmuskulatur feststellen können. Er habe gemeint, dem Stottern Susannes liege eine psychische Störung zugrunde, und ihm deshalb geraten, mit Susanne einen Psychotherapeuten aufzusuchen.

Zum psychodynamischen Verständnis des Stotterns von Susanne sei angemerkt, daß ihre Bereitwilligkeit zur Mitteilung erhalten geblieben ist. Schaden genommen jedoch hat der Vollzug ihrer Mitteilungswünsche. Diese erschienen im Vorgang des Stotterns und des

«Auf-der-Stelle-Tretens» wie komprimiert, «zusammengepreßt», so als gelte es, alles so kurz und knapp wie möglich auszudrücken.

Tatsächlich hatten beide Eltern für Susannes Bedürfnisse kaum Zeit. Ihr Vater, im Dauerstreß seines Berufslebens, und ihre Mutter, die ein eigenes Dekorationsgeschäft führte, waren nur sporadisch und für kurze Zeit zu Hause. Ihre Mutter kam meistens erst abends nach Hause, wenn Susanne schlief. So war Susanne überwiegend bei ihrer Großmutter, die im selben Haus wohnte, und mit anderen Kindern auf der Straße. Wenn ihr Vater für eine halbe Stunde mittags nach Hause kam, nahm er sich ganze fünf Minuten Zeit, um Susanne anzuhören. Sie mußte dann kurz und knapp ihre Wünsche äußern und die Erlebnisse des Schultags schildern. Verständlich wird, daß das Kind auf die auf einen so engen Raum eingegrenzte «Zuwendung» mit Wut reagierte. Da diese von beiden Eltern nicht verstanden, angenommen und geduldet wurde, mußte sie verdrängt werden. Sie kommt nun zum Ausdruck im Symptom des Stotterns, das zwei Mitteilungen enthält, nämlich: mir wird keine Zeit gegeben, um meine Bedürfnisse und Wünsche auszusprechen und um mich entfalten zu können im Kontakt zu meinen Eltern; der mir gegebene Raum ist dafür zu eng, und ich muß auf der Stelle treten, darf mich in meiner Autonomie nicht weiterentwickeln. Das Symptom hat aber auch den Hinweischarakter an ihre Eltern, daß etwas geschehen muß, damit Susanne das Stottern hinter sich lassen kann.
(Manfred Link, s. S. 192)

Unspezifische, komplexe Störungen aus der Mutter-Kind-Symbiose: Kontaktstörungen, Autismus, Fett- und Magersucht, Sprach- und Denkhemmungen

Kontaktstörungen, Formen autistischen Verhaltens, Fett- und Magersucht, Denkhemmungen und Sprachstörungen, diffuse, plötzlich hereinbrechende Ängste von Kindern sind oft Folge einer gestörten Mutter-Kind-Symbiose. Wegen der Kompliziertheit dieser psychischen Symptombildungen muß verständlicherweise auch hier ein individuelles Verständnis für das Verhalten des Kindes herausgearbeitet werden. Erst wenn der Kinderanalytiker die der Störung zugrundeliegenden psychodynamischen Vorgänge erforscht hat, wird er sich sicher sein können, wo der Kern der Störung zu finden ist.

Im Abschnitt über die Mutter-Kind-Symbiose haben wir die für die Entwicklung des Kindes grundlegenden psychischen Vorgänge beschrieben. Sie führen dazu, daß sich das Kind als eine individuelle Einheit erleben und später eine unverwechselbare Identität entwikkeln kann. Wir haben dabei auf die Gefahren aufmerksam gemacht, aus denen gravierende, komplexe Störungen der kindlichen Persönlichkeitsorganisation entstehen können, wenn der Säugling die Mutter-Kind-Symbiose nicht erfolgreich bewältigt hat und sich aus der symbiotischen Bindung an die Mutter nicht lösen darf. Dieses Verbot des Verlassens der Mutter-Kind-Symbiose kann in der nachfolgenden Entwicklung des Kindes, in seinem Kontaktverhalten und in seinem intellektuellen und physischen Wachstum komplexe Störungen hervorbringen.

An Autismus grenzende Hemmungen und Denkhemmungen bieten häufig ein klinisches Bild, bei dem die Intelligenz mindestens normal ist, während ihre Äußerungsmöglichkeit in schulischer Umgebung fast völlig versperrt bleibt. Die Lust an der Leistungsfähigkeit im intellektuellen Bereich kann aufgrund von Störungen der primären Symbiose nicht von Sexualstrebungen entmischt sein und zwingt deshalb zur Verdrängung und Hemmung. Sie kann sich mehr oder weniger früh, mehr oder weniger partiell äußern und sich zur Zeit der Einschulung, des Schulwechsels oder bei höherer Leistungsanforderung endgültig durchsetzen.

Bei der Fett- und Magersucht spielen nur selten organische Faktoren eine Rolle. Der dauernde Hunger bei fettsüchtigen Kindern ist nicht Ausdruck eines gesteigerten Nahrungsbedarfs des Organismus. Das Essen wird zu einer Ersatzbefriedigung für schon früh versagte symbiotische emotionale Bedürfnisse, die im Grunde mit dem Ernährungsvorgang nichts zu tun haben. Eine Fülle verschiedener Faktoren kann an der Bildung der Fett- und Magersucht beteiligt sein. Ein intensives Verlangen nach Geliebtwerden und aggressive Tendenzen, zu verschlingen und zu besitzen (nämlich die Mutter, das erste Liebesobjekt) oder auch im Falle der Magersucht zu zerstören, bilden die unbewußte Grundlage des krankhaft gesteigerten Appetits oder des Ekels vor dem Essen. Unbewußte weibliche Sexualstrebungen,

Schwangerschaftsphantasien oder die Angst vor der Weiblichkeit aufgrund früh gestörter Identifikationsvorgänge mit der Mutter können ebenfalls eine bedeutsame Rolle spielen.

Wir wollen hier nicht noch einmal die verschiedenen klinischen Aspekte und die Gefahren für die Entwicklung des Kindes beschreiben, die aus der gestörten Mutter-Kind-Symbiose herrühren. Ihre Beschreibung findet der Leser im Abschnitt über die orale Entwicklung und speziell über die Mutter-Kind-Symbiose. (S. 50 und 59)

Um die Folgen einer gestörten Mutter-Kind-Symbiose zu veranschaulichen, insbesondere im Hinblick auf Defizite, die sich für die Persönlichkeit des Kindes hieraus ergeben können, haben wir eine Fallvignette ausgewählt, bei der Kontaktstörungen, Denkhemmungen, Sprachstörungen, diffuse Angst und Schulversagen sich zu einer komplexen Störung verdichten.

PETER

Peter, ein zehnjähriger Junge in der ersten Gymnasialklasse, bricht während des Unterrichts in heftiges, spontanes Weinen aus. Seine Mitschüler sind von seinen Gefühlen betroffen, seine Klassenlehrerin ist ratlos. Nach den Unterrichtsstunden bittet die Klassenlehrerin Peter zu einem Gespräch. Dieses bringt keinen Aufschluß über sein Verhalten, Peter kann ihr nicht sagen, was ihn so anrührt, daß er immer wieder weinen muß.

Auch an den folgenden Tagen sitzt er mit Tränen in den Augen und schluchzend im Unterricht. Er kann sich nicht konzentrieren. Eine tiefe, ihm unerklärliche Angst lähmt sein Denken und Fühlen. Der Unterrichtsstoff geht an ihm vorbei. Die Angst, zu versagen und die nächste Klassenarbeit zu verpatzen, wächst in ihm. Peter beginnt, an sich selbst zu zweifeln. In den Pausen verläßt er nicht das Klassenzimmer. Manche Schüler hänseln ihn schon, vor allem, wenn er im Unterricht vor der Klasse betrübt und in sich gekehrt etwas erklären soll. Andere, wenige, kümmern sich um ihn. Sein Schulbanknachbar begleitet ihn am ersten Tag, als die unergründliche Angst plötzlich ausbricht, nach Hause.

Peters Eltern, die im Leben erfolgreich sind, sind tief erschüttert über das, was mit ihrem Kind passiert, und ratlos. Sein Vater, der ein gutgehendes Geschäft betreibt, kann die Krise, die sein Sohn durchmacht, nicht fassen. Seine Mutter, die eine tiefe Anhänglichkeit zu Peter spürt, ihre Aufmerksamkeit schon seit Jahren ihm mehr als irgendeinem anderen der Familie widmet, ahnt etwas von seiner Angst. Sein Verhalten in der Schule ist ihr aber unerklärlich. Der Schulwechsel Peters von der 4. Klasse der Grundschule zum Gymnasium verlief ja anfangs völlig problemlos und entsprach ganz seinem Wunsch. Sein jahrelanger Freund hat sich mit ihm gefreut, in dieselbe Schule zu wechseln. Jetzt läßt er Peter allein.

Während des psychologischen Erstgesprächs wirkt Peter, der zwischen seinen Eltern sitzt, körperlich eng seiner Mutter zugewandt, gefaßt, aber unsicher, von seinen wechselnden psychischen Zuständen erschöpft. Aus seinen tiefsitzenden Augen, deren Blick nach innen gerichtet ist, bricht Angst heraus.

Die Eltern berichten, daß sie sich schon an Peters Kinderarzt gewandt hätten. Dieser habe Peter organisch untersucht, jedoch keine Anhaltspunkte für seine plötzlich eintretenden Angstanfälle und seine Traurigkeit gefunden. Er habe Peter daher an eine Fachärztin für Kinderpsychiatrie und Neurologie überwiesen. Der Untersuchungstermin – so berichten die Eltern – sei aber erst in zwei Monaten. Einen früheren Termin habe es nicht gegeben, da die ärztliche Praxis überfüllt sei.

Die Angst, die Peters Verhalten mittlerweile in allen Lebensbereichen beeinträchtige, sei ganz plötzlich nach den Schulferien aufgekommen. Es sei sein Wunsch gewesen, die Schule, die auch sein vier Jahre älterer Bruder besucht habe, zu wechseln und ins Gymnasium zu gehen, auch weil sein Freund die Schule gewechselt habe. «Ich will das so schaffen», habe Peter damals gesagt. Jetzt habe aber seine Mutter das Gefühl, daß Peter seinen Eltern etwas beweisen wolle, vielleicht, daß er selbständig sei.

Eine Untersuchung Peters mit psychologischen Testverfahren, die wenige Tage später folgte, lieferte folgende Erklärung für sein Verhalten: Peter verfügt über eine weit überdurchschnittliche, extrem hohe allgemeine Intelligenz. Im einzelnen zeigt er deutlich höhere Intelligenzleistungen, verglichen mit Kindern seiner Altersstufe. Die Angst hat also mit seinen Intelligenzleistungen nichts zu tun, sie blockiert diese nur derzeit in hohem Maße.

Seine starken Gefühle von Angst, die die Intelligenzleistungen beeinträchtigen, geben unübersehbare Hinweise darauf, daß Peter, von seiner unbewußten Erlebensstruktur aus gesehen, hin und her gerissen ist zwischen dem Wunsch nach Selbständigkeit einerseits und innerer Abhängigkeit von seinen Eltern, vor allem der Mutter, andererseits. Aufgrund seiner innigen, symbiotischen und unabgegrenzten Beziehung zu seiner Mutter, partiell auch zu seinem Vater, übernimmt er direkt ihre Leistungsmaßstäbe und Lebensvorstellungen, ohne daß diese mit seinem eigenen Fühlen in Einklang zu bringen sind. Die fehlende psychische Integration der so übernommenen Werthaltungen «verflüchtigt» sich, wenn seine Eltern nicht in seiner Nähe sind, und hinterlassen psychische Leere mit einem enormen Angstpotential und starken Verlassenheitsgefühlen. Diese unbewußte Dynamik bricht nach dem Schulwechsel deswegen aus, weil die vorher real präsenten Symbiosepartner, sein Bruder, sein Freund und seine Mutter, die einer Halbtagsbeschäftigung in seiner früheren Schule nachgegangen ist, im Gymnasium plötzlich fehlen. Das System seiner inneren Werthaltungen, das an die ständige reale Präsenz dieser Symbiosepartner gebunden ist, bricht daher zusammen.
(Emil Wieczorek, s. S. 194)

Eine weitere Fallvignette soll eine besondere Ausprägung komplexer Störungen aus der Mutter-Kind-Symbiose verdeutlichen. Hier verbinden sich autistische Rückzugstendenzen und Hemmungen mit einer ernsten Störung der Identifikation mit der Mutter und einer Regression auf die Entwicklungsstufe der gestörten Mutter-Kind-Symbiose.

ELISABETH

Die zehnjährige Elisabeth, ein hübsches, verträumt wirkendes Mädchen, begann im Alter von neun Jahren, sich zu Hause immer mehr zurückzuziehen. Sie verbrachte zunächst Stunden in ihrem Zimmer, was die Eltern nicht weiter beunruhigte. In der Schule zog sie sich allmählich allerdings auch immer mehr zurück, sprach mit niemandem mehr, nahm vom Unterricht keine Notiz mehr, ihre Schulleistungen sanken ab. Als sie in der Schule «nicht mehr haltbar» war, verbrachte sie die Tage in ihrem Bett, unansprechbar. Abends huschte sie aus ihrem Zimmer und holte in der Küche etwas zu essen und verschwand damit wieder in ihrem Zimmer. Sie sprach kaum mehr mit ihren Eltern oder mit ihrer jüngeren Schwester und führte ein völlig zurückgezogenes Eigenleben.

Die Eltern, beide Geschäftsleute, berichteten, daß sie in den Jahren des Geschäftsaufbaus kaum Zeit für Elisabeth gehabt hatten, Kindermädchen hätten sich um Elisabeth gekümmert. Mit viel Arbeitseinsatz war es ihnen gelungen, einen Betrieb aufzubauen. In den Gesprächen über Elisabeth wirkte der Vater weicher, geduldiger, während die Mutter ihre große Enttäuschung über das «Versagen» ihrer Tochter wiederholt ausdrückte. Es wurde deutlich, daß die Mutter sich sehr mit ihrer älteren Tochter Elisabeth identifiziert hatte, die einmal ein «richtiges Studium» absolvieren und möglichst einen geisteswissenschaftlichen Beruf ergreifen sollte. Ein geisteswissenschaftliches Studium war der Mutter von ihren Eltern verboten worden. So sollte Elisabeth quasi stellvertretend für ihre Mutter das in ihrem Leben erreichen, was die Mutter nicht hatte erreichen können.

Das Symptom des schweren Rückzugs hat zwei wesentliche Ursachen. Es muß als dramatischer Abgrenzungsschritt der Tochter gegen die bewußten und unbewußten Pläne der Mutter verstanden werden. Der völlige Rückzug in den Autismus war Protest gegen die Manipulation der Mutter wie auch Versuch, sich dieser Manipulation zu entziehen. Gleichzeitig kommt in dem Autismus von Elisabeth ihre frühe emotionale Störung zum Ausdruck, als sie von ihrer Mutter immer wieder verlassen und wechselnden Kindermädchen überlassen worden war. Im Symptom des Autismus ist sie auf die Entwicklungsstufe ihrer Schädigung regrediert, die kontaktlose, negative Form der Mutter-Kind-Symbiose.
(Emil Wieczorek, s. S. 197)

Psychosomatische Störungen

Jede Krankheit muß als psychosomatisches Geschehen verstanden werden, da keine krankhafte körperliche Veränderung ohne Einfluß auf das seelische Befinden bleibt. Umgekehrt bleibt keine seelische

Veränderung ohne Einfluß auf das körperliche Befinden. Psychosomatische Störungen sind daher ein Grenzgebiet von Erkrankungen, bei denen stets die somatischen und die psychischen Ursachen untersucht werden müssen.

In der gängigen Praxis suchen Eltern mit ihrem Kind einen Arzt auf, der es somatisch untersucht. Wenn sich durch seine Untersuchung ein Verdacht auf ein sehr komplexes Krankheitsgeschehen ergibt, das er aufgrund seiner fachlichen diagnostischen Möglichkeiten in seiner Praxis nicht mehr weiter differenzieren kann, empfiehlt er den Eltern, einen Facharzt oder eine spezialisierte Klinik aufzusuchen, um seine vorläufige Diagnose zu bestätigen oder fallenzulassen. Im differential-diagnostischen psychosomatischen Bereich werden Diagnosen meistens dadurch gestellt, daß rein somatische Ursachen ausgeschlossen werden. Wenn eine rein somatische Verursachung ausgeschlossen ist, wird rückgefolgert auf eine psychosomatische Erkrankung.

Aus Erfahrungen durch Untersuchung von Erkrankungen über viele Jahrzehnte hinweg wissen jeder spezialisierte Arzt und jeder Kinder- und Jugendlichenpsychoanalytiker, daß es typische psychosomatische Krankheitsbilder gibt, die recht zweifelsfrei diagnostiziert werden können. Eine differenzierte Darstellung der psychosomatischen Erkrankungen von Kindern und Jugendlichen erscheint uns im Rahmen dieses Buches allerdings nicht möglich. Für die meisten psychosomatischen Erkrankungen gibt es eine spezielle Fachliteratur. Diese in unserem Buch sinnvoll zu integrieren würde den Rahmen unserer Zielsetzung sprengen. Wir werden uns daher auf eine kurzumrissene Beschreibung der Symptomatik häufig auftretender psychosomatischer Erkrankungen beschränken. Für alle psychosomatischen Erkrankungen vertreten wir die Auffassung, daß stets eine körperliche und auch psychotherapeutische Behandlung notwendig ist. Psychosomatische Störungen von Kindern und Jugendlichen wie beispielsweise häufig auftretende Kopf- und Bauchschmerzen, muskuläre oder innerorganische Verspannungen, häufig gepaart mit diffusen Ängsten, können entwicklungsbedingt sein oder vorübergehend auftreten. Wenn sich die Symptome allerdings verfesten oder chronisch zu werden beginnen, ist eine ärztliche Untersuchung angezeigt. Diese kann dann, wie beschrieben, zu einer notwendigen psychotherapeutischen Mitbehandlung führen. Einige der psychosomatischen Erkrankungen weisen auf eine komplexe Störung aus der Eltern-Kind-Symbiose hin. Obwohl wir hier davon ausgehen können, daß sich die Persönlichkeitsstruktur des Kindes verhältnismäßig normal entwickelt hat, können die Symptome der Kinder, die in die psychotherapeutische Praxis kommen, zunächst rätselhaft erscheinen. Häufig deuten sie auf eine partielle Störung der symbiotischen Bedürfnisse des Kindes hin. Dies soll die folgende Fallvignette belegen.

JENS

Der achteinhalbjährige Jens, einer der besten Schüler seiner Klasse, fiel seiner Klassenlehrerin dadurch auf, daß er unglücklich, stets sehr «vernünftig» und ohne Humor war. Nur selten kam ein Lächeln über seine Lippen. Er konnte sich schlecht artikulieren und in der Klasse kaum sprechen. Wenn die Klassenlehrerin mit ihm sprach, vertraute er ihr an, daß er häufiger Kopf- und Bauchschmerzen habe.

Auf einem Elternabend entschloß sie sich, ihre Beobachtungen seinen Eltern mitzuteilen. Vor allem durch ihre Bemerkung, sie habe selten solch ein humorloses Kind gesehen, fühlte sich Jens' Mutter betroffen. Sie hatte aber den Eindruck, die Klassenlehrerin habe etwas gegen sie. Auf ihren Rat, die Eltern sollten mit dem Kind eine psychologische Beratungsstelle aufsuchen, um die Hintergründe von Jens' Unglücklichsein aufzudecken, reagierte die Mutter mit Ablehnung. Der Gedanke aber, dies tatsächlich zu tun, ließ sie nicht mehr los. Ihr Ehemann, Rechtsanwalt von Beruf, sehr in seiner Arbeit engagiert und daher selten zu Hause, bestärkte sie auf Anraten eines befreundeten Arztes zu diesem Schritt. Jens war ein nur sechs Tage nach seiner Geburt von ihnen adoptiertes Kind, und die Eltern hatten zunehmend Sorge, daß etwas in seiner Entwicklung fehlgelaufen sein könnte. Dies vor allem, weil er nachts im Traum schreie und weine.

Im Erstgespräch, zu dem beide Eltern und Jens, adrett gekleidet, kamen, fiel auf, daß Vernunft die Gesprächsinhalte beherrschte. Jens zuckte, wenn er gefragt wurde, mit seinen Augenbrauen, suchte sich seiner inneren Spannungen durch eine ausladende Bewegung des Unterkiefers zu entledigen, gab dabei aber sehr bereitwillig Antworten.

Er sprach von Kopfschmerzen, die er habe, wenn er nicht wisse, was er machen solle, oder wenn er mit irgend etwas nicht zurechtkomme. Nach einem Streit oder wenn er Wut habe, fühle er Kopf- und Bauchschmerzen. Er wirkte dabei unglücklich und ernst, und da der Eindruck sich verstärkte, er könne in Anwesenheit seiner Eltern nicht alles sagen, wurde das Gespräch mit Einverständnis seiner Eltern mit ihm allein fortgesetzt. Seine Eltern nahmen währenddessen im Wartezimmer Platz.

In der Einzelsituation war Jens etwas erleichtert. Er äußerte, daß er sich in den letzten Ferien einsam gefühlt habe. Häufig habe er nicht gewußt, was er machen solle, und mit dem Freund, den er am Strand kennengelernt habe, sei er in Streit geraten, weil er ihn herumkommandiert habe. Auf die Frage, ob seine Eltern mit ihm nicht spielen würden, antwortete Jens empört: «Spielen – überhaupt nicht. Nie! Sie nehmen mich manchmal zum Ausflug mit. Aber gespielt wird nicht. Die haben mit mir gespielt höchstens im Alter von drei bis fünf Jahren. Ich muß alles alleine machen. Ich habe gelernt, allein auszukommen.» Er halte sich oft zu Hause auf, weil da «die Spielmöglichkeiten größer sind. Wenn ich nicht rausgehe, sagt mir meine Mutter: ‹Entweder gehst du raus, oder du kriegst eine geschmiert.› Immer sagt sie mir, ich solle rausgehen, um frische Luft zu schnappen. Ich könnte ja das Fenster in meinem Zimmer öffnen, dann hätte ich ja frische Luft. Aber sie will, daß ich rausgehen soll.» Jens ist jetzt betrübt und enttäuscht und fährt fort: «Sie sind immer nett, aber was das Rausgehen betrifft, da muß ich immer raus, mir bleibt nichts anderes übrig!» Auf ein nochmaliges Nachfragen nach seinen Körperschmerzen erzählt Jens, der seit einiger Zeit Klavierunterricht hat, ein Beispiel, als er ganz heftig am ganzen Körper gezittert habe. «Ich mußte Klavier üben. Mein Vater, der hinter mir stand, sagte: ‹Nur üben!› Meine Backen haben sogar gezittert. Das finde ich schrecklich, wenn er ‹Nur üben!› sagt. Zum Glück sitzt er sonst nicht dabei, wenn ich Klavier spiele, sonst könnte ich überhaupt nicht spielen!»

Noch ein Problem spricht Jens an. Es sei etwas mit seinem Glied. Es rege ihn auf, wenn es steif werde. Er schiebe es dann nach hinten, daß man es nicht sehe, und versuche, es unscheinbar zu machen.

Nach diesem Erstkontakt wurde mit Jens' Eltern vereinbart, den Jungen testpsychologisch zu untersuchen, um auf dieser Grundlage die Eltern eingehend zu beraten. Diese Untersuchung und das Erstgespräch lieferten eine Erklärung für Jens' psychosomatische Beschwerden und seine «Humorlosigkeit».

Jens verfügt über eine sehr hohe allgemeine Intelligenz. Seine Probleme mit anderen Kindern, in der Schule und im Spiel, sind also keine Folge einer beeinträchtigten Intelligenzentwicklung. Sie weisen vielmehr auf psychische Störungen bei der Verarbeitung der Konflikte mit seinen Eltern hin. Sein Verhalten in der Schule und im Spielkontakt zu anderen Kindern ist von einer massiven, unterschwelligen Angst geprägt, die durch Erziehungseinflüsse entstanden ist. Diese Angst, mit der er permanent fertig werden muß, bindet soviel psychische Energie, daß sein Selbstbewußtsein und sein Selbstgefühl darunter leiden. Da Jens von seinen Eltern psychisch abhängig ist und ihre Übermacht spürt, die auch durch die Androhung und Ausübung von Gewalt zum Ausdruck kommt, bleibt ihm, um ihre Zuwendung und Liebe nicht zu verlieren, nichts anderes übrig, als sich zu fügen. Er muß also seine aggressiven Impulse, die den Eltern gelten, unterdrücken, statt sie direkt gegen diese zu kehren. Diese unterdrückten aggressiven Gefühle und die unterschwellige Angst binden sich durch Verdrängungsvorgänge an seine Körperorgane, woraus die psychosomatischen Beschwerden resultieren. Sein Gefühl der Einsamkeit, der psychischen Leere und des Nichts-mit-sich-anzufangen-Wissens sind Folge einer inneren Abkehr von den Eltern, mit denen er sich gefühlsmäßig nur noch in abgeschwächter Form identifizieren kann. Die Körpersymptome können dann auch als Ersatz für die erlebte Leere eintreten. In ihnen ist also sowohl die unterdrückte aggressive Energie gebunden, wodurch Jens in seiner Körperhaltung angespannt erscheint, als auch die Angst, die verdrängten Impulse durch erlebte Gefühle zum Ausdruck zu bringen. Der «humorlose» Jens ist also ein Kind, dessen Gefühlsleben blockiert ist, weil die entsprechenden Ausdrucksmöglichkeiten verschüttet wurden. Seine hohe Intelligenz ist ein Bereich, der bei seinen Eltern Anerkennung findet, allerdings um den Preis eines gestörten emotionalen Lebens und Erlebens.

Hinzuzufügen ist noch, daß Jens sich mit seinem Vater nur partiell identifizieren kann, nämlich vor allem auf dem intellektuellen Gebiet. Die Strenge des Vaters hält ihn in emotionaler Distanz zu ihm, und sein Umgang mit seinem Sexualorgan zeigt, wie diffus der Identi-

fizierungsprozeß verläuft: Indem er sein Glied nach «hinten schiebt, daß man es nicht sieht», findet er einen Kompromiß in der Identifizierung mit seinem Vater und seiner Mutter. In seiner ihm unbewußten Phantasie ist er dann sowohl Vater als auch Mutter zugleich, und beide bleiben ihm emotional erhalten.
(Emil Wieczorek, s. S. 199)

Andere psychosomatische Störungen wie Asthma, Pseudokrupp, Bulemie, Anorexie, allergische Erkrankungen wie Neurodermitis und Morbus Crohn wollen wir von ihren symptomatischen Erscheinungsformen beschreiben, damit Eltern, wenn sie solche Symptome bei ihren Kindern beobachten, schon bei Beginn der Erkrankung aufmerksam werden. Wir stellen voran, daß sich manche Krankheitsbilder durch die Belastungen der Umwelt, durch den Genuß anderer Nahrungsmittel und durch die Schnellebigkeit der Zeit in ihrem Erscheinungsbild ständig verändern. Krankheitsbilder, die früher seltener vorkamen, treten plötzlich häufiger auf.

Asthma

Symptome der asthmatischen Erkrankung können zu Beginn denen einer akuten Bronchitis gleichen: häufiger schmerzhafter Husten, verbunden mit weißlich-gelblichem, schleimhaftem Auswurf, häufigem Fieber und manchmal auftretenden Atembeschwerden. Wenn die Beschwerden immer häufiger auftreten und fast das ganze Jahr über andauern, ist ein Verdacht auf eine asthmatische Erkrankung begründet. Sie kann mitbedingt sein durch Beziehungsstörungen im Eltern-Kind-Verhältnis, schlechte Wohnverhältnisse und schadstoffbelastete Luft.

Pseudokrupp

Pseudokrupp ist eine Anfallerkrankung. Sie tritt auf entweder nachdem das Kind Symptome einer leichten Erkältung hatte oder plötzlich, unverhofft, «aus heiterem Himmel», oft schon in der Säuglingszeit. Der Anfall ereignet sich meistens spät abends oder in der Nacht. Er beginnt mit einem bellenden Husten, so daß das Kind heiser klingt.

Dadurch, daß sich die Stimmritze verengt, wird das Atmen des Kindes immer schwerer. Das Gefühl, nicht mehr normal einatmen zu können, löst beim Kind Angst aus. Das Kind wird unruhig, das Herz klopft schnell, und ein ängstlich-verspannter Gesichtsausdruck ist zu sehen. Wenn diese Symptome nicht nachlassen, ist sofort der Kinderarzt oder eine Kinderklinik aufzusuchen, da im schlimmsten Fall die Atemwege des Kindes völlig eingeengt werden können und das Kind Atemnot bekommt.

Ursachen des Pseudokrupps können Viren, selten Bakterien sein. Höchstwahrscheinlich trägt eine stark schadstoffbelastete Luft zur Entstehung des Pseudokrupps bei. Eine ganze Reihe seriöser wissenschaftlicher Untersuchungen belegt, daß in verschmutzter Luft mehr Kinder unter Pseudokrupp-Anfällen leiden als in Gebieten mit weniger Luftbelastung. Zudem verschmutzen in der Wohnung Eltern, die Zigarettenraucher sind, ebenfalls die Luft. Psychische Ursachen für diese Erkrankung sind in der Fachliteratur kaum diskutiert worden, jedoch ist ihr Anteil nicht auszuschließen.

Anorexia nervosa und Bulemie

Die Krankheitserscheinungen der Anorexia nervosa und der Bulemie (Magersucht und Eß-Brech-Sucht), die wir in dem Abschnitt Komplexe Störungen aus der Mutter-Kind-Symbiose gestreift haben, sind miteinander verwandt und bilden die äußersten Ausprägungen einer Eßstörung, die wohl die gleichen Ursachen hat. Sie wurzeln in sehr frühen familiären Erfahrungen. In der Pubertät zeigt sich meistens manifest ihr Krankheitsbild. Am häufigsten tritt diese Störung bei Mädchen auf, denen eine Identifizierung mit der Weiblichkeit der Mutter nicht oder nur unvollständig gelungen ist. Da sie sich von der Familie ablösen, gleichzeitig aber eine weibliche Identität finden müssen, suchen sie ihre Identifizierung mit der Weiblichkeit aufgrund emotionaler Versagungen nicht in den positiven Lernerfahrungen mit der Mutter, sondern durch Ideal- oder Idolbilder einer Frau, beispielsweise aus Zeitschriften.

Da das Gefühl des Sattseins durch Nahrungsaufnahme jedes Kind nur individuell selbst bestimmen kann, sind diese Eßstörungen immer um das Problem der Selbstbestimmung, der Autonomie des Kindes gelagert, ganz ähnlich dem, wie wir es in der analen Stufe beschrieben haben. Bei magersüchtigen Jungen – dieses Krankheitsbild kommt seltener vor – steht weniger die Frage der Geschlechtsidentität im Vordergrund als vielmehr das Streben nach Autonomie und Abgrenzung gegenüber den Eltern.

Neurodermitis

Allergische Erkrankungen auf der Haut wie Neurodermitis, die sich durch chronische, stark juckende oberflächliche Entzündungen der Haut mit unterschiedlichem Verlauf und unterschiedlichen Krankheitszeichen manifestieren kann, können durch unspezifische Ursachen bedingt sein. Vererbungsfaktoren sind hierbei nicht auszuschließen. Ursachen für die Manifestation der Erkrankung können ein innerlich erlebter Streß, ein atmosphärisch erlebtes Klima von Schamgefühlen oder immer wiederkehrende, besonders emotional belastende Situationen jeglicher Art sein, deren besondere Bedeutung für den Organismus des Kindes und seine Verarbeitung sehr unterschiedlich sein kann. Daneben spielen Reizungen auf der Haut durch unverträgliche Stoffe und umweltbelastete Luft eine bedeutende Rolle.

Morbus Crohn

Die manifeste Erscheinung der Krankheit Morbus Crohn ist eine chronische Entzündung der Darmschleimhaut und der Darmwand, die chronische Narben erzeugt und so auch leicht zu Fistelbildungen führt. Eine Gewichtsabnahme, immer wiederkehrendes Fieber, Gelenkschmerzen, Hauterkrankungen jeglicher Art, Erkrankungen der Mundschleimhaut und Augenentzündungen können als Symptome des beginnenden Morbus Crohn sich zeigen. Typische Symptome sind schmerzhafte Schleimhautrisse und Fisteln am After, immer wieder auftretende heftige, krampfartige Bauchschmerzen, ein allgemeines, unspezifisches Krankheitsgefühl und häufige, wäßrige Durchfälle, manchmal mit Blut vermischt.

Die Ursachen der Erkrankung sind ungeklärt, ein Zusammenhang mit individuell oder psychosozial erlebtem Streß wird jedoch angenommen.

Schulversagen

Es gibt unterschiedliche Arten des Schulversagens, die einzeln oder auch zusammen auftreten können. Die häufigste Art dürfte die Konzentrationsschwierigkeit sein. Konzentrationsschwierigkeiten können sowohl in der Schule wie auch zu Hause auftreten. Eigentlich kennt jedermann an sich selbst die Schwierigkeit, sich zu bestimmten Zeiten auf eine bestimmte Sache zu konzentrieren. Von dieser gelegentlichen Schwierigkeit, sich zu konzentrieren, reicht das Spektrum bis zur permanenten Unfähigkeit, sich auch nur kurzfristig auf eine Sache zu konzentrieren. Diese schwere Form der Konzentrationsstörung macht jedes Lernen unmöglich. Konzentrationsstörungen können generell, aber auch selektiv auftreten, also zum Beispiel nur in der Schule oder nur zu Hause oder nur in bestimmten Fächern beziehungsweise nur bei bestimmten Lehrern.

Auch Lernstörungen können generell sein oder selektiv, nur in der Schule oder nur zu Hause vorkommen. Dabei kann das Kind einen Lernstoff einfach nicht aufnehmen. Wenn der Lehrer in der Schule oder die Eltern zu Hause dem Schüler einen bestimmten Stoff erklärt haben, so werden sie bei der Kontrolle, ob der Schüler den Stoff verstanden hat, feststellen, daß er den Stoff nicht gelernt hat. Oft handelt es sich gar nicht um schwierige Zusammenhänge, die den Schüler intellektuell besonders fordern würden, so daß einsichtig wird, daß die Lernstörung in der Regel nichts mit Begabungs- oder Intelligenzmangel zu tun hat. Die Widerstände, den Stoff zu lernen, liegen woanders und können viele Ursachen haben, auf die wir unten eingehen werden.

Verbreitet ist auch die Angst vor der Schule, eine Form des Schulversagens, die angesichts der Leistungsanforderungen an den Schulen stark zugenommen hat. Sie reicht von einem Unbehagen an der Schule bis zur Weigerung des Schülers, überhaupt noch einmal in die Schule zu gehen. Die Angst vor der Schule führt immer zu einer schweren Beeinträchtigung der Leistungsfähigkeit eines Schülers. Unter Angst stehend, kann er nie seine Begabungen und seine Intelligenz entfalten. Eng verbunden mit der allgemeinen Angst vor der Schule ist die Prüfungsangst, eine Form der Schulangst, die sich auf Prüfungssituationen beschränkt. Bei der Bedeutung, die die Ergebnisse von Prüfungen in Form der Noten für den Schüler haben, ist diese Angst sehr verständlich. Auch hier können die Ursachen der Prüfungsangst noch in anderen, meist unbewußten Konflikten liegen.

Bei all diesen Arten des Schulversagens ist es entscheidend, die wirklichen, meist unbewußten Gründe des Schulversagens herauszufinden. Im folgenden seien daher einige häufige, unbewußte Gründe für das Schulversagen genannt. Oft kommen mehrere unbewußte Gründe zusammen, die sich oft dann auch gleichzeitig in mehreren Arten des Schulversagens manifestieren, zum Beispiel in Konzentrationsschwierigkeiten *und* Lernstörungen.

Im folgenden wollen wir drei geradezu klassische, unbewußte Konflikte vorstellen, die sich immer wieder im Zusammenhang mit Schulversagen finden lassen. Der häufigste unbewußte Konflikt ist ein ungelöster Trennungskonflikt mit den Eltern. Hier haben die Eltern starke bewußte und unbewußte Erwartungen an ihr Kind. In diesem Fall steht das Kind in dem Dilemma, entweder den Erwartungen der Eltern zu entsprechen, was ihm die Anerkennung der Eltern einbringen würde. Andererseits müßte es diesen Weg aber mit der Aufgabe eigener Vorstellungen bezahlen. Kinder, die den Erwartungen ihrer Eltern voll entsprechen, sind oft sehr gute Schüler, aber in ihrer Persönlichkeit überangepaßt und farblos. Grenzt sich das Kind aber von den Erwartungen der Eltern ab, indem es die auf die Schule bezogenen Erwartungen nicht erfüllt, verliert es die Anerkennung der Eltern, gewinnt aber die Möglichkeit, seinen Weg selbst zu bestimmen.

Die Abgrenzung kann sich aber auch gegenüber Geschwistern als notwendig erweisen. Oft erleben wir, daß die in der Geschwisterfolge an zweiter Stelle stehenden Kinder in der Schule genau das Gegenteil ihrer «Vorgänger» leisten. War der Bruder oder die Schwester gut in der Schule, wird der zweite oder die zweite in der Schule versagen und umgekehrt. Hier versucht das Kind eine eigene, von dem älteren Geschwister deutlich unterscheidbare Identität in der Schule zu gewinnen.

Dem Schulversagen kann ein weiterer unbewußter Konflikt zugrunde liegen: der Mangel an Liebe. Hier setzen Kinder Schulversagen unbewußt als eine Methode ein, das Interesse und die Zuwendung der Eltern auf sich zu ziehen. Denn Eltern machen sich ja bei Schulversagen Sorgen um ihr Kind, setzen sich zu Hause zusammen mit dem Kind hin, lernen und üben mit ihm. Das Kind hat erreicht, daß die Eltern sich wieder vermehrt um es kümmern. Allerdings ist dies eine negative Form, die Zuwendung der Eltern auf sich zu ziehen, die letztlich in dem Gefühl, vernachlässigt zu werden, ihre Ursache hat.

Als dritter, unbewußter Konflikt ist im Schulversagen oft die Angst vor der Selbständigkeit verborgen. Umgekehrt wie bei den zu hohen Erwartungen, die Eltern bewußt und unbewußt an ihr Kind richten, haben hier Eltern zuwenig Vertrauen in die Kraft ihres Kindes. Sie trauen ihm ein selbständiges Bestehen in der Schule bzw. «im Lebenskampf» nicht zu. Ein Kind, das den starken unbewußten Zweifeln seiner Eltern ausgesetzt ist, wird es schwer haben, sich in der Schule zu behaupten. Denn Kinder brauchen in ihrer Schulzeit noch die begleitende Bestätigung ihrer Persönlichkeit, auch die Bestätigung, Anerkennung und das Zutrauen in ihre Möglichkeiten. Eltern, die ihrem Kind dieses Zutrauen in die Eigenständigkeit versagen, können sich oft nicht von ihrem Kind trennen. Oft verlängern diese Eltern, meist sind es die Mütter, unbewußt die Phase der Symbiose und möchten zusammen mit ihrem Kind in dieser Phase bleiben. Dort hatten sie – wegen der noch starken Unselbständigkeit des Kindes in dieser Zeit – das Gefühl, gebraucht zu werden. Bei dem Austritt aus der Symbiose würden diese Mütter das starke Gefühl, gebraucht zu werden, verlieren, so daß sie unbewußt bestrebt sind, diese Phase grenzenlos zu verlängern. Dieser unbewußte Trennungskonflikt kommt oft bei alleinerziehenden Müttern oder Vätern vor, die in keiner befriedigenden Partnerschaft leben.

Schulangst, Lern- und Konzentrationsstörungen und Prüfungsangst erweisen sich klinisch als Symptome, die meistens in ein komplexes Bündel verschiedener Probleme des Kindes eingebettet sind. Wie wir in den Fallvignetten sehen, ist das, was in dem Begriff «Schulversagen» zum Ausdruck kommt, häufig die Folge gravierender emotionaler Entwicklungsstörungen der Kinder und des Mangels an Zuwendung und Aufmerksamkeit von seiten ihrer Eltern. Es gibt daneben aber auch eine spezielle Form des Schulversagens, die aktuell weniger mit frühkindlichen Störungen zu tun hat als vielmehr mit der Schwierigkeit des Kindes, zu seiner Lehrerin oder seinem Lehrer einen guten emotionalen Kontakt zu finden. Eine gute Beziehung zwischen Lehrer/Lehrerin und Schüler/Schülerin ist ja die beste Voraussetzung für das Kind, die Schule und das Lernen attraktiv zu machen, intellektuell zu wachsen und Freude am Lernen zu haben. Wenn die Lehrer-Schüler-Beziehung mißlingt, was auf psychischen Problemen beider beruhen kann, das Kind sich nicht mit der Person des Lehrers oder der Lehrerin identifizieren kann, kann es ebenfalls zum «Schulversagen» kommen. Lern- und Konzentrationsstörungen, Schulunlust und Angst vor Klassenarbeiten stellen sich dann wie von selbst ein. Die folgende Fallvignette soll diesen Vorgang charakterisieren.

Hans

Die völlig verzweifelte Mutter des zehnjährigen Hans berichtete, daß Hans aus der Grundschule in eine Sonderschule umgeschult werden sollte, da er die Schule überhaupt nicht mehr schaffe. Sie trug sich mit Auswanderungsplänen, falls das Schulamt dies tatsächlich verwirklichen sollte. Von einer Schulpsychologin war Hans auf Bitten der neuen Lehrerin getestet und für die Grundschule als nicht mehr geeignet befunden worden. Hans konnte sich kaum konzentrieren, konnte nichts mehr aufnehmen, war motorisch sehr unruhig, hatte in der Schule keine Freunde. Die neue Lehrerin berichtete, daß Hans in der Klasse abseits stehe und seinen Klassenkameraden Geschenke mache, trotzdem aber der Sündenbock der Klasse sei. Wenn die Mutter oder der Vater Hausaufgaben mit ihm machte, zum Beispiel rechnen übte, konnte er langsam und mühsam die einzelnen Rechnungen bewältigen. Wenn am Schluß das Gelernte überprüft werden sollte, sah er die Eltern mit leeren Augen an und war unfähig, das eben Gelernte und Geübte wiederzugeben.

Psychodynamik

Hans stammte aus schwierigen Verhältnissen. Die ersten Jahre hatte er in einem Heim zugebracht, da seine Mutter ihn zur Adoption freigegeben hatte. Seine jetzigen Eltern hatten ihn im Alter von vier Jahren adoptiert. Als sie ihn adoptierten, wies Hans schwere Entwicklungsrückstände im Bereich des Kontaktes, der Sprache und der Motorik auf. Die ersten drei Schulklassen hatte er mit ausreichenden Schulleistungen geschafft, erst seit einem halben Jahr waren seine Leistungen so stark gesunken, daß er in eine Sonderschule für geistig behinderte Kinder sollte.

Auffallend ist zunächst, daß das Schulversagen eingebettet ist in ein Bündel von gravierenden Problemen: er ist Sündenbock der Klasse, er ist einsam und hat keine Freunde, er versucht, sich Freunde zu «kaufen», seine Schulleistungen waren ausreichend gewesen, bis er eine neue Lehrerin bekam, die er ablehnte und auf deren Initiative hin er in die Sonderschule sollte. Offenbar hatte Hans mit der alten Lehrerin einen guten emotionalen Kontakt, in dessen Schutz er ausreichende Schulleistungen erreichen konnte, trotz der schweren, frühkindlichen Störungen, die er im Heim erlitten hatte. Der Wechsel zu der neuen Lehrerin hat genügt, das fragile Gleichgewicht zu zerstören, die Schule für ihn verhaßt zu machen. In der Folge verschlechterte sich auch sein Kontakt zu den Mitschülern, er zog sich zurück, seine Leistungen sanken dramatisch ab. Die Schulpsychologin hatte in ihren Tests nur die Intelligenz geprüft und die Kontaktebene für ihren Test völlig mißachtet. Ein später durchgeführter Intelligenztest erbrachte sogar eine überdurchschnittliche Intelligenz.
(Manfred Link, s. S. 201)

Eine spezielle Form der Lernstörung ist die sogenannte Legasthenie, die Lese- und Rechtschreibschwäche. Der Begriff «Legasthenie» erweckt den Eindruck, als würde es sich bei dieser Lernstörung um ein abgegrenztes und einheitliches klinisches Bild handeln. Wie schwierig jedoch die systematische Einordnung dieser Störung ist, zeigt ihre in der Literatur recht unterschiedlich gehandhabte Klassifizierung (vgl. M. Dongier).[25]

Die unter dem Begriff «Legasthenie» diskutierte Lese- und Rechtschreibschwäche ist nach dem heutigen Forschungsstand keineswegs auf eine einzige Ursache zurückzuführen, sondern dürfte in viele Bedingungen eingebettet sein. Die Lese- und Rechtschreibschwäche kann etwa Ausdruck eines auf dieser Ebene verschobenen, ungelösten Problems in der Persönlichkeit des Kindes sein, die sich mit einer Schwierigkeit im Bereich einer besonderen erzieherischen oder sogar pädagogischen Beziehung auseinanderzusetzen hatte. Die Beziehungsstörung kann jedoch auch mit den dem Kind eigentümlichen Unfähigkeiten in Zusammenhang stehen, wenn seine Persönlichkeit neurotisch gestört ist. Sie kann aber auch die Konsequenz eines mißlungenen Lernbeginns sein. Das «instrumentale» Defizit des Kindes, nämlich zu lesen und zu schreiben, kann so die Bedeutung einer «Überstürzung» haben. Diese wirkt wie eine Konfrontation in die Beziehung des Kindes zur Sprache und Schrift ein, die es beim Lesen und Schreiben dabei ist, langsam zu erlernen. Durch Leistungsdruck und die Orientierung an den schon entwickelten Fähigkeiten anderer Kinder wird sich diese Konfrontation nur verstärken. Die analytische Psychotherapie der sogenannten Legasthenie wird sicherlich zum gleichen Ziel vorstoßen wie es etwa die Verhaltens-Psychotherapeuten anvisieren. Sie wird dies allerdings mit den ihr eigenen Mitteln tun, mit Deutungen, mit der therapeutischen Handhabung von Übertragungsprozessen, von Austauschvorgängen usw. Sie muß die Abwehrhaltungen aufbrechen, psychoenergetische Verschiebungen in der Persönlichkeitsstruktur des Kindes herbeiführen, neue Identifikationen anbieten und Tätigkeiten ermöglichen, die das Kind erneut libidinös besetzen kann. Erst dann wird das Kind wieder einen natürlichen Zugang zur Sprache und zur Schrift finden. Der Leser wird aufgrund der Komplexität dieser Störung gewahr, daß ihre Therapie nicht von Erziehungsberatern oder sogenannten Leistungstrainern übernommen werden kann, die weder über die Methodik noch über die Erfahrung in der Kinderanalyse verfügen.

Zum Schluß möchten wir auf Möglichkeiten der Hilfe bei Schulversagen eingehen. Entsprechend unserem Ansatz muß am Anfang das Bemühen um Verständnis für die Gründe des Schulversagens stehen. Wichtig ist dabei sicherlich, das Schulversagen wie alle Probleme des Kindes nicht als ein individuelles Versagen des Kindes anzusehen, sondern als Ausdruck eines inneren Konfliktes mit Eltern, Geschwistern und Lehrern. Diese Einsicht eröffnet gerade den Eltern die Chance, erfolgreich sich um Hilfe zu bemühen, denn als Teil der unbewußten Psychodynamik, die zum Schulversagen führt, können sie, wenn sie ihr Kind verstanden haben, ihre inneren Einstellungen, Erwartungen und Zweifel an ihrem Kind korrigieren. Oft ist dies ein schwieriger Prozeß, da es hier um zum großen Teil unbewußte, auf jeden Fall sehr tiefgehende Einstellungen geht, die mit starken Gefühlen verbunden sind. Eine Hilfe stellt sicher eine tragfähige Partnerschaft dar, in der über diese Einstellungen und die tiefen Gefühle gesprochen werden kann und in der diese Gefühle auch getragen werden können. Auch das fortlaufende Gespräch mit guten Freunden kann eine große Hilfe sein.

Bei Schulversagen sollte grundsätzlich immer mit dem Lehrer oder der Lehrerin gesprochen werden. Lehrer und Lehrerin können aufgrund ihrer großen Erfahrung mit Schulschwierigkeiten den Eltern oft sehr wichtige Hinweise auf die Ursachen des Schulversagens geben. Einen wichtigen Aufschluß gibt dabei immer auch die Stellung des Kindes im Klassenverband, ist das Kind Wortführer, ist es Außenseiter, ist es «unauffällig», ist es ein Sündenbock?

Wenn Eltern sich Gedanken über ihre eigene Rolle beim Zustandekommen von Schulversagen gemacht haben, wenn sie mit dem Lehrer und der Lehrerin ihres Kindes gesprochen haben, sollen Eltern sich Zeit und innere Ruhe nehmen und auch mit ihrem Kind sprechen. Kinder haben oft ein erstaunlich gutes Gespür für das, was ihnen fehlt. Wenn Kinder ohne Vorwurf, sondern mit spürbar ernsthaftem Interesse der Eltern gefragt werden, was sie als Ursache ihrer Schwierigkeiten in der Schule ansehen, werden sie fast immer wichtige Ursachen nennen können. Dann kann auch zusammen mit dem Kind besprochen werden, wer was zu Hause und in der Schule anders machen soll, damit das Kind aus den Schulschwierigkeiten herauskommt. Eltern können so zusammen mit dem Kind eine Strategie für Hilfe erarbeiten. Jedem Kind wird allein schon ein solches Gespräch, in dem es in dieser Weise ernst genommen wird, eine große Hilfe sein.

«Verwahrloste Kinder»: Lügen, Stehlen, Streunen

In Familien mit einem oder mehreren Kindern weiß jeder, daß immer wieder einmal akute Probleme eines Kindes Anlaß zur Sorge geben. Es kann vorkommen, daß ein Kind nachts häufig aufschreit, während des Tages weint, wütend wird, sich zurückzieht, um dann wieder in Streit mit Eltern oder Geschwistern zu geraten, so daß Nachbarn bisweilen meinen, nebenan würden Kinder mißhandelt. Wir könnten eine lange Liste von Verhaltensweisen aufzählen, die das Familienleben erschweren, die das Kind aber im Laufe seiner Entwicklungsphasen zu bewältigen hat. Viele dieser Verhaltensweisen sind nicht erfreulich, und doch gehören sie zu seiner natürlichen, normalen Entwicklung, in der das Kind zu emotionaler Reife, Autonomie und unverwechselbarer Identität gelangen soll.

Zwei der unerfreulichen Dinge, die in seiner Entwicklung auftreten können und die nicht nur Eltern bisweilen besondere Schwierigkeiten bereiten, sind Lügen und Stehlen.

Lügen kommt bei fast allen Kindern im Laufe ihrer Entwicklung vor. Der letztliche Antrieb, nicht die Wahrheit zu sagen, liegt in Angst begründet. Angst, die Liebe der Eltern zu verlieren, Angst vor Strafe, Angst, Ansehen zu verlieren usf. Als passagere Erscheinung verdient sie Aufmerksamkeit und keine Panik. Bei fortwährendem Lügen, auch bei «Kleinigkeiten», hat das Kind einen tieferen unbewußten Konflikt mit seinen Eltern. Hier hilft der Versuch, das Kind zu verstehen und mit ihm über das Lügen zu sprechen, immer weiter als moralisierende Ermahnungen. Auch sollten wir Erwachsene uns selbstkritisch fragen, wie wir selbst mit der Wahrheit, gerade Kindern gegenüber, umgehen.

Kinder untersuchen häufig die Handtaschen ihrer Mütter und die Brieftaschen ihrer Väter. Sie spielen mit ihnen, nehmen Geld, Kosmetiksachen, Schlüssel und andere Dinge heraus. Sie wollen erfahren, wie es ist, wenn sie «Mutter» oder «Vater» sind. Die Mutter oder der Vater können darüber lachen und sich freuen, wenn ihr Kind mit dem Inhalt ihrer Tasche spielt und wie intensiv und ernst es sich mit ihm beschäftigt. Dieses Verhalten entspricht ja ganz seinem «Forscherdrang», alles zu untersuchen, um zu prüfen, was sich auch davon für sein Leben eignet. Ein aufmerksamer Vater oder eine aufmerksame Mutter wird vielleicht zwei Brieftaschen oder zwei Handtaschen haben, eine, mit der das Kind spielen darf, und eine zum Aufbewahren von Geld und anderen wichtigen Dingen. Wenn das Interesse des Kindes an diesen wichtigen Dingen seiner Eltern gesättigt sein wird, wird es sie achtlos in die Ecke legen. Eltern können aber das Glück des Kindes, Erfahrungen mit ihren täglichen Dingen sich anzueignen, empfindlich stören. Dies geschieht dadurch, daß sie häufig merkwürdige Techniken anwenden, um ihnen wichtige Dinge aufzubewahren und ihrem Kind vorzuenthalten. Statt ihm zu vertrauen, schaffen sie dadurch in der Beziehung zum Kind eine Atmosphäre des Mißtrauens. Da das Kind dies spürt, werden die Dinge, die ihm vorenthalten werden, erst recht reizvoll.

Es ist verständlich, daß Eltern sich gelegentlich ernste Sorgen machen, wenn das Kind ihnen kleine Dinge wegnimmt, diese vor ihnen versteckt oder das Wegnehmen von Dingen verheimlicht. Jeder von ihnen weiß, in welches andere Extrem des Verhaltens das Kind vielleicht später fallen könnte, nämlich zu lügen und zu stehlen. Und nichts ist belastender und kann das Familienleben mehr stören als ein älteres Kind oder ein Erwachsener, der die Gewohnheit hat, zu lügen und zu stehlen. Viele Leute haben ein unangenehmes Gefühl bei solchen Gedanken. Menschen, die beim Gedanken an Lügen oder Stehlen aus der Haut fahren, werden dabei nicht selten an jene Kämpfe erinnert, die sie als Kinder mit ihren Eltern ausfechten mußten, wenn sie Neigungen zum Lügen oder Stehlen zeigten.

Normalerweise wird in einem Haushalt vieles «gestohlen». Wenn das Kind sich Süßigkeiten, Schokolade, die Schuhe der Eltern oder ihre Kleider zum Spielen nimmt, dann «stiehlt» es sich diese. Wenn ein Kind an den Küchenschrank geht, diesen untersucht und für sich brauchbare Dinge zum Spielen findet, Backpulver, Mehl und Vanillezucker nimmt, um zu backen, auch dann «stiehlt» es. In einer Familie nennt man dies allerdings nicht so. Niemand würde auf die Idee kommen, das Kind als Dieb zu bezeichnen. Die Problematik, die sich dabei entzünden kann, berührt Grenzen des Besitzens und des Verfügens. Deshalb kann ein Kind für dieses Verhalten bestraft, beschimpft und beschämt werden, wenn die Regeln im Haushalt streng und starr sind. Verständlicherweise wird es in jedem Haushalt Regeln geben; sie sind notwendig, um eine bestimmte Ordnung aufrechtzuerhalten. Eine Regel mag beispielsweise sein, daß das Kind sich alle Dinge aus dem Kühlschrank nehmen darf, wenn es Hunger hat, Schokolade nehmen darf, wenn die Eltern da sind, oder im Schrank der Eltern rumstöbern darf, wenn die Eltern in der Nähe sind. Trotz Regeln wird es immer eine gewisse «Unklarheit» im praktischen Umgang mit diesen Dingen geben. Das ganze Familienleben besteht ja aus einer Fülle von Verhaltensweisen, für die es keine klaren Regeln gibt und die auch nicht wünschenswert wären, wenn sich jeder in seiner Haut wohl fühlen will.

Unserer Ansicht nach ist es nicht damit getan, Eltern zu beruhigen und ihnen zu versichern, daß ihr Kind nur deswegen stiehlt, weil es seine Eltern liebt und sich in allem, was es sich von ihnen aneignet, mit ihnen identifiziert. Eltern, die dieses Verhalten ihres Kindes ernsthaft beschäftigt, wünschen eine Erklärung darüber, wie das «Stehlen» des Kindes mit Liebe zusammenhängt.

Zur Erklärung dieses Zusammenhangs ist zunächst festzustellen, daß es nur undeutliche, verschwommene Grenzen gibt zwischen dem gewöhnlichen, gesunden «Stehlen» des Kindes und dem Stehlen des gestörten älteren Kindes, bei dem sich das Lügen meistens dazugesellt. Bei verwahrlosten Kindern ist in den meisten Fällen festzustellen, daß die ersten Diebstähle diejenigen aus der Handtasche der Mutter oder aus der Brieftasche des Vaters waren oder aus dem Vorratsschrank. Die Übergangsphase, in der das kleine Kind die strengen Reaktionen der Eltern auf sein «Stehlen» als Unrecht zu empfinden beginnt, kann das Gefühlsleben und das Gewissen des Kindes in zwei Teile spalten: in den moralischen Teil der Eltern und – mit ernsteren Folgen – in den anderen Teil, der in ihm verdorben ist. Es kann vorkommen, daß das Kind sich aus der Tasche der Mutter etwas nimmt, weil es mit der Geburt seines Geschwisters und den damit in ihm entstehenden Rivalitätsgefühlen nicht anders fertig wird. Wenn die Eltern streng und unnachgiebig mit ihm umgehen, es anschuldigen, wird es zum Lügner. Nicht selten veranstalten die Eltern eine strenge Vernehmung des Kindes, und wenn sie dies hartnäckig fortsetzen, erreichen sie, was sie eigentlich nicht wollen, nämlich die Spaltung seiner Persönlichkeit in jene oben erwähnten Teile. Das Kind kann sich all diese Vorgänge, die mit seinem normalen, gesunden «Stehlen» zu tun haben, verständlicherweise noch nicht klarmachen.

Verständnisvolle Eltern, die um ihr Kind wirklich besorgt sind, werden in der Lage sein, ein gelegentliches Versagen ihres Kindes feinfühlig und freundlich zu behandeln, und werden so erreichen, daß ihr Kind selber erkennt und einsieht, wo die Grenze vom natürlichen «Stehlen» zu einem wirklichen Stehlen auf späterer Stufe verläuft. Wenn alles gutgeht, wird ihr Kind ein Gewissen entwickeln, in dem ihre Werte repräsentiert sind, ohne das Gefühl zu haben, daß in ihm ein moralischer Teil und ein verdorbener Teil ständig gegeneinander kämpfen. Es wird seine triebhaften Regungen mit den Wertvorstellungen der Eltern in Einklang bringen und dadurch die Fähigkeit erlangen, mit seinen ursprünglichen Lebensimpulsen umzugehen, ohne sein eigenes und das Moralgefühl der Eltern zu verletzen.

Die Eltern werden immer neue Wege finden, um mit den immer wieder erwachenden Lebensimpulsen umzugehen. Sie können ihrem Kind ein regelmäßiges Taschengeld geben, über das es selbst verfügen kann, dann braucht es nicht mehr zu stehlen. Oder sie werden ihm erzählen, daß es außerdem wichtige Tage gibt, wo es Geschenke erwarten darf: am Geburtstag, an Weihnachten und an anderen Festtagen. So wird das Kind in der Lage sein, seine ursprünglichen Lebensimpulse zu bewältigen. Dafür wird es sogar noch mit Geschenken belohnt. Mit seiner fortschreitenden Entwicklung werden seine verschiedenartigen Regungen immer mehr unter die Herrschaft seines Ichs und eines nicht allzu strengen Gewissens gelangen. Mit zunehmender Beherrschung seines Körpers wird es auch selbst immer mehr Dinge freiwillig tun. Wenn so sein Vertrauen in die Welt, besonders in die der Erwachsenen, in ihm wächst, wird es auch fähig sein, auf Dinge warten zu können, die es nicht sofort bekommt. Später wird es sexuelle Erwartungen mit der Vorstellung von Liebe zu Menschen verknüpfen, die durch positive Werte und Verständnis bereichert werden. Auf diese Weise wird das Kind zu einem sozialen Wesen, dessen Seelenleben nicht durch ernsthafte antisoziale Tendenzen gefährdet sein wird.

Von einer Entwicklung, in der das natürliche «Stehlen» des Kindes auf das Verständnis der Eltern traf, die freundlich, gütig und liebevoll mit ihm und der Bildung seines moralischen Gewissens umgingen, ist die Entwicklung zu Verwahrlosungssymptomen bei Kindern nicht sehr weit entfernt. Die psychoanalytische Forschung hat gefunden, «daß die Haßäußerungen die Reaktion auf ein nicht richtig befriedigtes Liebesbedürfnis waren» (August Aichhorn[26]). Kinder, die emotional vernachlässigt werden, deren Bedürfnisse nach kontinuierlicher Zuwendung, Aufmerksamkeit und echtem Interesse für ihre Entwicklung nicht oder nur ungenügend befriedigt werden, die – vereinfacht gesagt – in ihrer Persönlichkeitsentwicklung eine nicht ausreichende narzißtische Zufuhr von ihren Eltern erfahren, fühlen sich verlassen und vereinsamen. Sie werden nur noch wenig empfänglich sein für die Wertvorstellungen ihrer Eltern. Die Bildung ihres moralischen Gewissens, die dann statt durch Liebe und Geduld durch Strenge und Unnachgiebigkeit erzwungen wird, wird labile Strukturen in ihrem Über-Ich hervorbringen. Aus Enttäuschung über die ihnen vorenthaltene Zuwendung werden sie anfällig werden, die mangelnde Liebe durch materiellen Ersatz auszugleichen. Die folgende Fallvignette mag diese Dynamik verdeutlichen.

Jan

Der achtjährige Jan war Mitanführer einer Diebesbande von etwa acht Kindern zwischen sechs und zwölf Jahren. In regelrechten Raubzügen suchten sie Kaufhäuser und Spielwarenläden heim, in denen sie organisiert stahlen. Während einige Kinder aufpaßten, schafften die anderen Spielwaren beiseite. In einem Gartenhäuschen hatten sie ein Diebeslager mit Kinderfahrrädern, ferngesteuerten Autos, Schachcomputern usw. gesammelt. Interessanterweise spielten die Kinder nie mit dem gestohlenen Spielzeug.

Der Vater, ein arbeitsloser Lehrer, versorgte Jan und seine vier Jahre alte Schwester, während die Mutter als Staatsanwältin arbeitete. Delikaterweise gehörte der zehnjährige Sohn des obersten Richters an dem Gericht, an dem die Mutter arbeitete, ebenfalls zur Diebesbande.

Psychodynamik

Die Eltern berichteten, daß Jan in den ersten Lebensjahren viel allein gewesen sei. In dieser Zeit hätten sie sich kaum um ihn kümmern können, da sie beide sehr mit ihrem Studienabschluß beschäftigt gewesen seien. Heute würden sie sich deshalb Vorwürfe machen. Nachdem die Mutter eine Stelle als Staatsanwältin gefunden hatte, hätten sie versucht, mit viel Zuwendung und Spielzeug etwas von der mangelnden Fürsorge wiedergutzumachen. Auf die Diebstähle reagierten beide Eltern sehr unterschiedlich: die Mutter war entsetzt, daß gerade ihr Sohn «kriminell» war, während der Vater kaum beunruhigt schien. In späteren Gesprächen kam dann heraus, daß der Vater sogar Schadenfreude empfand, daß Jan stahl, seine Mutter als Staatsanwältin damit kompromittierte und daß er «so gegen die Gesellschaft» eingestellt sei. Die Tatsache, daß er vom Staat als Lehrer keine Stelle bekommen hatte und als Hausmann arbeitete, lastete er «dem Staat» und «der Gesellschaft» an.

Das Verwahrlosungssymptom des Stehlens hatte zwei Wurzeln: einmal in den emotionalen Mangelzuständen der Verlassenheit, unter denen Jan in seinen ersten Lebensjahren gelitten hatte. Der Diebstahl sollte unbewußt die nicht erhaltene Liebe kompensieren, ihm vor den anderen Kindern Ansehen verschaffen und ihm Freunde bringen. Die andere Wurzel des Diebstahls lag in der teils bewußten, teils unbewußten Verbitterung und Wut des Vaters auf die «Gesellschaft», der er sein «verpfuschtes Leben» anlastete. Jan rächte sich gleichsam unbewußt in Identifikation mit dem Vater für das scheinbare Unrecht, das seinem Vater von der Gesellschaft angetan worden war.
(Manfred Link, s. S. 203)

In anderen Fällen, bei denen die Entwicklung schon zur Säuglingszeit einen unheilvollen Anfang genommen hat, kann die Bildung von Gewissen und Moral massiv gestört sein. Kinder, die in ihren Werthaltungen durch häufig wechselnde Bezugspersonen verunsichert wurden, die an Kontaktmangel, Mangel an echter Zuwendung und Interesse an ihrer Person gelitten haben, die statt dessen mit vielen materiellen Geschenken bedacht wurden, werden einen inneren, emotionalen Rückzug von der Welt der Erwachsenen antreten. Ihnen wird nichts anderes übrigbleiben, als aus dem Gefühl unerträglicher Verlassenheit heraus die ihnen aufgebürdete Verantwortung und abverlangten Pflichten als Last zu erleben. Das mangelnde Interesse an ihrer Person werden sie durch allgemeines Desinteresse rächen. Ihnen wird es gleichgültig sein, was die Erwachsenen davon halten. Häufig kann diese Verstrickung Züge annehmen, von denen man den Eindruck erhält, nicht mehr zu den Gefühlen des Kindes vorstoßen zu können. Die folgende Fallvignette aus unserer therapeutischen Arbeit beschreibt die Entwicklung eines Kindes, das den Weg eines totalen inneren Rückzugs angetreten hat.

Uwe

Die 27jährige, in ihrer Körperhaltung schlaff nach vorn gebeugte Mutter kam mit ihrem neun Jahre alten Sohn Uwe zur psychologischen Beratung. Sie selbst hatte eine dreijährige psychotherapeutische Behandlung beendet. Uwe, hinterlistig und verlegen lächelnd, nahm Platz neben ihr. Sie hatte ihm gesagt, daß heute ein Gespräch mit einem Psychotherapeuten stattfinden sollte.

Uwe sitzt körperlich verspannt und zusammengekauert auf seinem Stuhl, in ängstlicher Erwartung von Ermahnung, Tadel und Strafe. Er guckt in den Raum, sein Blick bleibt nie an einem Punkt haften. Seiner Mutter, zurückhaltend, von Beruf Verwaltungsangestellte, ist es peinlich, sich in dieser Situation mit ihrem Sohn zu befinden. Sie berichtet von ihren Sorgen um Uwe. Seine Verhaltensauffälligkeiten, die schon früher bestanden hätten, ohne daß sie diese in ihrer Tragweite habe ermessen können, seien ihr zunehmend «über den Kopf gewachsen». Uwe belüge sie, stehle ihr heimlich Geld, fahre ohne Fahrausweise mit der U-Bahn, um das ihm mitgegebene Geld für Süßigkeiten auszugeben, schwänze oft die Schule und sei zu Hause, wenn sie ihm diese Dinge vorhalte, nicht ansprechbar. Er streite alles ab, werde wütend und ziehe sich zurück. – Der Junge, der alles mithört, zeigt keine sichtbaren Regungen. Nur sein Blick ist leer und kalt.

Die Mutter fährt fort, daß die Erzieher im Kindertagesheim, welches Uwe nach der Schule besuche, da sie alleinerziehend sei und tagsüber ihrer Arbeit nachgehe, sie fast täglich an ihrer Arbeitsstelle anriefen, um sich über Uwes Verhalten zu beklagen. Manchmal streune er nach der Schule umher und werde im Tagesheim vermißt. Er stehle dort oft «unsinnige» Dinge, fände Ausreden für sein Verhalten, und man wisse nicht, was wirklich vorgefallen sei. Bisweilen sei er aber lieb und zugänglich und habe große Freude am gemeinsamen Spiel. Alle Missetaten und Schwierigkeiten des Jungen – berichtet die Mutter – würden auf sie zurückfallen. Sie fühle sich durch diese Anschuldigungen erdrückt und wisse sich keinen Rat mehr. Sie sei gekränkt und traurig, häufig ohne Schlaf, wenn Uwe alles abstreite. Ihr Leben werde sinnlos, weil, sooft sie sich mit viel Zuwendung um ihn bemühe, nichts davon hängenbleibe.

Uwe wirkt jetzt noch angespannter als zuvor, so als wollte er sagen: «Was ist?» Kein Gefühl regt sich in ihm, und als seine Mutter weint, guckt er weg von ihr, betreten lächelnd, als habe er mit alldem nichts zu tun.

Zur Lebensgeschichte Uwes sei gesagt, daß er geboren wurde, als seine Mutter in einer Beziehung lebte, in der oft Streitereien ausbrachen. Ihr damaliger Freund, der Vater des Kindes, schlug sie, wenn sie sich ihm nicht gefügig zeigte; er tat ihr körperliche Gewalt an, drückte auch Zigarettenkippen auf ihrer Haut aus. Uwes Mutter trennte sich von ihm, als sie noch schwanger war. Danach zog sie wieder in ihr elterliches Haus, wo sie viele Grausamkeiten erlebt hatte. Nach der Geburt Uwes nahm sich seine Großmutter seiner an. Seine Mutter fühlte sich von ihrer Verantwortung entlastet um den Preis, daß der Junge immer mehr unter den Erziehungseinfluß seiner Großmutter geriet. Eine unterschwellige Rivalität um das Kind zwischen Mutter und Großmutter entbrannte. Uwes Mutter zog schließlich von zu Hause weg, weil sie die ständigen Auseinandersetzungen und Streitereien nicht mehr aushalten konnte. Die Großmutter suchte währenddessen durch übertriebene scheinbare Fürsorge und Verwöhnung Uwe an sich zu binden und abhängig von sich zu machen. Uwes Mutter fühlte sich schuldig am Schicksal, das der Junge nahm, zugleich aber unfähig, sich von ihrer eigenen Familie lösen zu können und ihrem Sohn gerecht zu werden. Während der Zeit ihrer psychoanalytischen Behandlung gelang ihr eine endgültige Trennung von zu Hause. Im Zuge der Reflexion über das Schicksal ihres Sohnes entschloß sie sich, Uwe wieder zu sich zu nehmen. Dies geschah gegen starke Widerstände und Beschuldigungen ihrer Mutter und ihres Sohnes.

Die Haltung Uwes wird hieraus verständlich, da er bis dahin ein Leben gelebt hat, das ohne zuverlässige Grenzen war und alle Ausweichmöglichkeiten bot. Das Hin- und Hergerissensein zwischen Mutter und Großmutter, die selbst eine konfliktgeladene Beziehung miteinander hatten, die psychischen Spannungen, die sich über ihn entluden, die unterschiedlichen, miteinander nicht zu vereinbarenden Erziehungseinflüsse der Mutter und der Großmutter, die ihn aus Rivalität mit ihrer Tochter verwöhnte, um ihn an sich zu binden, all dies gab ihm keine Orientierung für sein Leben. Psychodynamisch

gesehen sind die Probleme Uwes eine verständliche Folge dieser Einflüsse. Er konnte keine brauchbaren, konstanten Identifizierungen verinnerlichen, sein Über-Ich erscheint deswegen gestört. Lügen, Stehlen, Verheimlichen und Herumstreunen, dazu all die Schwierigkeiten nicht nur in der Schule beim Lernen, sondern auch im Hinblick darauf, überhaupt zu Dingen einen brauchbaren und nützlichen Kontakt aufzunehmen und zu Menschen eine emotionale Bindung zu fühlen, sind zurückzuführen auf häufig abrupt wechselnde Identifizierungen mit seinen Bezugspersonen. Eine Mutter, die mal psychisch präsent ist und mal nicht, und eine Großmutter, die sich um ihren Einfluß auf ihren Enkel mit der Tochter streitet, sie sind für das Kind, das nach Liebe, Zuwendung und echtem Interesse für seine Entwicklung und seine Person «schreit», keine brauchbaren Vorbilder. Die psychische Leere, die in Uwes Augen sichtbar wird, ist Ausdruck dessen, mit dem sein Innenleben «gestillt» wurde, nämlich mit Dingen und Personen, zu denen er keinen echten Bezug finden konnte, und mit Erziehungsmaßnahmen, die sich durch grenzenlose Verwöhnung, Härte und Strenge auszeichnen.
(Emil Wieczorek, s. S. 206)

Verwahrlosungssymptome bei Kindern können viele Erscheinungsweisen annehmen. Oft sind diese Erscheinungsweisen gängigen gesellschaftlichen Verhaltensmustern angepaßt, so daß sie in früher Kindheit kaum auffallen. Die sogenannte Wohlstandsverwahrlosung, ein Phänomen, das gekennzeichnet ist durch die Überhäufung der Kinder mit Spielzeug, Kleidung und Süßigkeiten an Stelle von Anregungen zum Spiel, emotionaler Anteilnahme, Gegenwart der Eltern und Zeit für Kinder, macht aus vielen Kindern «Individualisten». Nicht selten wird diese Eigenschaft sogar lobend hervorgehoben, die Unfähigkeit der Kinder, sich in kindlich-spielerische Beziehung zu anderen zu setzen, wird nicht bemerkt. Materielle Werte, die Größe und Extravaganz des Spielzeugautos, die Qualität der Kleidung ersetzen die Unbefangenheit der Kinder im natürlichen Kontakt. Das Fernsehprogramm, der Kassettenrecorder und der Computer, mit denen die Kinder sich oft alleingelassen fühlen, tragen darüber hinaus dazu bei, daß die Kinder in diesem Wohlstand emotional verarmen. Zuwendung und Liebe werden durch Technik und Extravaganz ersetzt. Oft wird diese Tatsache sogar durch das Argument verteidigt, daß man die Kinder schon früh an die Fortschritte unserer gesellschaftlichen Entwicklung heranführen müsse.

Eltern sollten nicht der Fehleinschätzung unterliegen, daß sich ihr Kind in dieser «kindungemäßen» Welt wohl fühle. In einer Welt der Reizüberflutung fühlt sich kein Kind wohl. Die Auswirkungen seiner seelischen Verarmung, die auf den Mangel an befriedigenden emotionalen Erlebnissen beruht, zeigen sich meist erst später, wenn das Kind reif ist, die Mechanismen zu durchschauen und zu begreifen. Die Depression, das Gefühl äußerster Macht- und Wertlosigkeit und innere Leere, ist nicht selten die Folge.

Depression

Depressive Stimmungsschwankungen sind bei Kindern nicht selten. Wie wir im Kapitel über die Entwicklung des Kindes beschrieben haben, sind sie sogar natürliche Übergangsschritte zur Loslösung von der symbiotischen Bindung an die Mutter. Wenn das Kind die Erfahrung des Getrenntseins von ihr macht, wächst die Angst vor ihrem Verlust. Diese Trennungsangst wird in einer gesunden, normalen Entwicklung des Kindes überwunden. Sie kann aber, wenn das Kind in der symbiotischen Phase die Mutter als unzureichend verläßlich erfahren hat oder aufgrund zu abrupt einsetzender Erfahrungen des Getrenntseins von ihr, sich als Kristallisationspunkt und «Nahtstelle» in der Persönlichkeit des Kindes erweisen, mit der künftig oft traumatisierende Trennungserfahrungen gleichsam «verlötet» werden. Diese Erfahrungen werden dann zusammen mit den nicht überwundenen Traumatisierungen durch frühe Trennungsängste das Seelenleben des Kindes gleichsam überfluten und dadurch blockieren. Das Kind wird sich in solch einem Fall psychisch zurückziehen und unfrei sein für nach außen verlagerte Interessen, da alle Lebensenergie nach innen fließen wird, um ein, wenn auch eingeschränktes, Selbstwertgefühl aufrechtzuerhalten. Da die Trennungserfahrungen während der Mutter-Kind-Symbiose grundlegend sind für die Herausbildung seiner psychischen Erlebensstruktur, diese gleichsam das Fundament bilden für die psychische Verarbeitung künftiger Trennungserfahrungen, werden sich alle intensiv erlebten Trennungsgefühle des Kindes auf dieses Fundament «stützen». Beim Verlust einer für das Kind geliebten und bedeutenden Person werden dann in späterer Entwicklung die frühen Trennungserfahrungen wiederbelebt. Sie vermischen sich mit dem psychischen Schmerz des aktuellen Erlebens. Die folgende Fallvignette zeigt, wie das Kind den Tod seines Vaters verdrängt. Seine Mutter, die dem Kind den Schmerz der Trennung von ihrem Mann ersparen will, erhält eine symbiotische Beziehung zu ihm aufrecht, in der das Kind das Leben des Vaters weiterleben kann, bis ein Freund, den sie später kennenlernt, das Kind aus der Verdrängungshaltung herausreißt und seine mühsam aufrechterhaltene psychische Struktur zusammenbricht.

RALF

Die Mutter kam mit dem siebenjährigen Ralf in die Sprechstunde, da sie die häufigen Rückzüge Ralfs und seine Verschlossenheit beunruhigten. Zu den Klassenkameraden habe er nur oberflächliche Kontakte, ihn interessiere nichts mehr. Still und zurückgezogen verbringe er seine Nachmittage. Früher sei er dagegen ein temperamentvolles, aufgewecktes Kind gewesen.

Vor einem Jahr sei ihr Mann bei einem Verkehrsunfall ums Leben gekommen. Ralf habe damals auf den Tod des Vaters kaum erkennbar reagiert, im Gegenteil, ihn schien der Tod nicht zu berühren. Er habe im Ehebett an ihrer Seite geschlafen, sie abends gestreichelt und getröstet. Inzwischen habe sie einen Freund, der zu ihr gezogen sei und nun im Ehebett neben ihr schlafe, während Ralf wieder in seinem Zimmer schläft. Mit Ralf könne sie über das alles nicht reden, trotzig presse er die Lippen aufeinander und verweigere jede Antwort.

Psychodynamik

Die Symptome, die die Mutter an Ralf beschreibt, deuten alle auf eine Depression. Auffallend an dem Verlauf der Erkrankung ist die zeitliche Verschiebung: Beim Tod des Vaters reagierte Ralf überhaupt nicht erkennbar, im Gegenteil, er tröstete seine Mutter. Erst nach über einem Jahr, als ein Freund zur Mutter gezogen war, reagierte

Ralf mit einer schweren Depression. Offenbar war es ihm beim aktuellen Erfahren des Todes seines Vaters, den er sehr geliebt hatte, nicht möglich gewesen, seine Trauer und Wut auszudrücken. In Fortsetzung der Identifikation mit seinem Vater fühlte er sich wahrscheinlich für seine Mutter verantwortlich. Indem er sich unbewußt an die Stelle seines Vaters versetzte und seine Mutter tröstete, seinen Vater im Ehebett tatsächlich «ersetzte», war es ihm gelungen, den Tod des Vaters zu verdrängen. Erst das Erscheinen des Freundes der Mutter ließ diese Verdrängung nicht mehr zu, er spürte das volle Ausmaß seiner Verzweiflung, Ohnmacht und Trauer. Im Trotz von Ralf kommt die Aggression gegen seine Mutter zum Vorschein, weil sie seinen Vater und in der Identifikation ihn selbst durch einen Freund ersetzt hat. Unbewußt hat Ralf seine Mutter als «Verräterin» an ihm und seinem Vater erlebt.
(Manfred Link, s. S. 211)

Depressive Gefühle im Erleben von Kindern können auch andere Ursachen haben. Aber auch wenn das Kind auf aktuelle Ereignisse mit depressiven Gefühlen antwortet und sich zurückzieht, werden stets die verinnerlichten Mutter- oder Vaterobjekte, die in der psychischen Struktur des Kindes errichtet worden sind, ausschlaggebend sein für die Verarbeitung der aktuellen Ereignisse. Sind die verinnerlichten Objekte in der moralischen Instanz des Kindes, dem Über-Ich, streng, unnachgiebig und mit einem hohen Potential an Schuldgefühlen und Leistungsdruck besetzt, wird das Kind beim Versagen sich wert- und bedeutungslos, auch machtlos ihnen gegenüber fühlen und in Depression verfallen. Beim Versagen in der Schule etwa, wenn das Kind schlechte Zensuren nach Hause bringt, oder am Ende eines Schuljahres, wenn die Herausgabe der «Giftblätter» naht, wird sich das Kind aufgrund des ungeheuren inneren psychischen Drucks in einer ausweglosen Situation befinden. Nicht selten meiden solche Kinder, wann immer es möglich ist, ihr Zuhause, weil sie die Situation als unerträglich erleben. Bekannt ist auch, daß manche Kinder die einzige Möglichkeit zur Lösung ihres Problems im Selbstmord sehen.

Die depressiven Gefühle, das «depressive Syndrom» des Kindes, sind immer sozial, familiär und innerpsychisch zugleich bedingt. In einer allzu leistungsbezogenen Gesellschaft wie der der Bundesrepublik Deutschland wird der Spielraum des Kindes, der Raum also, in dem das Kind spielerisch lernen kann, wie es künftig leben und sein will, immer kleiner. Seine Wertgefühle werden zutiefst erschüttert, und gerade besonders sensible und kreative Kinder werden auf diese Einengungen mit depressiven Verstimmungen reagieren. Das depressive Kind weiß, wenn es aktuelle Erlebnisse nicht belasten, nicht genau, warum es sich so niedergeschlagen fühlt. Die Ursachen einer Depression sind ihm unbewußt, da sie auf einer zurückliegenden, aber immer noch anhaltenden inneren Konfliktsituation beruhen. Die häufigsten Symptome eines depressiven Kindes sind: psychischer und sozialer Rückzug, Resignation, Verbitterung, vegetative Störungen, emotionale Versteinerung, Selbstvorwürfe, Aggression und Selbstmordabsichten.

In den meisten Fällen reagieren depressive Kinder mit aggressiven Impulsen nach innen, die gegen ihr eigenes Ich gerichtet sind und sie nach außen zurückgezogen, häufig unauffällig, auch unscheinbar wirken lassen. Depressive Kinder sind in starkem Maße selbstmordgefährdet, deshalb möchten wir einige Anmerkungen zum Problem des Selbstmords von Kindern anschließen.

Selbstmordgefährdung

In Deutschland nehmen sich jedes Jahr mehr als 800 Kinder das Leben. Etwa 10000 machen einen Selbstmordversuch. Nicht ganz die Hälfte dieser Kinder verzweifelt am Leben wegen schulischer Probleme.

Hinter diesen offiziellen Zahlen steckt eine Dunkelziffer, die beträchtlich höher liegt. Sie steht für eine unbekannte Anzahl von Kindern und Jugendlichen, die in seelischen Schwierigkeiten sind. Die Motive der Kinder, sich selbst zu töten oder einen Suizid zu versuchen, um die ihnen ausweglos erscheinende Lebenslage gewaltsam zu lösen und zu beenden, lassen sich zusammenfassen in einem grundlegenden Leitmotiv, welches ihnen ein Weiterleben als sinn- und wertlos erscheinen läßt und im engen Zusammenhang mit Depression und depressiven Lebensgefühlen steht. Die folgende Fallvignette veranschaulicht, wie der nahe Tod der Mutter des Kindes, dessen Angst vor ihrem Verlust und das Anklammern der Mutter an das Kind, das Kind selbst zur Androhung, sich das Leben zu nehmen, bringen kann.

PETER

Zum Erstgespräch kam ein abgearbeitet wirkender Mann, der unter großem Druck stand. Er berichtete davon, daß er mit seinem zwölfjährigen Sohn Peter überhaupt nicht mehr zurechtkomme. Fast täglich gebe es furchtbare Szenen, wo sie beide sich gegenseitig wegen irgendwelcher Nichtigkeiten anschrien. Manchmal könne er sich dann nicht mehr beherrschen und schlage Peter. In letzter Zeit habe Peter öfter gedroht, sich umzubringen, eine Drohung, die er ernst nehme. Zu diesem Problem mit Peter komme die schwere Erkrankung seiner Frau, die seit mehreren Jahren an Krebs leide und nur noch kurze Zeit zu leben habe. Die Frau sei zu Hause, und er pflege sie. In gewissen Abständen sei sie für kurze Zeit zur Behandlung in der Klinik.

Psychodynamik

In der offenen Selbstmordgefährdung von Peter kommen unterschiedliche unbewußte, zum Teil einander widersprechende Motive zusammen. Zunächst hat er sich zweifellos mit seiner sterbenden Mutter identifiziert. Ihr naher Tod würde in der Identifikation mit ihr auch seinen eigenen Tod bedeuten.

Die letzten Jahre hat er in einer sehr engen, inneren Verbindung mit der Mutter gelebt. Er verbrachte seine Nachmittage am Bett der Mutter, machte dort seine Hausaufgaben mit ihr, spielte mit ihr etc. Für die Mutter war Peter «mein ganzer Trost». In den Gesprächen mit ihr wurde deutlich, daß sie ihren eigenen, nahen Tod zu verdrängen versuchte, während sie ihr ganzes Interesse auf Peter richtete. Er war – menschlich gesehen sehr verständlich – zu einem Lebensersatz für sie geworden, sie würde in ihm weiterleben.

Peter wehrte sich unbewußt gegen diese Rolle, die er für seine Mutter spielte, mit der Androhung, sich das Leben zu nehmen, ein fataler Versuch, sich dieser Manipulation zu entziehen.

Dazu kam, daß alle Freunde und Verwandte nur scheinbares Mitleid für «das tapfere Peterchen» hatten. Keiner hatte Verständnis für die furchtbare Wut und Verlassenheitsangst, die der nahende Tod seiner Mutter in ihm auslöste. So suchte er mit seinem Vater unbewußt wegen irgendwelcher Kleinigkeiten Streit, wobei er dann wenigstens indirekt etwas von seiner Wut ausdrücken konnte, was ihn etwas erleichterte.

Verstanden hat ihn aber niemand, die Verwandten nicht, seine Mutter nicht, sein Vater nicht, bis er keine andere Möglichkeit mehr sah, Hilfe zu bekommen, als mit der Drohung, sich das Leben zu nehmen.
(Manfred Link, s. S. 213)

Wir möchten einige Motive beschreiben, die ein Kind in die äußerst verzweifelte seelische Situation bringen, einen Selbstmordversuch zu unternehmen. Zu den häufigsten Motiven, aus denen heraus Kinder sich selbst zu töten versuchen, gehören Angst, psychischer Terror, körperliche Züchtigung, Mißhandlung, Einsamkeit und Verlassenheit. Angesichts des psychischen Drucks, den diese Lebensumstände in der Seele des Kindes erzeugen und der jahrelang, von den Eltern unbemerkt, anhalten kann, passiert dann das, womit sie nie gerechnet haben. Mit dem Versuch, sich zu töten, rächt sich – psychodynamisch betrachtet – das Kind an den Eltern und an den nicht lebenswerten Erfahrungen, die es durch sie verinnerlicht hat. Es zerstört die «bösen» inneren Elternobjekte und damit das eigene Ich. Der Akt dieser äußersten Destruktion innerer Erfahrungen läßt erahnen, welche grausame Lebenserfahrung des Kindes ihm zugrunde liegt.

In anderen Fällen von Selbstmordgefährdung, etwa bei extremem Leistungsdruck und Leistungsansprüchen, bei denen das Kind Angst hat, ihnen nicht mehr entsprechen zu können und die sein Selbstwertgefühl vernichten und es erbärmlich erscheinen lassen, wird es sich so wert- und bedeutungslos fühlen, daß ihm das Weiterleben nicht mehr sinnvoll erscheint. Das Kind wird mit dieser ausweglosen Situation nicht mehr fertig; es hat den Kontakt zu den ihm nahestehenden Menschen abgebrochen, häufig auch diese zu ihm, und sieht keine Möglichkeit, ihn wiederherzustellen.

Angesichts der Lebensumstände, in denen Kinder heute häufig aufwachsen, möchten wir an die Eltern appellieren, ihrem Kind das Recht auf eigene Gefühle und eigene Entfaltung nicht zu nehmen. Ihr Kind fühlt sich durch Beschränkungen in seinem Selbstwertgefühl und seiner Selbstachtung verletzt, und die Summe der erfahrenen psychischen Verletzungen wird das Leben in ihm ersticken.

Eine andere Form psychischer Verletzung, die nicht im Suizidversuch oder dem Suizid endet, manchmal aber eine Vorform für diese ist, ist der Mißbrauch von Psychopharmaka, auf den wir zum Abschluß dieses Kapitels eingehen wollen.

Kinder – Psychopharmaka, Alkohol und Drogen

Um psychische Probleme zu «beseitigen» oder zu lindern, werden jedem dritten Kind in der Bundesrepublik vorübergehend oder über längere Zeit hinweg Psychopharmaka unterschiedlichster Wirkung und Dosierung gegeben. Die Medikamente werden dabei nicht selten verabreicht, ohne einen Arzt hinzuzuziehen. Sie sollen die Kopf- und Bauchschmerzen des Kindes beseitigen, seine Nervosität mildern, ihm seine Angst vor dem Kindergarten, den Klassenkameraden in der Schule und den Klassenarbeiten nehmen, das Kind dazu bringen, sich besser konzentrieren zu können, um bessere Leistungen zu zeigen.

Die hier aufgeführten Motivationen ratloser Eltern, die ihrem Kind freikäufliche Medikamente geben, um mit den Problemen, die sie haben und die Kinder ihnen bereiten, fertig zu werden, sind nicht aus der Luft gegriffen. In den meisten Fällen dieses Medikamentenmißbrauchs ist die Öffentlichkeit ausgeschlossen. Keiner darf davon etwas erfahren, und das Kind wird verpflichtet, mit anderen nicht darüber zu sprechen. So ist das Kind einem Kreislauf ausgesetzt, dem es sich fügen muß.

Die Eltern, die auf diese Weise mit den Problemen ihrer Kinder umgehen, wissen meistens nicht und ahnen nicht einmal, was ihr Kind bedrückt, was es beunruhigt, ihm angst macht oder ihm Schmerzen bereitet. Für sie ist die einzige Lösungsmöglichkeit der Griff zur «Pille», der die Probleme des Kindes schnell beheben soll. Da sie über psychische Ursachen und Probleme ihrer Kinder keine oder eine nur sehr geringe Vorstellung haben, bleiben ihre Möglichkeiten, ihrem Kind zu helfen, auf die Verabreichung von Medikamenten begrenzt. Da ihr Kind durch ihr Unwissen sich ebenfalls keine Vorstellung von den Ursachen seiner Probleme bilden kann, wird es «einsichtig» sein, daß dies die einzige Möglichkeit ist, die Störung zu beseitigen. Der Leser mag daraus ersehen, in welchem Dilemma sich Kinder und Eltern gleichermaßen befinden.

Andere Eltern wenden sich, wenn die Probleme ihres Kindes sich krisenhaft zuspitzen, an ihren Hausarzt oder Kinderarzt. Dieser wird das Kind medizinisch untersuchen, die Eltern über das Leben des Kindes befragen und ihnen Ratschläge über den Umgang mit dem Problem des Kindes geben. Wenn alles gutgeht, werden sich die Probleme des Kindes und der Eltern lösen. Wenn die Eltern aber die Sprechstunde beim Arzt mit dem Eindruck verlassen, dieser habe mit seinen Ratschlägen gut reden, werden sie beim nächsten Besuch darauf dringen, zumal wenn die Probleme immer belastender werden, möglichst rasch Abhilfe zu schaffen. Der Arzt, bemüht, den Eltern zu helfen und auf ihre Wünsche und Vorstellungen zur Lösung des Problems einzugehen, mag dann, wenn er kein Fachmann auf dem Gebiet der psychischen Probleme von Kindern ist und aus Unkenntnis und Fehleinschätzung ihrer Ursachen keinen entsprechenden Fachkollegen hinzuzieht, auf Psychopharmaka zurückgreifen. Einen extremen Fall solcher Hilfeleistung stellt der folgende Fall eines zwölfjährigen Mädchens dar.

Sie war ohnmächtig und völlig gelähmt an einem Sonntag vom Notarzt in das Kreiskrankenhaus eingeliefert worden. Die internistische Untersuchung erbrachte keinen Befund, sie bekam lediglich kreislaufstabilisierende Medikamente. In der neurologischen Abteilung konnte trotz gründlicher Untersuchung ebenfalls kein Befund erhoben werden. Der untersuchende Neurologe sprach dann mit der verzweifelten Mutter. Hier stellte sich heraus, daß der Hausarzt ein Sedativum (Beruhigungsmittel) verschrieben hatte, weil das Kind in der Schule so unruhig war und sich schwer konzentrieren konnte. Als das Mittel nicht half, ordnete der Hausarzt eine Verdoppelung der Dosis an. Sollte auch dies nicht helfen, könnten die Eltern ihrer Tochter auch eine noch höhere Dosis verabreichen. Schließlich hatte das Mädchen eine doppelte Erwachsenendosis einnehmen müssen, was

Ohnmacht und Lähmung zur Folge hatte und fast zu einem Kreislaufzusammenbruch mit Herzstillstand geführt hätte.

Unserer Ansicht nach sollten Eltern, ehe sie dem Kind Medikamente zur Lösung seiner Probleme verabreichen, das Kind selbst befragen, was es bedrückt. Wenn der Kontakt zwischen Eltern und Kind gestört ist und die aktuelle Situation und die Problemlage sich krisenhaft zuspitzen, sollte es selbstverständlich sein, daß sie sich vertrauensvoll an ihren Haus- oder Kinderarzt wenden. Von ihm sollten sie erwarten können, daß er das Problem ihres Kindes und ihre Sorgen versteht. Er selbst, falls die Probleme kompliziert und schwierig einzuschätzen sind, sollte bereit sein, wenn er sich inkompetent fühlt, einen Fachkollegen hinzuzuziehen, der die Problemlage des Kindes und seiner Eltern genauer beurteilen und beiden wirkungsvoll helfen kann. Er sollte nicht einem falschen Ehrgeiz unterliegen oder es mit den Eltern halten, die das Problem möglichst rasch aus der Welt schaffen wollen. Er sollte vielmehr die Eltern darauf aufmerksam machen und vorbereiten, daß die Lösung der psychischen Probleme ihres Kindes mehr Zeit braucht als das Psychopharmakon. Dieses sollte nur eingesetzt werden, um eine sehr ernste psychische Krise des Kindes nahe der Selbstmordgefahr oder bei anderen psychiatrischen Krankheitsbildern vorübergehend aufzuhalten. Auch in solch einem Fall wird das Psychopharmakon jedoch die Ursachen der Krise nicht beheben. Nicht nur der Arzt, auch die Eltern tragen die Verantwortung dafür, daß ihr Kind gesund bleibt. Der Einsatz von Psychopharmaka, der stets unter verantwortungsvoller ärztlicher Aufsicht stattfinden sollte, sollte eine Ausnahme sein und nicht eine einfache Lösungsmöglichkeit, die dem Kind in der Tat nicht weiterhelfen wird. In den letzten Jahrzehnten ist eine stetige Zunahme des Mißbrauchs von Alkohol, Nikotin und auch Drogen im Kindesalter festzustellen. Dabei wird deutlich, daß das Alter der Kinder, die Alkohol gelegentlich oder regelmäßig trinken, ständig sinkt, während die Anzahl gleichzeitig zunimmt. Das heißt, immer mehr und immer jüngere Kinder trinken gelegentlich oder regelmäßig Alkohol in Deutschland. Ähnlich verhält es sich mit dem Rauchen. Interessant ist hierbei der statistisch auffallende Zusammenhang zwischen dem Verhältnis der Kinder zu ihren Eltern und ihrer inneren Bereitschaft zu Alkohol-/Nikotin-Mißbrauch. So ist das Verhältnis der zu Alkohol-/Nikotin-Mißbrauch neigenden Kinder zu ihren Eltern häufiger gestört, häufiger fehlen beide Elternteile, «nur jeder zweite Alkoholgefährdete versteht sich mit seinem Vater gut»[27]. Auch hier spielt neben dem Verhältnis der Eltern zu ihren Kindern auch ihr eigener Umgang mit Alkohol/Nikotin im Sinne der Vorbildfunktion der Eltern eine zentrale Rolle. Besonders problematisch sind hierbei die gesellschaftliche Wertschätzung und der allgemeine Umgang mit Alkohol und Zigaretten, die durch die Werbung ständig massiv forciert werden.

Anders verhält es sich mit dem Mißbrauch von Drogen, die gesellschaftlich geächtet werden. Beschaffung und Gebrauch von Drogen (Marihuana, Haschisch, LSD, Kokain, Opiate, Halluzinogene) finden in einer Sphäre des Verbotenen statt, die für Kinder kaum zugänglich ist, zumal ihnen in der Regel die zur Beschaffung nötigen finanziellen Mittel fehlen. Sehr schnell ändert sich dies jedoch am Ende der Kindheit mit Eintritt in die Pubertät, wenn die Jugendlichen in ihrer letzten großen Ablösephase von den Eltern Bereiche aufsuchen, die oft eine Art «Gegenwelt» zur Schule und zum Elternhaus darstellen. Gerade die Tatsache, daß der Gebrauch von Drogen verboten ist, stellt dann ein wesentliches Motiv für den Drogenmißbrauch dar.

Für Kinder aber, auf die sich unser Buch beschränkt, stellen die klassischen Drogen nur in Ausnahmefällen eine wirkliche Gefährdung dar.[28]

3 Eltern und Probleme der Kinder Anleitungen zu Verständnis und Hilfe

Eltern, Kind und Kindergarten

In diesem Kapitel werden die Möglichkeiten der Selbsthilfe an den wichtigsten Schwellensituationen im Leben des Kindes aufgezeigt – dem Eintritt in den Kindergarten und dem Eintritt in die Schule. Gerade hier wird deutlich, wie weit die Selbsthilfe der Eltern in schwierigen Situationen ihrer Kinder reicht. Es wird dabei allerdings weniger um konkrete Lösungen von Problemen gehen als vielmehr um das Bemühen, Eltern und ihre Kinder in diesen Schwellensituationen zu verstehen. In dem Maß, wie Eltern ihre eigenen Gefühle, Ängste und Hoffnungen, die sie mit ihrem Kind verbinden, wahrnehmen können, in dem Maß werden sie auch die Gefühle ihrer Kinder verstehen können. Die konkreten Lösungen, die auftauchende Probleme verlangen, ergeben sich dann auf dem Boden dieses Verständnisses. Verstehen des Kindes ist Voraussetzung für alle praktische Selbsthilfe. Deshalb wird im folgenden der Eintritt in den Kindergarten zunächst aus der Sicht der Eltern dargestellt. Im Mittelpunkt stehen die Gefühle der Eltern, besonders des Elternteils, der die meiste Zeit zu Hause mit dem Kind verbringt und das Kind in den Kindergarten bringt. In unserer Gesellschaft ist das im Regelfall die Mutter. Es versteht sich von selbst, daß die im folgenden dargestellten gefühlsmäßigen Einstellungen nicht geschlechtsspezifisch sind, sondern allenfalls gesellschaftlich üblicherweise der Frau als Mutter zufallen. Für den Mann treffen sie genauso, unter Umständen in noch verschärfter Form, zu, da er als Hausmann noch größere Schwierigkeiten hat, mit den Müttern in der gleichen Situation ins Gespräch zu kommen und sich mit ihnen zu solidarisieren. Er hat mit seiner Rolle als Hausmann noch mehr Konflikte und wird meist sowohl von den Männern als auch von den Frauen nicht ernst genommen.

Die Trennung der Eltern von ihrem Kind

Die Eltern müssen sich innerlich mit der Trennung von ihrem Kind auseinandersetzen, mit dem sie bisher über Schwangerschaft, Geburt, Stillzeit und Symbiose fast die gesamte Zeit zusammengelebt haben. Auch wenn das Kind vor dem Eintritt in den Kindergarten schon einmal von den Eltern getrennt war, so blieb diese Trennung meist eine kurzfristige und im Regelfall auf den Rahmen der Familie beschränkt. Der Eintritt in den Kindergarten stellt aber etwas völlig Neues im Leben des Kindes dar: Es ist der erste Schritt in die Öffentlichkeit. Dieser Schritt kann nur gelingen, wenn die Eltern sich selbst von ihrem Kind trennen können. Sie müssen dem Kind mit ihren Gefühlen den Raum geben, damit das Kind sich von ihnen entfernen darf, so daß es sich auch unter anderen Menschen wohl fühlen darf, daß es auch zu anderen Menschen, Kindern und Kindergärtnerinnen, eine enge Beziehung eingehen darf. Die Schwellensituation des Kindes beim Eintritt in den Kindergarten ist in gleicher Weise eine Schwellensituation im Leben der Eltern mit der Aufgabe, die erste, äußere Trennung von ihrem Kind zu bewältigen. Dies kann gelingen, wenn die Mutter ihre Gefühle in dieser Trennung zuläßt, sie ernst nimmt, mit ihrem Partner darüber spricht und von ihm verstanden wird. Sie braucht in dieser Trennung das Verständnis ihres Partners, um dem Kind ihrerseits Verständnis in dieser Krise der ersten Trennung geben zu können. Das Verständnis ihres Partners gibt ihr die emotionale Sicherheit, die sie auch kritische Situationen bestehen läßt und die sie auch an ihr Kind weitergeben kann, das dann seinerseits kritische Situationen bewältigen wird, ohne überfordert zu sein. Hier wird der enge Zusammenhang zwischen allen Gliedern der Familie deutlich und auch die spezifische Aufgabe des Vaters, für seine Frau emotional präsent zu sein. Fällt der Vater aus, wird die Mutter sich unbewußt an ihr Kind klammern und es nicht loslassen können. Die häufigen Trennungsprobleme von Kindern sind die Folge, die bei den Eltern ihren Ursprung haben.

Gefühle, Ängste und Phantasien der Eltern

Ob die Eltern sich von ihrem Kind trennen können, hängt neben der emotionalen Sicherheit, die sie in ihrer Partnerbeziehung erfuhren, von ihrer Fähigkeit ab, ihre Gefühle bei der Trennung vom Kind zuzulassen. So haben sie verschiedene Ängste auszuhalten, die mit dem Eintritt ihres Kindes in den Kindergarten verbunden sind. Eine große Angst ist mit der Frage verbunden, ob das Kind im Kreis anderer Kinder bestehen wird. Diese Frage wird sich nicht vor dem Eintritt des Kindes in den Kindergarten beantworten lassen, das heißt aber auch, daß die Eltern diese Angst aushalten müssen, bis sie erfahren, ob ihr Kind im Kreis der anderen Kinder akzeptiert ist. Hinweise, wie die Antwort auf diese Frage lauten wird, gibt freilich schon vorher die Beobachtung, wie das Kind im Kontakt mit anderen Kindern, zum Beispiel auf Kinderspielplätzen, umgeht. Die Eltern werden auch einen Zusammenhang zwischen ihrer eigenen Fähigkeit, Kontakt aufzunehmen, und der Kontaktfähigkeit ihres Kindes feststellen. Dies alles wird ihre Angst, ob ihr Kind sich mit anderen Kindern wohl fühlt, nicht beseitigen, aber ihnen doch Anhaltspunkte zur Beantwortung dieser Frage geben. Mit dem Eintritt in den Kindergarten sind für die Eltern bewußt oder unbewußt auch immer Gefühle der Rivalität verbunden. Einmal die Rivalität mit den Kindergärtnerinnen: «Wen liebt mein Kind mehr, mich oder die Kindergärtnerin?» oder «Ich weiß über mein Kind besser Bescheid als jede Kindergärtnerin!» Dann gibt es auch die Rivalitätsgefühle gegenüber den anderen Eltern: «Welches ist das schönste, intelligenteste, am weitesten entwickelte... Kind?» Diese Rivalitätsgefühle sind so verbreitet, wie sie verständlich sind. Nur da, wo sie nicht bewußt werden dürfen, werden sie die Kommunikation der Eltern mit den Kindergärtnerinnen und den anderen Eltern im Kindergarten erschweren und stören.

Mit der Trennung von ihrem Kind hängt für die Eltern die Frage zusammen, ob sie ihr Kind in guten Händen wissen, ob sie den Kindergärtnerinnen Vertrauen schenken können. Es ist die Aufgabe der Eltern, den richtigen Kindergarten für ihr Kind zu suchen. Neben den praktischen Erwägungen (gute Erreichbarkeit usw.) sollte im Mittelpunkt die Frage stehen, ob die Eltern den Kindergärtnerinnen vertrauen. Dies ist sicherlich Voraussetzung für die Trennung der Eltern von ihrem Kind. Nur da, wo sie Vertrauen in die Erzieher haben, werden sie ihr Kind ohne Schuldgefühle und ohne zu starke Ängste loslassen können.

Welcher Kindergarten?

In diesem Zusammenhang taucht immer die Frage nach der Art des Kindergartens auf, der für die Kinder am besten ist. Die Entstehung vieler privater Kindergärten und privater Elterninitiativen weist auf das Versäumnis der Kommunen und des Staates hin, die bei all ihren Beteuerungen über ihre Familienfreundlichkeit bisher nicht in der Lage waren, genügend Kindergartenplätze zur Verfügung zu stellen. Erfreulich an der Entwicklung privater Initiativen aber ist, daß für die Eltern heute eine Auswahl an verschiedenen Kindergärten besteht, unter denen sie den für ihr Kind geeignetsten aussuchen können. Neben den Kindergärten der Kommunen gibt es die Kindergärten der Kirchen, die Montessori-Kindergärten, Kindergärten der Anthroposophischen Gesellschaft, psychoanalytische Kindergärten, Kinderläden und Kindergärten mit alternativen Erziehungsmodellen, die meist aus Elterninitiativen hervorgegangen sind. In der Auswahl des für ihr Kind geeigneten Kindergartens sollte für die Eltern an erster Stelle die Frage stehen, ob sie den verantwortlichen Erzieherinnen oder Erziehern im Kindergarten ihr Kind überlassen wollen, ob sie Vertrauen zu ihnen haben. Diese Frage steht unseres Erachtens vor den Fragen nach der Konzeption eines Kindergartens und anderen praktischen Erwägungen.

Zwei Kriterien sollten bei der Auswahl des geeigneten Kindergartens darüber hinaus beachtet werden: die Größe der Kindergruppe, für die eine Kindergärtnerin verantwortlich ist, und die Rolle der Elternarbeit im Kindergarten.

Es ist sicher eine glatte Überforderung und Ausnutzung der Kindergärtnerinnen an vielen öffentlichen Kindergärten, wenn sie die Verantwortung für bis zu 25 Kinder alleine übernehmen sollen. Daß hier auch bei bestem Willen und aller Anstrengung die Kindergärtnerinnen den ihnen anvertrauten Kindern nicht gerecht werden können, ist tägliche Erfahrung.

Setzt man noch das geringe Gehalt der Kindergärtnerinnen zu dieser schweren und verantwortungsvollen Arbeit in Beziehung, dann kann man nur noch von schlimmer Ausbeutung sprechen. Die Rolle, die die Elternarbeit im Rahmen des Kindergartens hat, sollte weiter bei der Auswahl des geeigneten Kindergartens berücksichtigt werden. In vielen Kindergärten gibt es keine begleitende Elternarbeit, die seltenen Elternabende beschränken sich in ihrer Thematik auf reine Organisationsfragen. Elternabende sollten aber regelmäßig stattfinden, beide Eltern sollten selbstverständlich daran teilnehmen, Fragen der Eltern an die Erzieherinnen, Fragen der Erzieherinnen an die Eltern, die sich aus der pädagogischen Arbeit ergeben, Probleme einzelner Kinder sowie Fragen der pädagogischen Konzeption sollten auf dem Elternabend besprochen werden können.

Obwohl die meisten privaten Kindergärten die Beiträge nach sozialen Gesichtspunkten gestaffelt haben, kommt ein privater Kindergarten aus finanziellen Gründen für viele Eltern nicht in Frage. Damit kann schon eine soziale Diskriminierung ihres Kindes verbunden sein. Die Gruppengröße an öffentlichen Kindergärten bedeutet oft eine Benachteiligung für das einzelne Kind. Von der vielbeschworenen Chancengleichheit ist hier nicht viel zu sehen, hier muß sich noch viel im Problembewußtsein der Öffentlichkeit – und das sind in erster Linie die betroffenen Eltern – ändern, damit längst fällige politische Entscheidungen zugunsten der Kinder getroffen werden.

Wenn ein geeigneter Kindergarten gefunden ist, die Eltern die Kindergärtnerinnen kennengelernt haben, mit ihrem Kind über den Kindergarten gesprochen haben und das Kind tatsächlich in den Kindergarten geht, fühlen sich viele Mütter plötzlich verlassen, sie fallen in

ein Loch. Oft haben diese Mütter sich auf die nun freien Vormittags-
stunden gefreut und machen jetzt die für sie erstaunliche Erfahrung,
daß ihnen die Trennung von ihrem Kind sehr viel schwerer fällt, als sie
selbst vermutet haben. Für viele Mütter ist es sicher hilfreich, wenn
sie sich vor der Trennung von ihrem Kind Gedanken darüber machen,
was sie mit der nun freien Zeit anfangen wollen. Wenn die Mütter
Vorstellungen für diese Zeit entwickelt haben, werden sie nicht so
leicht in das beschriebene Loch fallen, sondern sie werden mit der
gewonnenen Zeit sinnvoll und befriedigend umgehen können.

Das Kind kommt in den Kindergarten

Den Schritt des Kindes in den Kindergarten haben wir absichtsvoll
mit der Beschreibung der Gefühle der Eltern begonnen, die sie damit
bewußt und unbewußt verbinden. Nun wollen wir diesen Schritt aus
der Perspektive des Kindes darstellen. Für das Kind ist es wichtig zu
spüren, daß es sich von seinen Eltern entfernen darf, daß es sich auch
unter anderen Menschen wohl fühlen darf. Wenn es dies spürt, wird
es die eigenen Trennungsgefühle beim Abschiednehmen von den Eltern leichter aushalten können, denn die neue Beziehung zur Kindergärtnerin und zu den anderen Kindern tritt als etwas Verheißungsvol-
les ins Leben des Kindes. In der Beziehung zur Kindergärtnerin wird
das Kind die eigene Mutter mit der Kindergärtnerin vergleichen und
feststellen, daß die Kindergärtnerin möglicherweise bestimmte Vorzüge im Vergleich zur Mutter hat. Die Möglichkeit des Vergleichs
verlangt vom Kind eine selbständige Wertung und Stellungnahme,
was die Autonomie des Kindes stärkt.

Für das Kind ist der Schritt in den Kindergarten der erste Schritt in
die Öffentlichkeit. Daher steht dieser Schritt modellhaft für alle
späteren Schritte auf dem Weg zur Selbständigkeit. Sein Gelingen
erhält dadurch seine ganz besondere Bedeutung.

Entwicklungsschritte des Kindes im Kindergarten

Mit dem Eintritt in den Kindergarten sind für das Kind neue Entwicklungsaufgaben verbunden. In einer ihm fremden Gruppe ohne den Schutz der Mutter und der Familie muß es lernen, Kontakt aufzunehmen, sich sozial zu orientieren, sich emotional einzulassen und sich abzugrenzen. Hier zeigt sich, welchen Grad an Autonomie das Kind in seiner bisherigen Entwicklung hat erreichen können, und dieser Grad an Autonomie hängt wiederum ab von der freundlichen Ermutigung der Mutter und der Familie, Schritte zur Selbständigkeit zu unternehmen.

Mit dem Schritt in den Kindergarten geht eine Relativierung der Familie einher. Sie ist jetzt nicht mehr die einzige Gruppe, in der das Kind lebt, eine neue Gruppe, bestehend aus Kindern und Kindergärtnerinnen, kommt zur Familie hinzu. Wie in der Familie muß das Kind lernen, sich zu behaupten, wie in der Familie ist es auf Erwachsene angewiesen, die seine spezifischen Bedürfnisse wahrnehmen und darauf eingehen, was durchaus auch Abgrenzung bestimmter Bedürfnisse bedeuten kann. Hier wird noch einmal deutlich, daß dies in einer Gruppe von 25 Kindern für die Kindergärtnerin unmöglich ist. Hier können nur Gruppenspiele durchgeführt werden, nur die Kindergruppe als ganze kann von der Kindergärtnerin pädagogisch «versorgt» werden. Das einzelne Kind mit seinen individuellen Bedürfnissen und seiner individuellen Befindlichkeit kann hier auch beim besten Willen der Kindergärtnerin nicht den Platz finden, den es braucht.

Die Aufnahme in eine Gruppe von Kindern bedeutet für das Kind eine große Bereicherung. Es kann sich mit anderen Kindern vergleichen und identifizieren, von ihnen lernen, was es selbst noch nicht kann. Der Ausgleich von Nähe und Distanz wird erstmals in einer Gruppe außerhalb der Familie für das Kind erlebbar. Bestimmte Kinder wird es ablehnen, anderen indifferent gegenüberstehen und wieder andere zu seinen Freunden oder Freundinnen machen. Modellhaft erlebt es hier außerhalb der Familie eine Welt, die im Grunde im späteren Leben in ähnlicher Form sich immer wiederholen wird: in der Schulklasse, in der Gruppe von Lehrlingen, unter Studenten, unter Arbeitskollegen, in Vereinen und dann in der eigenen Familie, die das Kind als Erwachsener einmal mitbegründen wird.

Probleme im Kindergarten

Es ist verständlich, daß dieser erste Schritt aus der Familie heraus mit krisenhaften Zuständen verbunden sein kann. Die erste Krise stellt sicherlich die Trennung von den Eltern dar. Viele Kindergärten sind inzwischen dazu übergegangen, die Anwesenheit der Mutter während der Aufnahmezeit des Kindes in den Kindergarten einzuplanen. Die Zeit, die die Mutter zusammen mit ihrem Kind im Kindergarten verbringt, wird schrittweise reduziert, bis das Kind und die Mutter die Trennung aushalten können. So wird die notwendige Trennung für Mutter und Kind wesentlich erleichtert. Allerdings gibt es Fälle, in denen das Kind unter keinen Umständen auch nur die kurzzeitige Abwesenheit der Mutter erträgt. Hier liegt meist ein unbewußtes Trennungsverbot der Mutter vor, wie folgendes Beispiel zeigt.

Die kleine Anja kam zusammen mit ihrer Mutter in den Kindergarten und nahm dort auch Kontakt zu den anderen Kindern und der Kindergärtnerin auf. Wenn die Mutter aber nur Andeutungen machte, zu gehen, fing Anja sofort laut zu weinen an, umklammerte ihre Mutter mit aller Kraft, während die Mutter mit einem Ausdruck der Hilflosigkeit «Ihr seht ja, ich kann nicht weg, Anja läßt mich nicht los» in der Kindergruppe blieb. Auch der Versuch der Mutter nach drei Wochen in Absprache mit der Kindergärtnerin, doch zu gehen, führte zu einem Drama: Anja klammerte sich fest an die Mutter, die sich nur mit Mühe freimachen konnte und mit größten Schuldgefühlen zur Tür ging, sich immer wieder zu ihrer weinenden Anja umschaute und die Kindergärtnerin fragend ansah, ob sie denn wirklich gehen solle. Kaum war aber die Tür hinter der Mutter geschlossen, hörte Anja schlagartig zu weinen auf, wischte sich mit dem Ärmel die Tränen aus dem Gesicht, gesellte sich zu den anderen Kindern und nahm fast übergangslos am Spiel der Kindergruppe teil. Im Gespräch mit der Mutter stellte sich anschließend heraus, daß sie sich selbst sehr schwer von Anja trennen konnte, sie fühlte sich ohne sie sehr allein, zumal ihre Ehe in einer Krise steckte: «Anja ist das einzige, was ich habe.» Nachdem die Mutter in einer Paartherapie ihre Ehesituation hatte entlasten können, konnte sie Anja loslassen, die Weinanfälle von Anja hörten völlig auf, sie konnte sich gut in die Kindergruppe integrieren.

Parallel zu den Trennungsgefühlen existieren bei der Mutter wie auch beim Kind Rivalitätsgefühle. Das Kind muß in der Gruppe mit seinen Rivalitätsgefühlen umzugehen lernen. Es muß lernen, die Kindergärtnerin mit den anderen Kindern zu teilen, und es macht die Erfahrung, daß es Kinder gibt, die bestimmte Dinge besser können als es selbst. Diese Kränkung muß es ertragen lernen.

Faszinierend ist die Parallelität zwischen den Gefühlen der Eltern und dem Kind nicht nur bei der Rivalität und dem wichtigen Trennungsschritt, sondern auch bei anderen, wesentlichen Schritten des Kindes im Kindergarten. Zentral ist hier die Gruppenfähigkeit des Kindes, die Frage also, inwieweit das Kind in der Lage ist, Kontakt zu einer Gruppe aufzunehmen, sich in eine Gruppe zu integrieren und sich in der Gruppe zu behaupten. Die Integration in eine Gruppe ist ein außerordentlich differenzierter, psychodynamischer Prozeß, dessen zwei entgegengesetzte Extreme einmal völliges Aufgehen in einer Gruppe im Sinne des Überangepaßtseins und zum anderen den verzweifelten Versuch bedeuten können, der Gruppe immer den eigenen Willen aufzudrängen. Dieser Versuch, eine Gruppe zu beherrschen, kann sich darin ausdrücken, immer der Führer der Gruppe sein, sich immer mit eigenen Vorstellungen durchsetzen zu wollen. Er kann aber auch eine destruktive Form annehmen: Jedes Gruppenspiel wird zerstört, durch Kasperln oder durch destruktive Aggression lenkt das Kind zwanghaft die Aufmerksamkeit der Gruppe auf sich. Hinter diesem Versuch, immer der erste in einer Gruppe sein zu wollen, steht eine Gruppenangst, die unbewußte Angst, die eigene Persönlichkeit in einer Gruppe zu verlieren. Im Gegensatz dazu steht das «unauffällige Kind», das leicht «lenkbar» immer alles in einer Gruppe mitmacht, völlig in einer Gruppe aufgeht, dessen Individualität nicht mehr erfahrbar ist. Auch hier steht eine Gruppenangst hinter diesem, eigentlich auffälligen Verhalten. Die Angst vor Ablehnung der Gruppe, sobald individuelle Bedürfnisse formuliert werden, die Spannung, anders zu sein, anderes zu wollen als die anderen, hält dieses Kind nicht aus und versucht durch Überanpassung dieser Angst zu entgehen.

Elternabend

Eltern, die in der Lage sind, ihr Verhalten auch kritisch zu beobachten, werden die großen Entsprechungen zwischen sich selbst und dem Kind im sozialen Verhalten wahrnehmen. In den Elterngruppen der Kindergärten stellt sich oft eine ähnliche Dynamik her, wie sie auch in den Kindergruppen besteht. Diejenigen Eltern, deren Kinder in der Kindergruppe den Ton angeben, sind meistens Wortführer in der Elterngruppe und umgekehrt. Deutlich wird, wie wichtig das Vertrauensverhältnis zwischen Eltern und Kindergärtnerinnen ist. Auf den Elternabenden sollte für die Kindergärtnerinnen und die Eltern die Möglichkeit bestehen, die Probleme der Trennung, der Gruppenfähigkeit und der Rivalität zu behandeln und sich darüber auseinanderzusetzen. Auf dem Boden des Vertrauens können Spannungen beseitigt, Konflikte geklärt werden, was sich in den Kindergruppen unmittelbar positiv auswirkt.

Dabei stoßen wir wieder auf die Parallelität zwischen Eltern und Kindern. Neu ist es für die Eltern im Rahmen der Elternabende, daß sie von Kindergärtnerinnen und auch anderen Eltern kritisch hinterfragt werden. Sie werden erstmals in einem öffentlichen Rahmen in ihrer Identität als Mutter und Vater möglicherweise in Frage gestellt und mit den anderen Eltern verglichen. Auch für die Eltern stellt der Schritt in die Elterngruppe des Kindergartens einen Schritt in die Öffentlichkeit dar, in der sie sich selbst zusammen mit ihrem Kind behaupten wollen.

Eltern, Kind und Schule

Gesellschaftliche Entwicklungen und Elternerwartungen

Die Bedeutung, die Eltern heute der Schule geben, hat sich den gesellschaftlichen Rahmenbedingungen entsprechend gewandelt. Durch den erhöhten Konkurrenzdruck, der durch die Arbeitslosigkeit und die Forderung nach höherer schulischer Qualifikation verursacht wird, erhält die Schule eine veränderte Bedeutung: Der Konkurrenzkampf des Arbeitslebens wird in die Schule vorgezogen und findet hier schon statt. Wer sich in der Schule durchsetzt, so die Meinung vieler Eltern, wird sich auch im späteren Berufsleben durchsetzen, während schlechten Schülern nur geringe Erfolgsaussichten im Berufsleben eingeräumt werden. So werden in den Schulen Verhaltensweisen, die im Berufsleben gefordert werden, bereits eingeübt: Durchsetzungsvermögen, aktive Konkurrenz, nur an der Leistung orientierte Bewertung (vgl. das Punktesystem an den Kollegstufen der Gymnasien). Soziales Verhalten, wie gegenseitige Hilfestellung, Rücksichtnahme und Gruppenarbeit, treten dagegen in der Bewertung zurück. Sie stören nur das Sich-Durchsetzen des einzelnen. Die Auswirkungen, die sich aus dieser Veränderung an den Schulen ergeben, sind noch nicht absehbar. Das Stichwort «Ellbogengesellschaft» kursiert aber schon. Eltern fühlen sich hier im Zwang, diesen veränderten gesellschaftlichen Bedingungen Rechnung zu tragen, um ihrem Kind spätere Berufsaussichten nicht zu verderben. Eine weitere Vorverlegung des Leistungsprinzips findet für manche Eltern sogar bereits in den Kindergärten in der Vorschulerziehung statt. Für sie ist Vorschulerziehung vorgezogene Schule, der «Ernst des Lebens» soll schon im Kindergarten beginnen, damit ihr Kind gut gerüstet die Schule beginnt. Mit dieser gesellschaftlichen Entwicklung korrespondieren bei den Eltern Ängste, ob ihr Kind den schulischen Anforderungen gewachsen sein wird. Schulversagen wird vor diesem Hintergrund von den Eltern heute als wesentlich folgenreicher eingeschätzt, da es vermeintlich und oft auch tatsächlich die Berufsaussichten ihres Kindes verschlechtert. Das heißt, Eltern stellen heute an ihr Kind bewußt wesentlich höhere Erwartungen im Hinblick auf seine Leistungsfähigkeit.

Zu diesen Erwartungen der Eltern, die wesentlich gesellschaftlich bedingt sind, treten meist unbewußte Erwartungen, die in der Persönlichkeit der Eltern ihren Ursprung haben. Ihr Kind soll es einmal besser haben als sie selbst, was diese Eltern mit einer höheren beruflichen und gesellschaftlichen Stellung gleichsetzen. Kritisch ist hier anzumerken, daß es diesen Eltern letztlich um sich selbst geht, sie machen ihr eigenes Leben zum Maßstab für das Leben ihrer Kinder, die jedenfalls einen «besseren» Beruf haben sollen. Sie nehmen damit unbewußt den Kindern die Freiheit, sich den Beruf zu suchen, der ihren Vorstellungen und Begabungen am ehesten entspricht, unabhängig von der gesellschaftlichen Wertschätzung, die dieser Beruf hat.

Wie beim Eintritt in den Kindergarten haben beim Schuleintritt die Eltern daneben Erwartungen, Hoffnungen und Ängste: Bekommt mein Kind einen guten Lehrer? Wird es sich in der Schulklasse behaupten? Wird es Freunde finden? Um dem Kind den Schritt in die Schule zu erleichtern, braucht das Kind auch hier wie beim Kindergarten eine geringe Klassengröße. Gegen pädagogische Einsicht wird hier von seiten der Kultusministerien bei der Einstellung von Lehrern gespart. Mehr oder weniger bewußt wird hier die Haltung vertreten und ausagiert: «Wer sich in einer Klasse von 35 Kindern nicht durchsetzen kann, wird dies auch später im Berufsleben nicht können. Daher lohnt sich der finanzielle Aufwand für weitere Lehrer nicht, der ja letztlich nur den – gesellschaftlich gesehen – Versagern zugute kommen würde.»

Welche Schule?

Wie bei den Kindergärten existieren neben den öffentlichen eine Vielzahl von privaten Schulen, zum Teil mit angeschlossenem Hort und mit unterschiedlichen pädagogischen Konzeptionen, wie die Montessori-Schulen, die Waldorf-Schulen, die Schulen der Integrierten Gemeinde und andere. Wir wollen auch hier keine Empfehlung für einen bestimmten Schultyp geben, sondern wieder auf die zentrale Rolle der Klassengröße hinweisen. Klassengrößen bis zu 40 Kindern sind für Schüler und Lehrer eine glatte Überforderung. Gerade beim Eintritt in die Schule ist eine für das Kind überschaubare Klassengröße wichtig. Ein weiteres Kriterium stellt der Rang dar, den die Schule der Elternarbeit einräumt. Freilich besteht hier das Angebot aller Schulen, neben den Elternabenden die regelmäßigen Sprechstunden der einzelnen Lehrer wahrzunehmen. Insofern ist hier der Initiative der Eltern eine sehr viel größere Rolle eingeräumt als in den Kindergärten. Im Vergleich mit dem Eintritt in den Kindergarten ergeben sich viele gleiche Entwicklungsschritte bzw. Entwicklungsaufgaben, die die kleinen Schüler und Schülerinnen zu bewältigen haben. An erster Stelle steht auch hier die Integration in einen Klassenverband mit allen damit verbundenen psychischen Leistungen. Mehr als im Kindergarten kommt hier dem Vergleich mit den anderen Schülern eine Bedeutung zu. Seine Fähigkeit, sich die geforderten Lernschritte anzueignen, vergleicht jeder Schüler mit den anderen und leitet daraus einen Teil seines Selbstwertgefühls ab. Auch entwickelt jede Klasse unbewußt eine Wertskala, nach der alle Schüler und Schülerinnen beurteilt werden, wobei ihre schulische Leistungsfähigkeit einen wichtigen Raum einnimmt. Hier zeigt sich auch der wichtigste Unterschied zum Kindergarten: der Lernstoff tritt als neues Medium in die Beziehung zwischen den Schülern untereinander und zwischen Schülern und Lehrern.

Begabung und Intelligenz

Bevor wir uns dem Problem von Lernstoff und seiner Aneignung in seiner psychodynamischen Bedeutung zuwenden, soll auf das Problem von Begabung und Intelligenz eingegangen werden. Jedes Kind hat Begabungsschwerpunkte bzw. Bereiche, in denen es weniger begabt ist. Die Begabung ist einerseits anlagebedingt, bedarf zu ihrem Wirksamwerden allerdings fördernder äußerer Einflüsse. Sie ist also keine statische, sondern eine dynamische Größe. Zu den äußeren fördernden Einflüssen gehört in erster Linie die Wahrnehmung der

Begabungen eines Kindes durch die Eltern. Die Freude und der Stolz der Eltern werden für das Kind Ansporn sein, seine Begabungen weiter zu erproben, anzuwenden und zu entwickeln. Begabungen können also gefördert, entwickelt, aber auch vernachlässigt und unterdrückt werden. Zur Begabung gehören Kreativität, Gedächtnis, sprachliche Fähigkeit, logisches, technisches, räumliches Denken, rechnerische, gestalterische und musikalische Fähigkeiten. Das Wahrnehmen der Begabungen eines Kindes ist für die Eltern auch insofern wichtig, als Begabungsschwerpunkte ihres Kindes bei der Wahl des Schultyps ausschlaggebend sein können. Dies ist besonders für die weiterführenden Schulen von Bedeutung.

Ähnlich wie die Begabung dürfte auch die Intelligenz anlagebedingt sein, ist aber ebenso wie die Begabung auf Förderung durch die Umwelt angewiesen. Es gibt keine allgemein verbindliche und allgemein akzeptierte Definition von Intelligenz. Die am weitesten verbreitete beschreibt Intelligenz als Fähigkeit, Schwierigkeiten in neuen Situationen zu überwinden.[29] Damit seine Intelligenz sich entfalten kann, darf das Kind keine Angst haben, denn: «Angst blockiert.» Das heißt, Intelligenz und Begabung sind in der Schule nur von relativer Bedeutung und werden von Eltern und Lehrern meist überbewertet. Die äußeren Bedingungen sind es, die Intelligenz und Begabung günstig beeinflussen oder unterdrücken. Zu den äußeren günstigen Bedingungen gehören die Integration in den Klassenverband, eine positive Beziehung zum Lehrer oder der Lehrerin und keine zu starken Leistungserwartungen der Eltern.

Lernstoff als psychodynamisches Medium

Für das Kind stellt der Lernstoff die im Vergleich zum Kindergarten entscheidende Neuerung dar. Der Lernstoff wird für das Kind zum Medium, mit dessen Hilfe sein Selbstwertgefühl und seine Beziehungen in Zukunft definiert werden. Die Aneignung des Lernstoffs hat ab dem Eintritt in die Schule direkte Auswirkungen auf die Entwicklung seiner Beziehungen zu Eltern, Lehrern und Mitschülern. Die Erwartungen, die die Eltern unbewußt und bewußt an ihre Kinder richten, konzentrieren sich auf die Fähigkeit des Schülers, sich den Lernstoff anzueignen. Die Bewältigung dieser Aufgabe, die Bestätigung der Hoffnungen und Erwartungen der Eltern, bedeutet für das Kind Bestätigung seines Selbstwertgefühls und Belohnung durch die Zuwendung der Eltern. Die Eltern ihrerseits fühlen sich durch die guten Leistungen ihres Kindes in ihrer eigenen Intelligenz und in ihrer eigenen Erziehung bestätigt. Auch die Beziehung des Lehrers zu seinem Schüler definiert sich maßgeblich durch die Fähigkeit des Schülers, den Erwartungen des Lehrers zu entsprechen. Tut er dies, erfährt er vom Lehrer Anerkennung und Bestätigung vor seinen Klassenkameraden. Auch der Lehrer fühlt sich in seiner Arbeit durch die guten Leistungen seines Schülers bestätigt. Er wird sie zum großen Teil auf sein pädagogisches Geschick zurückführen. Viel zuwenig Berücksichtigung findet unseres Erachtens die Beziehung des Lehrers zu seinem Schüler in der pädagogischen Ausbildung. Dort kommt sie nicht vor, das heißt, sie wird verleugnet. Dies erscheint grotesk angesichts der enormen Bedeutung, die die bewußte und unbewußte Einstellung des Lehrers zu seinen Schülern hat, was jeder erfahrene Pädagoge bestätigt. Eine Selbsterfahrung des angehenden Lehrers über seine persönlichen Vorlieben für bzw. Ablehnungen von bestimmten Schülern und Schülerinnen würde dem Lehrer mehr helfen als die abstrakte und unerfüllbare Forderung, alle Schüler gleich zu behandeln. Schließlich hat die Fähigkeit des Schülers, sich den Lernstoff aneignen zu können, direkte Auswirkungen auf seine Stellung im Klassenverband. Auch hier hängt seine Anerkennung mit von seinen Schulleistungen ab, obwohl Schüler untereinander noch am ehesten andere Maßstäbe zur Beurteilung der Mitschüler anlegen. Trotzdem geben gute Schulleistungen dem Schüler einen automatischen Bonus an Anerkennung in der Schulklasse. Wie der Lehrer dem Schüler gegenüber, so hat auch der Schüler gegenüber dem Lehrer Gefühle der Sympathie oder der Ablehnung. Sie drücken sich direkt in seinen Leistungen aus – eine Erfahrung, die jedermann kennt.

Objektiviert wird die Fähigkeit des Schülers, sich den Lehrstoff anzueignen und das Gelernte wiederzugeben, im Noten- bzw. Punktesystem. Erstmals kann er sich anhand seiner Schulnoten mit seinen Klassenkameraden vergleichen, und er wird von den Eltern, Lehrern und Schulkameraden anhand seiner Schulnoten mit seinen Klassenkameraden verglichen. Das Notensystem macht vielen Schülern angst, da sie bei schlechten Noten den Verlust an Anerkennung, Achtung und auch Liebe von Eltern, Lehrern und Mitschülern fürchten. Vor diesem Hintergrund wird die Tiefe der Angst verständlich, die bei manchen Schülern zu Schulversagen führen kann.

Wie Eltern ihren Kindern helfen können: Möglichkeiten und Grenzen

Unserer Erfahrung nach schätzen Eltern, die erkannt haben, daß die Probleme ihres Kindes etwas mit ihnen selbst zu tun haben, ihre Möglichkeiten der Selbsthilfe allgemein zu gering ein. Sehr schnell sind die meisten Eltern bereit, fremde Hilfe in Anspruch zu nehmen, und verspielen damit die Chance, mit eigenen Kräften dem Kind und auch sich selbst zu helfen.

Eine grundsätzliche Erweiterung des Wissens über psychische Probleme hat die Gruppenforschung gebracht. Sie hat gezeigt, daß im Problem des einzelnen sowohl ein persönlicher Anteil, gleichzeitig immer auch eine gestörte Gruppendynamik stecken. Diese Erkenntnis bestätigt sich wieder und wieder in der Praxis der Kinderpsychotherapie. Immer müssen sich auch die Eltern in ihren bewußten und unbewußten Erwartungen und Einstellungen ihrem Kind gegenüber ändern, damit das Kind einen therapeutischen Erfolg erreichen kann. Ja, oft ist gerade die Veränderung der Einstellung der Eltern Voraussetzung dafür, daß ein Kind sich entwickeln und gesund werden kann.

Als Konsequenz dieser Erfahrung wurde das Konzept der Familientherapie entwickelt, die heute weitverbreitet praktiziert wird. Nicht mehr der einzelne mit seinem Symptom steht im Mittelpunkt des therapeutischen Interesses, sondern die ganze Familiengruppe, die als ein gestörter Organismus verstanden wird. An den therapeutischen Sitzungen nimmt in der Familientherapie daher die ganze Familie teil bzw. alle die Menschen, die mit dem Kind zusammenleben. In der direkten Auseinandersetzung mit der Familiengruppe werden dann festgefahrene Einstellungen, unerkannte Unterdrückungsmechanismen, Rivalitäten, verborgene Ängste und Aggressionen von Therapeuten erkannt und angesprochen. In dem einsetzenden therapeutischen Prozeß kann die ganze Familie eine neue Art des Umgangs miteinander lernen, nachdem jedem einzelnen sein meist unbewußter Beitrag zu der gestörten Familiendynamik deutlich geworden ist.

Kehren wir aber zunächst zu den Möglichkeiten zurück, über die Eltern bei der Bewältigung der Probleme ihres Kindes selbst verfügen. Die erste und wichtigste Voraussetzung für diese Hilfe stellt die Einsicht dar, daß die Eltern meist unwissentlich und immer unwillentlich einen Beitrag zum Problem ihres Kindes leisten. Hier taucht eine große Gefahr für viele Eltern auf, den Weg der Veränderung nicht zu gehen. Sie lassen sich von ihren Schuldgefühlen überwältigen. Da alle Eltern «nur das Beste» für ihr Kind wollen, ertragen viele Eltern kaum das Wissen, daß sie selbst Teil der Probleme ihres Kindes sind. Aus ihren Schuldgefühlen heraus versuchen sie ihrem Kind Gutes zu tun, verwöhnen es usw. Immer aber verlieren sie dabei zunehmend den Kontakt zu ihrem Kind.

Haben Eltern erkannt, daß sie selbst zu den Problemen ihres Kindes beitragen, und haben sie sich von den auftauchenden Schuldgefühlen nicht erdrücken lassen, brauchen sie eine weitere Tugend, um ihrem Kind und sich selbst helfen zu können: die Fähigkeit, sich in Frage stellen zu lassen. Diese Fähigkeit stellt wahrscheinlich den schwierigsten Teil bei der Hilfe für das Kind und für sich selbst dar. Das Sich-in-Frage-Stellen ist sicherlich deshalb so schwierig, weil es zum großen Teil unbewußte Einstellungen und Erwartungen dem Kind gegenüber betrifft, die sehr eng mit der eigenen Person verbunden sind. Diese hängen oft mit den verletzlichsten Seiten des Erwachsenen zusammen: den eigenen Fehlern, den eigenen Grenzen, den eigenen unerfüllt gebliebenen Wünschen und Sehnsüchten. Die Konfrontation mit diesen verletzlichen und oft auch tatsächlich verletzten Teilen der Persönlichkeit der Eltern ist immer schmerzhaft. Sie kann nur in den Beziehungen gewagt werden, wo die Gewißheit und das Vertrauen herrschen, daß es dem Partner nicht um Verletzung, sondern um Hilfe geht. Dann können Eltern Kritik und Infragestellen zulassen, können Beobachtungen des Partners am eigenen Verhalten ernst nehmen, und dann können sie auch versuchen, ihre Einstellungen zu ihrem Kind zu ändern. Gerade hier zeigt sich die große Bedeutung der Partnerschaft für ein Kind. Beide Eltern können sich ihre gegenseitigen Beobachtungen, Wahrnehmungen und Gefühle mitteilen und so gegenseitig eine gewisse Realitätskontrolle verwirklichen. Im Gespräch darüber können dann verborgene Erwartungen an das Kind bewußt werden. Dabei wird immer deutlich, daß starre Einstellungen zum eigenen Kind mit den eigenen problematischen Anteilen zu tun haben, dort ihren Ursprung haben. Im folgenden sollen die häufigsten problematischen, meist unbewußten Erwartungen von Eltern an ihr Kind genannt werden, die das Kind in ein Schema pressen, dessen Nichterfüllung den Verlust von Liebe der Eltern nach sich zieht.

Eine häufige, oft auch bewußte Einstellung ist: «Mein Kind soll es einmal besser haben als ich.» Dafür muß das Kind schon früh bestimmte Leistungen erbringen, die dann der scheinbare Garant für ein späteres Wohlergehen sind. Zeigt das Kind diese Leistungen nicht oder nicht so schnell, dann reagieren viele Eltern gekränkt und aggressiv mit Strafen: «Ich will doch nur dein Bestes!» Sie können gar nicht verstehen, daß das Kind sich diesen Vorstellungen der Eltern entzieht und seinen eigenen Weg zu gehen versucht. Sehr viele, über Jahre gestörte Eltern-Kind-Beziehungen, die Kindern und Eltern unendlich viel Leid bringen, haben hier ihren Ursprung.

Eine andere, meist unbewußte Einstellung lautet: «Mein Kind soll das einmal leben können, was ich nicht leben kann.» Hier soll das Kind den Mangel an Leben in verschiedenen Bereichen wie im Bereich von Freundschaften, im körperlich-sexuellen Bereich, im kulturellen, sportlichen Bereich usw. gleichsam ausgleichen. Der Erwachsene überträgt unbewußt sein Problem, das er selbst in seinem Leben spürt, auf das Leben seines Kindes. Entspricht das Kind diesen Erwartungen nicht, wartet es zum Beispiel nicht mit den gewünschten, sportlichen Leistungen auf, hat es keine oder andere Interessen, als die Eltern es wünschen, wird es auch hier vom Liebesverlust der Eltern bedroht.

Eine nicht seltene, unbewußte Einstellung sieht im eigenen Kind einen Partnerersatz. Das Kind soll im emotionalen und (oder) erotischen Bereich den Partner vertreten. Hier besprechen die Eltern all ihre Sorgen und Nöte mit dem Kind, möchten seinen Rat und suchen möglichst oft die körperliche Nähe ihres Kindes. Diese Einstellung findet sich oft bei alleinerziehenden Elternteilen, die den Verlust des Partners meist nach Trennungen oder Scheidungen unbewußt mit dem Kind kompensieren wollen. Daß diese Erwartung in jeder Hinsicht das Kind überfordert, leuchtet ein.

Eine andere, für das Kind schwierige Einstellung seiner Eltern liegt vor, wenn diese in ihrem Kind ihren Lebenssinn sehen. Diese Eltern sagen: «Ich lebe nur für mein Kind.» Hier haben es die Eltern versäumt, ihrem eigenen Leben einen Sinn zu geben, und versuchen, der schmerzhaften Erfahrung der Sinnlosigkeit ihres Lebens zu entgehen. Die entstehenden Probleme haben ihren Ursprung darin, daß dem Kind eine ihm nicht zukommende Wertigkeit im Leben seiner Eltern zufällt. Da diese Eltern sich immer sehr schwer von ihrem Kind trennen können, werden sie sich durch alle Entwicklungsschritte des Kindes bedroht fühlen, da diese die endgültige Trennung von den Eltern ankündigen. Den Kindern dieser Eltern wird ein im Grunde als sinnlos erfahrenes Leben vorgelebt mit all den problematischen Konsequenzen für diese Kinder.

Eng mit dem Kind als Sinnersatz hängt die Einstellung zusammen, in der das Kind zum Lebensersatz gemacht wird. Hier geben die Eltern ihr eigenes Leben auf und leben nur noch das Leben ihres Kindes mit. Sie erwarten von ihrem Kind, daß es sie ganz an seinem Leben teilhaben läßt, alles erzählt, daß es keinerlei Geheimnisse vor ihnen hat, keinen eigenen Bereich besitzt, ihnen zum Beispiel Briefe von Freunden oder Freundinnen vorliest, daß sie die Antwort mit ihrem Kind durchsprechen usw. Auch hier ist deutlich, daß alle Schritte des Kindes in Richtung Selbständigkeit diese Eltern bedrohen. Die Selbständigkeit des Kindes führt ihnen ihr eigenes, ungelebtes, ihr totes Leben vor Augen.

Gemeinsam ist all diesen problematischen, bewußten und unbewußten Einstellungen dem Kind gegenüber, daß die Eltern ihr Kind als eigenständige Persönlichkeit nicht respektieren. Vielmehr soll das Kind im weitesten Sinne etwas im Leben der Eltern wiedergutmachen, was diese in ihrem Leben selbst nicht erreicht haben. Das Kind wird zum Lückenbüßer für die Probleme seiner Eltern.

Wir denken, daß Eltern sich selbst fragen können und sollen, welche Bedeutung ihr Kind in ihrem Leben hat. Eine selbstkritische Prüfung dieser Frage anhand der verschiedenen problematischen Einstellungen kann die Ursachen eines Problems des Kindes sehr schnell deutlich werden lassen. In einem vertrauensvollen Verhältnis zwischen den Eltern wird der Schmerz eher ertragbar, den die Erkenntnis auslöst, das Kind unbewußt nach eigenen Bedürfnissen zu manipulieren. Wenn Eltern bereit und fähig sind, diese schmerzhafte Erkenntnis zu ertragen und den Schmerz zu überwinden, von alten, eingefahrenen Einstellungen zu lassen, werden sie erstaunt sein, wie schnell ihr Kind auf eine solche Veränderung reagiert. Wie befreit können Kinder dann von ihrem problematischen Verhalten lassen. Sie müssen nicht mehr für die Probleme ihrer Eltern geradestehen und diese in ihrem Symptom ausdrücken, sondern können ihren eigenen Weg gehen. In der Überprüfung der eigenen Einstellung dem Kind gegenüber liegt die große Chance der Eltern für eine wirksame Hilfe für ihr Kind.

Die Schwierigkeiten, die Eltern bei der Hilfe für ihr Kind haben, ergeben sich aus dem gleichen Bedingungszusammenhang, der es andererseits den Eltern ermöglicht, ihrem Kind zu helfen: die Tatsache, daß die Eltern immer auch ein Teil des Problems ihres Kindes darstellen, eröffnet einerseits die Chancen zur Selbsthilfe. Andererseits zeigt die enge Verbindung mit dem Problem des Kindes aber auch die Grenzen der Selbsthilfe auf.

Die erste große Schwierigkeit besteht darin, die eigene Rolle im Problem des Kindes zu erkennen. Sie liegt zunächst einmal darin, daß die genannten problematischen Einstellungen zum großen Teil unbewußt sind. Viele Eltern kennen ihre Tiefeneinstellungen zu ihrem Kind nicht, manche ahnen allerdings etwas von den problematischen Seiten des Verhältnisses zu ihrem Kind. Nun stellt sich die Frage, wie sich trotzdem unbewußte Einstellungen erkennen lassen.

Zunächst reagieren Eltern ja auf Probleme ihrer Kinder, indem sie bestimmte «Erziehungsmittel» einsetzen, um das problematische Verhalten ihres Kindes abzustellen. Sie setzen Belohnung, Strafe, Ermahnung, gezielte Unterstützung usw. ein und haben oft Erfolg damit. Nun gibt es aber eine Reihe Fälle, in denen die eingesetzten Erziehungsmittel *nicht* zum Erfolg führen, im Gegenteil, das Problem ihres Kindes widersetzt sich hartnäckig allen Veränderungsversuchen, ja, oft wird es immer schlimmer. Diese Entwicklung verweist fast immer auf eine zugrundeliegende unbewußte Problematik beim Kind und bei den Eltern.

Rückschließen auf unbewußte, problematische Einstellungen läßt sich auch aus dem Verhalten gegenüber dem Kind. Oft reagieren Vater oder Mutter in ganz bestimmten Situationen mit ihrem Kind immer sehr heftig, machen sich sehr große Sorgen, bekommen auch bei geringfügigem Anlaß starke Ängste und Aggressionen, oder sie sind von ihrem Kind übermäßig enttäuscht. Hier ist der Partner eine große Hilfe, denn er kann auf die Überreaktion aufmerksam machen. Im Nachdenken über die eigene Überreaktion läßt sich oft die zugrundeliegende unbewußte Einstellung erahnen.

Die zweite Schwierigkeit, eine problematische Einstellung zum eigenen Kind zu erkennen, liegt darin, daß dieser Einstellung ein eigenes Bedürfnis zugrunde liegt. Wenn ein Kind zum Sinn des Lebens, zum Lebensersatz, zum Partnerersatz usw. geworden ist, füllt es beim Erwachsenen eine schmerzliche Lücke in dessen Leben. So hat der Erwachsene ein unbewußtes Interesse daran, das Kind in der fatalen Rolle festzuhalten, das heißt, er wird sich unbewußt dagegen sträuben, daß seine problematische Einstellung bewußt wird. So muß bei der Bewußtwerdung solcher Einstellungen mit einem oft starken Widerstand gerechnet werden. Diese Erfahrung machen wir in den die Kindertherapie begleitenden Elterntherapien immer wieder.

Eine weitere Schwierigkeit, problematische, unbewußte Einstellungen zu erkennen, liegt darin, daß diese sich oft hinter einem angemessenen Verhalten der Eltern verbergen. So können sich Eltern beispielsweise intensiv um die Schulschwierigkeiten ihres Kindes sorgen, Nachhilfeunterricht organisieren, mit den Lehrern sprechen, selbst mit dem Kind lernen und üben – alles Verhaltensweisen, die auch sehr sinnvoll sein können. Aber oft verbirgt sich dahinter zum Beispiel eigener ungestillter Ehrgeiz aus einem gestörten Narzißmus, das Kind soll einmal das erreichen, was man selbst nicht erreicht hat. So erscheinen diese Eltern als besonders «gute Eltern», die sehr um ihr Kind besorgt sind, während es ihnen in Wirklichkeit unbewußt um die Befriedigung ihres eigenen Narzißmus geht. Ihr unbewußtes Motiv für die Sorge um ihr Kind ist hinter sinnvollem Verhalten der Eltern verborgen geblieben.

Wenn Eltern dennoch einen Zugang zu ihren unbewußten Einstellungen gefunden haben und sie sich wenigstens teilweise haben bewußt machen können, kommt das Problem auf sie zu, diese Einstellungen zu verändern. Auch hier gibt es spezifische Schwierigkeiten. Das Erkennen und das Verändern einer problematischen Einstellung deckt eine oft leidvolle Lebensgeschichte auf. Eltern sind, als sie selbst Kinder waren, oft selbst als Partner-, Lebens- und Sinnersatz mißbraucht worden und führen nur etwas fort, was sie selbst erlitten haben. So brauchen diese Eltern zunächst selbst erst einmal viel Verständnis, Geduld und Annahme, ehe sie die Kraft und das Vertrauen haben, ihre Einstellungen ändern zu können. Partner können sich hier dieses Verständnis geben und gegenseitig helfen, die Schmerzen der Veränderung zu tragen. Es gibt aber ein Ausmaß an Verletzung im Leben eines Menschen, das in einer Partnerschaft nicht mehr mitgetragen werden kann, eine Situation, in der eine Psychotherapie weiterhilft.

Die Bedeutung der Partnerschaft

Die Bedeutung der Partnerschaft für die Entwicklung der Kinder ist in den letzten Jahren teilweise sehr kritisch diskutiert worden. Besonders aus der Frauenbewegung wurde und wird der Standpunkt vertreten, daß patriarchalische Verhaltensweisen nach wie vor über das «Vorbild» des Vaters an das Kind übertragen werden. Selbst wenn der Vater sich von patriarchalischen Unterdrückungsmechanismen bewußt distanziere, so seien diese Verhaltensweisen doch so tief in jedem Mann verwurzelt, daß er sie unbewußt an sein Kind weitergebe. Die einzige Möglichkeit, diese unselige Weitergabe patriarchalischer Unterdrückungsmechanismen zu verhindern, liege darin, das Kind ohne Vater aufzuziehen. So hat sich eine Reihe von Frauen aus dieser Ansicht heraus entschieden, ihr Kind allein zu erziehen und Männer weitgehend von ihren Kindern fernzuhalten.

Wir haben starke Bedenken, ob dies der geeignete Weg ist, die zweifellos herrschenden patriarchalischen Unterdrückungsmechanismen unserer patriarchalisch geprägten Gesellschaft abzubauen, was im Sinne einer Befreiung von Frauen *und* Männern wünschenswert wäre. Vielmehr glauben wir, daß ein Kind, das diese Problematik in der Beziehung seiner Eltern erlebt und die kontinuierliche Auseinandersetzung darüber miterfahren hat, eine sehr viel größere Sensibilität und Auseinandersetzungsfähigkeit in diesem Bereich entwickeln wird, als wenn es in einer künstlich männerfrei gehaltenen Umgebung aufgewachsen wäre.

Jenseits dieser Problematik sehen wir aber in einer Partnerschaft eine Reihe weiterer Vorzüge für das Kind wie für beide Eltern. Zunächst halten wir die Möglichkeit des gegenseitigen Wahrnehmens im Umgang mit dem Kind für beide Partner für sehr hilfreich. Denn so können sich beide gegenseitig korrigieren, sie sind von dem Anspruch befreit, selbst alles «richtig» machen zu müssen. Dies kann freilich nur gelingen, wenn beide Partner sich von der Vorstellung gelöst haben, sie müßten in der Erziehung idealerweise immer einer Meinung sein. Unserer Meinung nach ist dies erstens eine Illusion und zweitens gar nicht wünschenswert. Denn gerade die unterschiedlichen Wahrnehmungen und die dazugehörenden unterschiedlichen Gefühle der Partner können die Komplexität eines Kindes viel besser erfassen. Freilich ist ein gemeinsames Grundverständnis, eine Grundübereinstimmung in den Wert- und Zielvorstellungen der Erziehung, notwendig. Auf dem Boden dieser Grundübereinstimmung und des gegenseitigen Respekts vor den Wahrnehmungen und den Gefühlen des Partners sind Auseinandersetzungen notwendig und hilfreich für die Partner wie für das Kind. Es schadet dabei gar nicht, wenn die Auseinandersetzung vor dem Kind ausgetragen wird, denn das Kind kann so modellhaft lernen, sich selbst auseinanderzusetzen, ohne daß die Beziehung dadurch bedroht wird. Im Gegenteil: eine gelungene Auseinandersetzung führt immer zu einem tieferen Verständnis der Partner und zu einer größeren Nähe.

Mit Hilfe von unterschiedlichen Wahrnehmungen der Verhaltensweisen gegenüber dem Kind wird es möglich, auch unbewußte, problematische Einstellungen zu erkennen und zu verändern. Eine Partnerschaft hilft hier, die Angst vor und den Schmerz der Veränderung zu ertragen.

Beide Partner können sich auch gegenseitig Schutz, Unterstützung und Geborgenheit in ihrer Aufgabe als Mutter oder Vater geben. So ist es in der Schwangerschaft, während der Geburt und während der Phase der Symbiose Aufgabe des Mannes, der Frau emotionale Unterstützung und Geborgenheit zu vermitteln. In dieser Zeit entscheidender Umbrüche im Leben der Mutter hat sie ihre Ich-Grenzen weit geöffnet und braucht ganz besonders die emotionale Präsenz und Unterstützung ihres Partners. Die Bedeutung dieser Phase in der Beziehung der Partner hat die Psychoanalyse gerade in neuerer Zeit immer besser erkannt. So spricht man heute in der Psychoanalyse in dieser Phase nicht mehr von «Mutter-Kind-Dyade», sondern von einer

«Triyade», um der Bedeutung und Aufgabe des Vaters gerecht zu werden. Die Triyade, wie sie hier beschrieben ist, stellt den Idealfall dar. Wie es für die Mutter schwierig ist, sich auf die neue Situation mit ihrem Kind einzustellen, so muß auch der Vater seine Rolle als Vater erst finden. Er hat es zu ertragen, nicht mehr der seiner Frau nächste Mensch zu sein, sondern muß hinter dem Kind zurückstehen. So muß er einerseits seine Erwartungen an seine Frau zurücknehmen und gleichzeitig ein erhöhtes Maß an äußerer und innerer Fürsorge für Frau und Kind übernehmen, eine für viele Männer frustrierende Situation.

Schließlich können sich beide Partner die Verantwortung für ihr Kind teilen, sie können alle wichtigen Entscheidungen gemeinsam durchsprechen, ihre Entschlüsse zusammen durchsetzen und gemeinsam tragen. Dies entlastet beide Partner in ihren Entscheidungen und führt zu einer größeren Sicherheit, wenn einmal eine Entscheidung getroffen ist.

Diese Möglichkeiten zeigen die unübersehbaren Vorteile der Partnerschaft in der Erziehung von Kindern. Trotzdem nimmt der Anteil der alleinerziehenden Mütter und Väter stetig zu. Im folgenden wollen wir deshalb auf die psychische Situation der alleinerziehenden Mütter und Väter und deren Kinder eingehen.

Alleinerziehende Mütter und Väter

Zunächst eine kurze Klärung. Unter «alleinerziehenden Müttern und Vätern» verstehen wir Elternteile, die oft einen Partner oder eine Partnerin haben, auch mit Partner oder Partnerin zusammenleben. Aber der Partner oder die Partnerin nimmt an der Aufgabe der Erziehung nicht kontinuierlich teil, übernimmt keine Mitverantwortung für das Kind. Dies ist das entscheidende Kriterium für den Begriff «alleinerziehend». Die bloße Tatsache, daß bei einer Mutter mit Kind ihr Freund lebt, genügt nicht, von Partnerschaft im Sinn einer Verantwortungsgemeinschaft für das Kind zu sprechen. Das heißt natürlich auch, daß viele Ehepaare ebenfalls keine Partnerschaften im Sinn einer gemeinsamen Verantwortung für das Kind sind, sondern daß sie lediglich formal Partnerschaften darstellen.

Aus der Sicht des Kindes, das bei seinem Vater oder bei seiner Mutter aufwächst und allein von diesen erzogen wird, ergibt sich eine Reihe von Besonderheiten und Schwierigkeiten, die oftmals in ihren Konsequenzen nicht ausreichend berücksichtigt wird. Es beginnt mit der Schwangerschaft, in der die Mutter alle Veränderungen alleine bewältigen muß. Sie muß die Ängste des Unbekannten, das auf sie zukommt, alleine aushalten, sie muß alle notwendigen Umstellungen im beruflichen und privaten Leben alleine bewerkstelligen. In dieser Phase großer Verletzlichkeit hat sie den Schutz und die Unterstützung des Vaters nicht, das heißt, sie kann sich nicht mit der nötigen Sicherheit auf ihre Schwangerschaft einlassen. Nach dem, was wir heute über die pränatalen Einflüsse wissen, müssen wir davon ausgehen, daß dies bereits zu psychischen Belastungen und Prägungen beim noch ungeborenen Kind führen kann. Die gleiche psychische Überforderung mit den negativen Folgen für das Kind findet während der Geburt und während der Phase der Symbiose statt. Der Austritt aus der Symbiose mit der Mutter wird für das Kind außerordentlich kompliziert und ist mit vergleichsweise viel größeren Ängsten verbunden. Da das Kind emotional und in seiner leiblichen Versorgung ausschließlich auf die Mutter angewiesen ist, werden in der Phase der Trennung aus der Symbiose die Autonomiestrebungen lebensbedrohend: Denn die mit den notwendigen Autonomieschritten verbundenen Aggressionen drohen das einzige Liebesobjekt zu zerstören bzw. führen zu einem Rückzug des einzigen Liebesobjektes – eine für das Kind lebensbedrohliche Folge. Es wird also seine Schritte zur Autonomie und die damit verbundenen Aggressionen nur mit ausgeprägten Ängsten vollziehen können. Die Gefahr besteht, daß das Kind diese starken, lebensbedrohenden Ängste auch auf spätere Schritte zur Selbständigkeit überträgt. Selbständigkeit kann so immer mit Angst verknüpft bleiben.

Die Kinder alleinerziehender Eltern lernen schwerer, Nähe und Distanz zu regulieren, da sie ja immer nur die Nähe *eines* Elternteiles suchen können, wie sie auch immer nur die Distanz zum selben Elternteil einhalten können. Jeder Schritt der Distanzierung bedeutet eine Bedrohung der eigenen, emotionalen Balance, da größere Distanz vom Vater oder von der Mutter immer mit größerer Einsamkeit verbunden ist. Das Kind, das beide Eltern zur Verfügung hat, kann

Nähe und Distanz zwischen beiden Eltern leichter regulieren lernen. Distanzierung von der Mutter beispielsweise ist nicht notwendig mit Einsamkeit verbunden, denn das Kind kann ja gleichzeitig eine größere Nähe zum Vater suchen. Relativ angstfrei kann das Kind hier die Regulation von Nähe und Distanz einüben.

Die Vorteile der Partnerschaft, die den Partnern Stärke, Geborgenheit und Sicherheit gibt, wird der alleinerziehende Elternteil vermissen. Allein muß er alle Entscheidungen treffen, allein muß er sich mit den dabei auftauchenden Zweifeln und Ängsten auseinandersetzen und die Unsicherheiten alleine tragen. Kinder müssen diese Ängste und Unsicherheiten ihrer Mutter oder ihres Vaters unfreiwillig mit aushalten und sind damit weiter belastet.

Ein weiteres Problem für das Kind liegt in der «Halbierung» des Identifikationsangebotes. Das Kind kann sich ja nur entweder mit der Mutter oder mit dem Vater identifizieren. Auf all die Eigenschaften des fehlenden Elternteils mit all seinen Lebensmöglichkeiten muß das Kind unfreiwillig verzichten. Spezifische, mögliche Fehlentwicklungen können hier ihren Ursprung haben. Das Fehlen eines Vaters samt der fehlenden Identifikation und Auseinandersetzung mit ihm können zum Beispiel bei einem Jungen zu einer starken weiblichen Identifikation führen, umgekehrt kann das Fehlen einer Mutter für das Mädchen zu einer überstarken, männlichen Identifikation führen. Homosexuelle Partnerwahlen können dann naheliegen.

Auch fehlt den Kindern, die bei einem Elternteil ohne Partner oder Partnerin aufwachsen, die Erfahrung von Partnerschaft. Ohne selbst eine Partnerschaft erlebt zu haben, werden diese Kinder es später einmal in jedem Fall schwerer haben, selbst eine befriedigende Partnerschaft einzugehen.

Das Fehlen einer Partnerschaft führt bei den alleinerziehenden Eltern oft zu einem ungewollten und oft auch unbewußten Mißbrauch des Kindes im Sinne des Partnerersatzes. Auf die fatalen Folgen dieses «Mißbrauchs» haben wir bereits hingewiesen.

Auch auf der Seite der alleinerziehenden Mütter und Väter gibt es spezifische Probleme, die zum großen Teil schon deutlich geworden sind. Auf einen wichtigen Aspekt möchten wir aber noch hinweisen. Die alleinige Verantwortung für ein Kind führt bei alleinerziehenden Müttern und Vätern leicht zum Gefühl der Überforderung. Tagtäglich allein die Arbeit mit dem Kind zu haben, über Jahre so eng an das Kind gebunden zu sein führt zu einem Verlust an Lebensmöglichkeiten. Hier stellen sich leicht – verständliche – bewußte und unbewußte Aggressionen gegen das Kind ein; das Gefühl, sich aufzuopfern, kann vorherrschen. So muß das Kind dann auch noch diese Aggressionen aushalten, wie auch immer sie sich äußern. Zusätzlich bekommt es damit Schuldgefühle, denn es spürt, daß es mit seiner bloßen Existenz den Grund für die Wut seiner Mutter oder seines Vaters liefert. Und letztlich bleibt ihm nichts anderes übrig, als sich mit einem oft überlasteten, sich aufopfernden Elternteil identifizieren zu müssen, der auf viele Lebensmöglichkeiten wie die Pflege von Freundschaften verzichten muß.

Die Darstellung problematischer Folgen für die Kinder alleinerziehender Eltern wie auch für die alleinerziehenden Eltern selbst ist nicht als Anklage gemeint. Vielmehr soll sie eine Hilfe für alleinerziehende Eltern sein, ihre besonders schwierige Situation besser zu verstehen. Mit Schwierigkeiten, die sie einmal erkannt haben, können sie besser umgehen und sich selbst und ihrem Kind damit weiterhelfen.

Zum Abschluß noch eine Bemerkung zu den Großeltern: Oft übernehmen Großeltern für Kinder eine wesentliche Aufgabe. Sie stehen ihren Enkelkindern gefühlsmäßig nahe, haben Zeit und Freude an ihren Enkelkindern. Großeltern können für die Kinder alleinerziehender Eltern und für die alleinerziehenden Eltern selbst eine große Hilfe und Entlastung sein. Psychisch gesehen waren und sind Großeltern damit oft Rettung im Leben dieser Kinder.

4 Eltern an der Grenze ihrer Möglichkeiten: die fremde Hilfe

Hilfen, die Eltern erwarten können: Institutionen und Personen

Wirksame Hilfe für Eltern, die psychische Probleme mit ihrem Kind oder gar mit ihrer ganzen Familie haben, scheitert nicht selten daran, daß sie nicht wissen, an wen sie sich wenden können. Oft sind sie so verzweifelt, daß sie nicht in der Lage sind, nach Rat und Hilfe Ausschau zu halten. Ihre Hilflosigkeit, ihre Verstrickungen in ihre und die Probleme des Kindes können Ausmaße annehmen, die ihnen unüberwindbar erscheinen. Wenn ihr Kind Probleme hat und diese das Familienleben beeinträchtigen, brechen häufig Freunde, Bekannte und Nachbarn den Kontakt zu ihnen ab. Sie spüren Verdächtigungen und Mißtrauen, fühlen sich verunsichert, schuldhaft und gedemütigt. Aufgrund der dadurch eingetretenen Isolation kann es vorkommen, daß aggressive Auseinandersetzungen zwischen den Eltern oder Lebenspartnern an der Tagesordnung sind. Sie können zu einem Teufelskreis führen, aus dem ein Ausweg nicht mehr möglich erscheint.

Dieses Kapitel unseres Buches soll gerade jenen Eltern, die sich in solch einer verzweifelten Lebenslage befinden, aber auch jenen, die Mißtrauen, Zweifel und Angst plagen, Mut machen, doch noch einen Ausweg aus ihrem und dem Schicksal ihres Kindes zu suchen. Es soll ein Leitfaden sein für Eltern und ihre Kinder, Hilfen außerhalb ihrer Familie, ihres Bekannten- und Freundeskreises zu suchen. Hilfestellungen von außen haben für die meisten Eltern etwas Anrüchiges. Sie werden als narzißtische Kränkungen erlebt, da die Eltern mit der Suche nach Hilfe von außen sich selbst eingestehen, daß sie versagt haben und keinen Ausweg mehr wissen. Dieser Umstand ist hauptverantwortlich für die Scheu vieler Eltern, Hilfe in Anspruch zu nehmen. Er blockiert geradezu die Wahrnehmung tatsächlich bestehender Möglichkeiten, sich helfen zu lassen. Mißtrauen und Angst der Eltern sind verständlich, da sie nicht wissen können, ob ihnen wirksam geholfen wird. Der Umgang mit den psychischen Problemen ihres Kindes oder der ganzen Familie, mit dem sie auch in einer psychotherapeutischen Sitzung konfrontiert werden, ist für sie neu. Vertrauen bildet sich erst im Lauf der Behandlung und wird, wenn Krisen in der Beziehung entstehen, aufs neue erschüttert. Wir kennen diese Erlebnisse und Kämpfe vieler Eltern und Kinder und raten ihnen dennoch, sich um fremde Hilfe zu bemühen.

Für Hilfestellungen von außen für Eltern und für Kinder, wenn sie tatsächlich gesucht werden, wird meist der Haus- und Kinderarzt in Anspruch genommen. Eltern und Kinder dürfen von ihm erwarten, daß er sich zunächst ihre Probleme anhört, sie annimmt, ohne gleich eine Patentlösung zu haben. Eine Patentlösung zu haben mag zwar für den Arzt und für die Eltern praktisch sein, ob sie eine Lösung des Problems des Kindes bewirkt, ist allerdings fraglich. Psychische Probleme des Kindes lassen sich selten mit einer Patentlösung erledigen. Die Eltern dürfen von ihrem Haus- oder Kinderarzt erwarten, daß er das Kind medizinisch untersucht, um organische Verursachungen seines Leidens und seines Problems auszuschließen. Ist eine organische Ursache ausgeschlossen, sollten sie von ihm Rat erwarten dürfen, was zu tun ist, um die Probleme ihres Kindes zu beheben. Da Haus- und Kinderärzte auch Menschen sind, die über konkrete Lebenserfahrungen verfügen, können sie den Eltern ein Beispiel geben, wie sie mit ähnlichen Problemen ihrer eigenen Kinder umgegangen sind und sie gelöst haben.

In anderen Fällen, in denen Ärzte aus ihrer Berufsauffassung heraus ihre Lebenserfahrung nicht weitergeben wollen, kann es für Eltern und Kind zu Mißverständnissen kommen. Wenn Ärzte keinen

Rat und keine Hilfe in Aussicht stellen können, greifen sie, um die Eltern nicht zu enttäuschen, zur Verordnung von Psychopharmaka, freilich ohne die Absicht, dem Kind und den Eltern zu schaden. Verantwortungsvolle Ärzte, darauf dürfen Eltern vertrauen, werden, wenn sie sich für die Problemlage des Kindes und der Eltern inkompetent fühlen, diese an einen Fachkollegen überweisen, der eine exakte Diagnose erstellt, die ihnen auf dem Weg zur Lösung des Problems weiterhelfen wird.

Verantwortungsvolle Ärzte verweisen die Eltern und ihr Kind nicht selten an eine Erziehungsberatungsstelle. Obgleich die Zeit bis zu einem Aufnahmegespräch dort lang sein kann, da diese Stellen meistens über zu wenige Ärzte, Diplom-Psychologen und Sozialarbeiter verfügen, dürfen die Eltern hier eine exakte, ärztliche und psychodiagnostische Untersuchung des Kindes erwarten und, wenn notwendig, der Eltern. Wenn ein Platz für eine psychotherapeutische Behandlung des Kindes und der Eltern nicht angeboten werden kann, was aus Gründen der Überlastung der Erziehungsberatungsstellen nicht selten der Fall ist, raten sie den Eltern, sich an einen niedergelassenen Psychotherapeuten zu wenden. Der Irrweg, den manche Eltern dabei zurücklegen – vom Arzt zum Facharzt, vom Facharzt zur Erziehungsberatungsstelle, von der Erziehungsberatungsstelle zu einem Psychotherapeuten – kann schon entmutigend sein. Ob der Therapeut einen Therapieplatz frei hat, ob die Krankenkasse die Kosten für die Behandlung übernimmt, ob die Eltern selbst bereit oder in der Lage sind, die Kosten für die Behandlung ihres Kindes zu tragen, kann die Eltern noch stärker belasten. Obgleich wir sie dazu ermutigen möchten, diese oft aberwitzigen und ihnen unverständlichen Hürden zu nehmen, können wir sie verstehen, wenn sie nicht mehr genügend psychische Kraft haben, diesen Weg der sozialen Widerstände zu gehen.

Trotz aller dieser Hindernisse können Erziehungsberatungsstellen, die spezialisierte Fachkräfte beschäftigen, genauso wie Schulpsychologen die Eltern auf einen richtigen Weg zu wirksamer Hilfe für ihr Kind weisen. Verständlicherweise werden dies häufig nur Ratschläge sein. Aber die Eltern selbst können daraufhin die Initiative ergreifen.

Praxen von Kinder- und Jugendpsychiatern sind häufig der Ausgangspunkt für eine tatsächlich wirksame Hilfe bei Problemen des Kindes und seiner Eltern. Die Eltern der Kinder, falls sie sich dorthin von ihrem Kinder- oder Hausarzt überweisen lassen, dürfen darauf vertrauen, daß ihr Kind dort so gründlich untersucht wird, daß alle organisch und neurologisch bedingten Ursachen seines Leidens ausgeschlossen werden können. Falls eine neurologische oder organische Ursache des Problems vorliegt, werden sie entsprechende ärztliche Hilfe erfahren. In anderen Fällen, in denen keine Anzeichen für organische Verursachungen des Problems vorliegen, wird der untersuchende Arzt ihnen Ratschläge und Hilfe für eine weitere oder andersartige Behandlung geben. Von ihm dürfen sie den Hinweis erwarten, wer sich mit dem Problem ihres Kindes am besten beschäftigen kann. Nicht selten führt der Weg dann zu einem Kinderpsychotherapeuten, einer für die psychoanalytische Kindertherapie spezialisierten Fachkraft, oder einem Psychoanalytiker.

Psychoanalytiker können Kinder, Jugendliche und Erwachsene behandeln, während die Kinder- und Jugendlichenpsychotherapeuten (früher wurden sie Psychagogen genannt), wie ihr Name schon sagt, Kinder und Jugendliche behandeln.

Sowohl von Kinderpsychotherapeuten als auch von Psychoanalytikern dürfen Eltern erwarten, daß sie die Problemlage des Kindes differenziert erkennen, ein psychodynamisches Verständnis der Probleme herausarbeiten und unter Umständen psychodiagnostische Verfahren zur Untersuchung des Kindes und der Familie anwenden, um dann konkrete, psychotherapeutische Schritte zu empfehlen. Immer bleibt es in der Verantwortung der Eltern, ob sie bereit sind, diesen Weg zu beschreiten.

Die kinder- und jugendpsychiatrische Klinik, die wir in einem Fallbeispiel in diesem Buch erwähnt haben, ist in schwierigsten Problemlagen von Kindern und Eltern die letzte Station, um eine einschneidende, häufig auch schmerzvolle Veränderung im Leben und Erleben des Kindes und seiner Eltern zu bewirken. Eltern, die die Selbstmordgefährdung ihres Kindes ahnen, sollten sich unmittelbar an solch eine Klinik wenden, da sie am schnellsten und wirkungsvoll helfen kann. Zum einen entlastet es die Eltern, da sie ihnen in einer Notlage Verantwortung abnimmt. Zum anderen macht sie das Kind frei von den tagtäglichen Verstrickungen. Die Elterngespräche, die in der kinderpsychiatrischen Klinik stattfinden, können dann, wenn der Druck der akuten häuslichen Situation wegfällt, neue Sichtweisen des Problems ergeben, an die sich eine ambulante psychotherapeutische Behandlung anschließen kann. Sie vorzuschlagen ist Sache der Ärzte, Diplom-Psychologen oder auch Sozialarbeiter.

Das Jugendamt, das eher bei Mißständen in der Familie und bei Vernachlässigung der Kinder tätig wird, leitet meistens Maßnahmen vor allem zum Schutz der Kinder ein. Aus zerrütteten Familien werden nicht selten Kinder vorübergehend in Kinderaufnahmeheime gebracht, um ihnen weiteres Leiden zu ersparen. Trotz aller Kritik an Heimen und am Eindringen staatlicher Stellen in die Familie sollten die Eltern der betroffenen Kinder diese Maßnahmen nicht allzu negativ einschätzen. Manchmal ist dies die einzige Möglichkeit, den Kindern schnell zu helfen.

Psychologen, Logopäden und Heilpädagogen sind spezialisierte Fachkräfte, die entweder in einer Institution (Kinderheim, Erziehungsberatungsstelle) oder auch in einer freien Praxis arbeiten und an die das Kind zu einer spezialisierten Behandlung vom Haus- oder Kinderarzt, einer Erziehungsberatungsstelle oder vom Kinder- und Jugendpsychiater überwiesen wird. Diplom-Psychologen haben, wenn sie sich in eigener Praxis niederlassen, zumeist eine spezialisierte, zusätzliche Ausbildung zu ihrem Universitätsstudium absolviert. Sie können Psychoanalytiker, Verhaltenstherapeuten, Gesprächspsychotherapeuten, Gestaltpsychotherapeuten sein oder einer anderen therapeutischen Richtung angehören. Für unsere Belange genügt es, ihren tatsächlichen Wirkungsbereich abzustecken.

Von niedergelassenen Diplom-Psychologen in freier Praxis dürfen Eltern erwarten, daß sie die Probleme ihres Kindes genau diagnostizieren und ihnen aufgrund der Diagnose empfehlen, bei sich oder anderen Fachkollegen das Kind und sich selbst einer Psychotherapie zu unterziehen.

Logopäden sind dazu da, Sprachprobleme der Kinder, die psychisch oder organisch bedingt sind und sich in ihrer Sprechmuskulatur niederschlagen, zu beheben. Sie sind spezialisierte Kräfte, die meistens auf Überweisung von anderen Stellen tätig werden.

Heilpädagogen sind in der Regel in pädagogisch qualifizierten Institutionen tätig. Ihr Aufgabenbereich umfaßt die gesamte Persönlichkeit des Kindes: Sprache, Verhalten, Rhythmik des Körpers und das gesamte Sensorium.

Dieser kurze Überblick kann nur einen ersten Einblick in die Hilfsmöglichkeiten von außen geben. Im folgenden möchten wir unsere praktische kinderanalytische Arbeit darstellen.

Kontaktaufnahme und Erstgespräche in der psychoanalytischen Praxis

Zunächst stellt sich für Eltern, die mit ihrem Kind eine psychoanalytische Therapie machen wollen, die Frage, wie sie einen Psychoanalytiker oder eine Psychoanalytikerin bzw. einen analytischen Kindertherapeuten oder eine Kindertherapeutin (im folgenden wird der Einfachheit halber von Psychoanalytiker gesprochen) finden können. Hier geben Telefonbücher, aber auch die Krankenkassen Auskunft über niedergelassene Psychoanalytiker. Telefonisch kann dann ein Termin für ein Erstgespräch vereinbart werden.

Ein Großteil der Eltern erhält die Adresse eines Psychoanalytikers von Erziehungsberatungsstellen, Kinderärzten, Psychiatern und Schulpsychologen oder auch von Freunden, Bekannten und Verwandten, die den Psychoanalytiker kennen und selbst bei ihm eine Therapie gemacht haben.

Zu diesem Zeitpunkt setzen sich die Eltern meist intensiv mit der beabsichtigten Therapie auseinander. Sie versuchen, einen plausiblen Grund für das Problem ihres Kindes zu finden, den sie dann dem Psychoanalytiker nennen können. Solche «Gründe» sind: «Mein Kind hat einen schwachen Willen, es will oder kann sich nicht konzentrieren», «Mein Kind ist aggressiv», «Mein Kind hat Kontaktschwierigkeiten», «Mein Kind ist ungezogen», «Mein Kind gehorcht mir nicht», «Mein Kind weiß nicht, was es will», «Mein Kind hat so einen Dickkopf», «Mein Kind weiß immer alles besser», «Mein Kind zieht sich so zurück» usw. usw. Bei anderen Symptomen finden Eltern keinerlei Grund für das Verhalten ihrer Kinder und stehen beispielsweise dem Einkoten, dem völligen Schulversagen oder dem Stehlen ihrer Kinder fassungslos gegenüber. Die allermeisten Eltern berichten auch über Schuldgefühle, sie meinen, sie hätten etwas in der Erziehung falsch gemacht. Manchmal können Eltern auch konkrete Fehler angeben, die sie ihrer Meinung nach begangen haben. Fast immer machen wir aber die Erfahrung, daß Eltern keinen Zugang zu den wirklichen Ursachen der Probleme ihrer Kinder haben. Manche Eltern haben eine Ahnung, in welchen Bereichen die eigentlichen Ursachen zu suchen sind. Der Grund dafür liegt darin, daß es fast immer unbewußte Ursachen sind und daß diese Ursachen auch mit den unbewußten Einstellungen der Eltern zu ihrem Kind zusammenhängen. In dem Kapitel «Wie Eltern ihren Kindern helfen können: Möglichkeiten und Grenzen» haben wir diese Zusammenhänge dargestellt.

Die meisten Eltern machen sich wenig zutreffende Vorstellungen von einer Kinderpsychotherapie. So wollen viele Eltern ihr Kind «zur Therapie anmelden». Das Kind soll wie zu einer Reparatur in einer Werkstatt abgegeben und dann in repariertem Zustand wieder abgeholt werden und in gewünschter Weise funktionieren.

Ebenso unklar und meist unzutreffend sind die Vorstellungen vieler Eltern vom Inhalt der Therapie. Therapie ist in ihren Augen etwas Ernsthaftes, etwas, was mit Üben, mit Disziplin und mit bitterer Medizin zu tun hat. So erwarten Eltern beispielsweise bei Schulversagen vom Therapeuten oft, daß dieser mit dem Kind Hausaufgaben macht, den Stoff der einzelnen Schulfächer mit dem Kind übt oder ihm Konzentrationsübungen beibringt.

Mit all diesen Erwartungen, Vorstellungen und Schuldgefühlen kommen also Eltern zum Psychoanalytiker. Daher ist es zunächst Aufgabe des Psychoanalytikers, sich mit diesen Erwartungen, Vorstellungen und Schuldgefühlen auseinanderzusetzen. Diese Auseinandersetzung kann aber nur gelingen, wenn zwischen den Eltern und dem Psychoanalytiker Kontakt entsteht, daß heißt, wenn Eltern das Gefühl haben, mit ihren Sorgen ernst genommen und verstanden zu werden. So ist es Aufgabe und Ziel eines Analytikers, im Erstgespräch den Eltern Raum für ihre Sorgen und Verständnis für ihre Situation zu geben. Wenn Eltern diese innere Annahme ihrer Sorgen bei dem Analytiker spüren, entsteht zwischen ihnen und dem Analytiker ein Kontakt, der die Grundlage und Voraussetzung aller Kinderpsychotherapie bildet.

Wenn Eltern sich angenommen fühlen, können sie erst ihre tiefe Verunsicherung, quälende Schuldgefühle und ihre Hilflosigkeit zulassen. Dann wird es möglich, sich im einzelnen mit den Erwartungen und Vorstellungen der Eltern über die Therapie ihrer Kinder und über die Ursachen der Probleme ihrer Kinder auseinanderzusetzen.

Danach steht an erster Stelle die Notwendigkeit, den Eltern einsichtig zu machen, daß ohne ihre aktive Mitarbeit die Probleme ihrer Kinder nicht bearbeitet und gelöst werden können. Für viele Eltern bedeutet diese Forderung eine tiefe Kränkung und eine weitere Verstärkung ihrer Schuldgefühle. Hier bedarf es großer Geduld, um den Eltern einerseits ihre Verbundenheit mit den Problemen ihrer Kinder nachvollziehbar zu machen, andererseits sie nicht in weitere, meist lähmende Schuldgefühle zu stürzen. Das Einverständnis der Eltern zu der begleitenden Elterntherapie ist unabdingbare Voraussetzung der psychoanalytischen Kindertherapie. In der Auffassung der Psychoanalyse gibt es nicht das individuelle Versagen des Kindes, sondern das Problem des Kindes drückt eine gestörte Dynamik der Familie aus. So ist auch die gestörte Familiendynamik Ziel der therapeutischen Intervention, nicht nur das einzelne Kind (vgl. das Kapitel «Wie Eltern ihren Kindern helfen können: Möglichkeiten und Grenzen», S. 151–162). Idealerweise nimmt an den therapeutischen Sitzungen die ganze Familie teil. Oft läßt sich dies aber nicht verwirklichen. So werden wir häufig mit dem Problem konfrontiert, daß beispielsweise die Mutter zu einer Elterntherapie bereit ist, der Vater aber nicht. In diesen Fällen bedarf es der sorgfältigen Abwägung der Lebensbedingungen und der psychischen Situation des Kindes, ob trotzdem eine Kinderpsychotherapie mit einiger Erfolgsaussicht gewagt werden kann oder ob durch die Kinderpsychotherapie die Familienproblematik weiter verschärft und auf dem Rücken des Kindes ausgetragen wird.

Ist über die aktive Mitarbeit der Familie bzw. der Eltern Einverständnis erzielt worden, geht es darum, die Erwartung der Eltern an den Inhalt der Therapie zu klären. Die Elterntherapie und die Familientherapie bestehen in einer verbalen und emotionalen Auseinandersetzung, in die auch die Wiederholung dramatischer Familiensituationen mitaufgenommen werden kann. In den konfliktbehafteten Familiensituationen können die Rollen vertauscht werden, so spielt zum Beispiel der Vater seinen Sohn, und der Sohn spielt seinen Vater, und sie spielen den letzten Familienstreit nun mit vertauschten Rollen noch einmal durch. Dabei werden die unbewußten Rollenerwartungen und die problematischen, unbewußten Identifikationen besonders deutlich. So spielt der Sohn in seiner Identifikation den Vater und spürt plötzlich an sich, wie autoritär er ist, während der Vater plötzlich einen Zugang zu den tiefen Ohnmachts- und Wutgefühlen seines Sohnes bekommt.

Aber auch über den Inhalt der Therapie mit dem Kind muß gesprochen werden. Wenn Eltern erfahren, daß der Psychoanalytiker mit ihrem Kind «bloß» spielt, haben die meisten Eltern die Vorstellung, daß dies nicht ernsthaft sei, und erwarten auf diesem Weg keine Hilfe und Veränderung für ihr Kind. So ist es notwendig, daß der Analytiker auch hier den Eltern die Bedeutung der analytischen Spieltherapie klarzumachen versucht. Ein Kind spielt nicht wie Erwachsene, die im Spiel immer Erwachsene bleiben, für die Spiel eben nur ein Spiel ist. Für Kinder ist Spiel ihr Leben. Im Spiel drücken sie unbewußt ihre Sorgen, Ängste, Hoffnungen und Wünsche aus, über die sie sich sprachlich noch nicht auseinandersetzen können. So erhält der Psychoanalytiker im Spiel einen direkten, in seiner Offenheit und Dramatik oft erschütternden Zugang zur Seele des Kindes.

Ein Beispiel aus der Kindertherapie mag dies verdeutlichen: Michael, ein achtjähriger Junge, entwickelte zusammen mit dem Therapeuten folgendes Spiel. Der Therapeut kroch auf allen vieren als Löwe durch das Zimmer, während Michael geschickt um ihn herumhüpfte, mal mit dem Fuß stieß und mal kniff. Der Löwe (Therapeut) aber war tumb und ungeschickt, er erwischte Michael nicht, der mit Triumphgeheul weiter um den Löwen herumhüpfte und ihn, manchmal auch schmerzhaft, kniff und trat. Dieses Spiel wurde mit der Zeit immer heftiger, bis plötzlich der Löwe das Kind doch erwischte und herunter auf den Boden zog. Dabei sprach der Löwe mit tiefer Stimme: «Jetzt hab ich dich endlich! Jetzt werde ich dich mit Haut und Haaren auffressen. Mmh, das wird schmecken!» Michael wehrte sich. Mit Kleinkinderstimme rief er: «Nein, nein, bitte tu mir nichts, laß mich am Leben, tu mir nichts!» Michael geriet dabei in einen schweren Angstzustand. Doch der Löwe ließ sich nicht beirren: «Nein, du hast mich so geärgert, jetzt fresse ich dich. Du entkommst mir nicht, ich bin ja viel stärker als du, alles Bitten und Betteln nützt dir nichts!» Michaels Angst wurde dabei immer stärker. Auf dem Höhepunkt der Angst, die fast panikartig wurde, schüttelte der Löwe plötzlich den Kopf und sagte: «Nein, ich fresse dich doch nicht. Ich lasse dich am Leben. Denn wenn ich dich fresse, bin ich wieder allein.

Wenn ich dich aber leben lasse, habe ich jemanden, mit dem ich spielen kann», und er lockerte den festen Griff um Michael. In diesem Augenblick entspannte sich Michael erschöpft und ergab sich den Händen des nun lieben Löwen.

Dieses von Michael und dem Therapeuten «erfundene» Spiel mußte auf Michaels Wunsch zu Beginn jeder Therapiestunde wiederholt werden. Nach einem halben Jahr nahmen dann die Häufigkeit und Intensität des Spiels ab, andere Spiele traten an seine Stelle, in denen allerdings die Angst nicht mehr so im Vordergrund stand.

Der Sinn des Spiels lag in der Angstbewältigung Michaels. Als Michael zwei Jahre alt war, hatte sein Vater getrunken, er kam oft nachts betrunken heim und schlug seine Frau und seinen Sohn. Diese für ein Kind traumatischen Situationen hatte Michael in dem Löwenspiel unbewußt wieder in Szene gesetzt. Er «spielte» sich selbst, und der Therapeut «spielte» in der Rolle des gewalttätigen, gefährlichen Löwen den Vater. In dem Spiel suchte er immer wieder die mit Todesangst erlebten Situationen mit seinem Vater auf, in dem Spiel mit dem Löwen «spielte» Michael nicht seine Angst vor dem Löwen, er *hatte* Angst, wirkliche, bis an Panik reichende Angst. Wenn diese furchtbare Angst für ihn und den Therapeuten kaum mehr aushaltbar war, trat der entscheidende, therapeutische Umschwung ein: Anders als in seiner Erfahrung erwies sich der «Löwe» doch als gut. So erlebte Michael die traumatischen Erfahrungen mit seinem brutalen Vater und die furchtbaren Ängste wieder, die mit diesen Erfahrungen verbunden waren. In jeder Wiederholung des Spiels, das nun ja einen guten Ausgang hatte, bewältigte Michael Stück für Stück seiner tiefen Angst.

Erst wenn der Analytiker mit den Eltern Kontakt und ein Arbeitsbündnis hat herstellen können, besprechen Eltern und Psychoanalytiker, wie die Eltern ihr Kind von der bevorstehenden Therapie informieren können. Hier gibt es keine allgemeingültigen Regeln. Meist wird das, was Eltern ihrem Kind darüber sagen, nachdem sie mit dem Psychoanalytiker gesprochen haben und eine zutreffende Vorstellung von Kinderpsychotherapie gewonnen haben, ganz anders lauten als vor dem Gespräch mit dem Analytiker. Besonders ihre gefühlsmäßige Einstellung wird sich geändert haben, und dies ist für das Kind das entscheidende. Haben Eltern erst einmal selbst Kontakt und Vertrauen zu dem Psychoanalytiker gewonnen, kommt das Kind so gut wie immer mit Neugier zur ersten Stunde zu dem Psychoanalytiker. Der Kontakt zu dem Kind ist so gut wie nie – anders als der Kontakt zu den Eltern – problematisch.

Die Kontaktaufnahme zu einem Kind verlangt vom Psychoanalytiker Intuition, gute Beobachtung, Spontaneität, Respekt vor dem Kind und eine freundliche Einstellung zu seiner eigenen Kindlichkeit. So kann die Kontaktaufnahme über ein Spielzeug erfolgen, den Sceno-Kasten (ein psycho-diagnostischer Spielzeugkasten, in dem das Kind seine innere Welt darstellt). Der Kontakt kann ebenso über frei erfundene Spiele, über Malen u. a. erfolgen. Den Möglichkeiten sind hier keine Grenzen gesetzt. Fast immer erweisen sich Kinder dabei als kontaktfähiger und offener als ihre Eltern, da sie noch nicht wie Erwachsene durch feste Verhaltensmuster und starre Erwartungshaltungen eingeschränkt sind. Nach der Kontaktaufnahme mit dem Kind wenden wir immer verschiedene psychologische Testverfahren an, um die unbewußten Motive für das Verhalten des Kindes zu ergründen.

Nachdem der Psychoanalytiker die Familie, die Eltern und das Kind gesprochen und kennengelernt hat, die Testverfahren ausgewertet hat, wird er sich über das Problem, seine Entstehung und Dynamik, die Art der Therapie und die Prognose ein Bild zu machen versuchen. Für manche Probleme genügen einige beratende Sitzungen mit den Eltern, bei leichteren Störungen genügt die Beratung einer Erziehungsberatungsstelle, bei anderen Problemen mag eine Fokaltherapie (das heißt eine auf ein einzelnes Problem konzentrierte Therapie) angebracht sein, bei wieder anderen ist eine psychoanalytische Kinderpsychotherapie notwendig.

Hat der Psychoanalytiker diese Fragen entschieden, wird er mit den Eltern das weitere Vorgehen besprechen. Dazu gehört dann auch die Klärung der Frage der Therapiesitzungen, des Honorars bzw. der Übernahme der Therapiekosten durch die Krankenkasse, die Ferienregelung usw., so daß noch vor Beginn der eigentlichen Therapie ein für Kind, Familie bzw. Eltern und Therapeut klarer Rahmen festgelegt ist, innerhalb dessen die Kinderpsychotherapie stattfinden wird.

Psychoanalytische Kindertherapie

Grundsätze

Der erste Grundsatz für die psychoanalytische Kindertherapie ist die Bereitschaft der Eltern zu einer eigenen, begleitenden Elterntherapie. Im Kapitel «Wie Eltern ihren Kindern helfen können: Möglichkeiten und Grenzen» haben wir bereits auf die Verbindung des Problems des Kindes mit der unbewußten Familiendynamik hingewiesen. Obwohl Therapeuten diesen Zusammenhang kennen, haben sie immer wieder, meist aus Notsituationen heraus, versucht, das Kind allein in Therapie zu nehmen. Diese Situationen ergeben sich immer dann, wenn ein Kind in offensichtlicher Not ist, die Eltern aber unter keinen Umständen zu einer Mitarbeit bereit sind, sondern nur einer Therapie ihres Kindes zustimmen. Die Erfahrungen einer isolierten Kindertherapie haben gezeigt, daß ein Kind sich nicht allein verändern kann, wenn nicht auch die Eltern bzw. die Familie ihre bewußten und unbewußten Einstellungen ändert. Ja, das Kind wird innerlich zerrissen zwischen seinen neuen Entwicklungen in der Therapie und den alten Bedingungen in der Familie. Die Familie hat ein unbewußtes Interesse daran, alles beim alten zu lassen, und reagiert negativ und zerstörend auf die therapeutischen Veränderungen des Kindes. Dies führt in der Regel zu einer weiteren Verschlechterung der Situation des Kindes. Wie im «Kaukasischen Kreidekreis» von Bertholt Brecht droht es zwischen Therapeut und Familie zerrissen zu werden. Anders als im «Kaukasischen Kreidekreis» wird es hier der Therapeut sein, der das Kind loslassen muß, um es nicht dieser zusätzlichen Belastung auszusetzen.

Ein nächster Grundsatz in der Kinderpsychotherapie betrifft die Bedürfnisse des kranken Kindes. Die Bedürfnisse des Kindes sind immer Ausgangspunkt der Therapie. In einem allgemeinen Sinn könnte man sagen, daß psychische Probleme eines Kindes immer anzeigen, daß seine Bedürfnisse nicht verstanden und nicht auf sie eingegangen wurde. Diese abgewehrten, unterdrückten und frustrierten Bedürfnisse finden dann in einem Symptom ihren Ausdruck. Dies heißt aber nicht, daß in der Kinderpsychotherapie nun alle Bedürfnisse des Kindes befriedigt werden oder befriedigt werden sollen. Dies ist nicht das Ziel der Therapie, sondern Ziel ist es, die bewußten und unbewußten Bedürfnisse eines Kindes zu *verstehen*. Erst wenn ein kindliches Bedürfnis verstanden wird, kann die Entscheidung über eine angemessene Reaktion darauf fallen.

So kann ein Kind in der Therapie den Wunsch nach immer neuem, teurem Spielzeug äußern. Dem kann zum Beispiel ein Mangel an elterlicher Liebe zugrunde liegen, den das Kind mit dem neuen Spielzeug auszugleichen versucht. Die Befriedigung dieses kindlichen Bedürfnisses nach immer neuem Spielzeug würde dem Kind nicht helfen, da es etwas anderes vermißt. Erst aus dem Verständnis für das tieferliegende Motiv des Bedürfnisses wird der Therapeut entscheiden, wie er mit dem Bedürfnis des Kindes umgehen wird.

Ein weiterer Grundsatz ist die absolute Wahrhaftigkeit dem Kind gegenüber. Kinder brauchen keine «Schonung» in den oft schmerzhaften Gegebenheiten ihres Lebens. Hinter dem Schonen von Kindern verbirgt sich oft, daß Kinder als schwach eingeschätzt werden und daher die Wahrheit nicht ertrügen.

Ein anderes verborgenes Motiv ist die verbreitete Einstellung, Kinder nicht als eigene Persönlichkeiten ernst zu nehmen. So haben Kinder dann auch kein Recht, die Wahrheit zu erfahren.

Unserer Erfahrung nach können Kinder «die Wahrheit» besser ertragen als die sogenannte Schonung. Einem Kind die Wahrheit vorzuenthalten führt immer zu einem Vertrauensverlust, der sich im Verhältnis des Kindes zu seinen Eltern verheerend auswirkt. Mit ihrer Krankheit protestieren Kinder oft unbewußt gegen eine solche Schonung, da sie spüren, daß ihnen die Wahrheit vorenthalten wird. Die Frage kann also nicht lauten: «Sage ich das meinem Kind?», sondern nur: «Wie sage ich das meinem Kind?» Kinder verstehen ein in einfachen Worten dargestelltes Problem, das sie selbst betrifft (zum Beispiel Scheidung, Schulwechsel, Umzug, Krankheit, Tod), besser, als die meisten Erwachsenen glauben. Es versteht sich von selber, daß der Grundsatz der Wahrhaftigkeit ebenso in der begleitenden Elterntherapie gilt.

Das nächste Ziel ist es immer, Kontakt zu dem Kind herzustellen und aufrechtzuerhalten. Im Symptom des Kindes drückt sich auch immer eine Störung des Kontaktes aus; oft stellt das Symptom den verzweifelten Versuch des Kindes dar, den unterbrochenen Kontakt zu seinen Eltern, zu seiner Familie wiederaufzunehmen. Mit Hilfe ihres Symptoms schaffen es Kinder, die Zuwendung der Eltern auf sich zu ziehen, die sie vorher vermißt haben. Über das Symptom wird der Kontakt zwar wiederhergestellt, aber für das Kind um den Preis seiner Krankheit.

In der Kinderpsychotherapie geht es also immer um Kontakt zu dem Kind, und zwar ohne alle Voraussetzungen und Einschränkungen. Der Therapeut wird das Kind mit seinen Symptomen und Schwierigkeiten erst einmal so annehmen, wie es ist. Dann wird das Kind sich auch akzeptiert fühlen und Vertrauen zu seinem Therapeuten entwickeln. Hier hat der Therapeut im Vergleich zu den Eltern den großen Vorteil, daß er persönlich nicht in der Familiendynamik verstrickt ist, als Außenstehendem fällt es ihm natürlich sehr viel leichter, Beziehung und Kontakt zu dem Kind aufzunehmen, ohne problematische Einstellungen überwinden zu müssen. Da Kinder sehr schnell spüren, daß in der Therapie keine Leistungen und keine bestimmten Verhaltensweisen von ihnen erwartet werden, fühlen sie sich oft wie befreit. Sie dürfen so sein, wie sie sind. Der letzte Grundsatz betrifft das Spiel, das *das* Medium des Kontaktes in der psychoanalytischen Kindertherapie ist. Über das Spiel und seine Bedeutung für Kinder haben wir bereits im vorigen Kapitel grundsätzlich Überlegungen angestellt. Wir haben auch darauf hingewiesen, daß Kinder im Spiel leben und nicht wie Erwachsene spielen. Als die wichtigste Lebens- und Ausdrucksform von Kindern steht das Spiel im Zentrum der Kinderpsychotherapie.

Grundsätzlich können alle Formen des Spiels angewendet werden[30], wie Gesellschaftsspiele (Mensch ärgere Dich nicht, Halma, Dame, Mühle, Schach, Fang den Hut, Monopoly usf.), freie Spiele, das sind Spiele, deren Regeln und Inhalte vom Kind allein oder zusammen mit dem Therapeuten erfunden werden (vgl. das «Löwenspiel» in der Therapie von Michael im vorigen Kapitel), Geschicklichkeitsspiele (Mikado, Zaubern, Flohhupf), Sportspiele (Tischtennis, Federball, Fußball, Frisby), Theaterspiele (entweder spielen Kinder selbst Theater oder zusammen mit dem Therapeuten oder mit Hilfe von Puppen oder Marionetten). Darüber hinaus gibt es praktisch unbegrenzte Möglichkeiten, Kontakt zu dem Kind im Spiel aufzunehmen und auf seine Bedürfnisse einzugehen: kochen, malen, basteln, töpfern, kneten mit Plastilin, verkleiden, vorlesen, Geschichten erfinden, zusammen boxen, laufen, schwimmen, auf den Spielplatz gehen, im Sand spielen usw. Hier liegen die Grenzen nur in der Phantasie und der praktischen Durchführbarkeit.

Die fast unbegrenzten Möglichkeiten von Spielen und gemeinsamen Unternehmungen bedeuten aber nicht, daß es einerlei ist, was mit dem Kind gespielt und unternommen wird. Im Gegenteil: es ist außerordentlich wichtig, zu welchem Zeitpunkt welches Spiel gespielt, welche Aktivität unternommen wird – gemäß der Forderung Anna Freuds, daß der Therapeut in der Therapie alles mit seinem Patienten tun kann, nur muß er wissen, wann er was und warum tut.

So stellt sich für den Therapeuten bei der Auswahl der Spiele die Frage, in welchem Spiel die Regulation von Nähe und Distanz oder die Frustrationstoleranz, der Narzißmus, die Autonomie und die Kontaktfähigkeit entwickelt werden bzw. in welchem Spiel Ängste, Aggressionen, Rivalität und Frustrationen abgebaut werden können.

Therapeutische Methodik

Mit diesen Überlegungen ist die therapeutische Methodik angesprochen. Hier gibt es zwei Methoden, die manchmal nacheinander, manchmal auch kombiniert angewandt werden. Besonders bei den Störungen, denen ein unbewußter Konflikt zugrunde liegt und in dessen Gefolge Angst, Aggression und Frustration im Zentrum der Problematik stehen, kann der zugrundeliegende Konflikt direkt über das Erleben von Angst, Aggression und Frustration im Spiel wiederbelebt und bewältigt werden, wie im «Löwenspiel» des vorigen Kapitels gezeigt wurde. Bei früheren Störungen, die ihren Ursprung in der Phase der Symbiose haben, empfiehlt es sich, das Symptom selbst zunächst weitgehend außer acht zu lassen. Statt dessen gilt das therapeutische Zicl der nachholenden Entwicklung des Ichs des Kindes. In dieser Therapieform wird das Kind zunächst oft symbiotische Situationen in der Therapie herstellen, in denen es dann mehr um die Regulation von Nähe und Distanz, um Stärkung des gestörten Narzißmus des Kindes, um die Entwicklung von Frustrationstoleranz, Autonomie und Kontaktfähigkeit geht. Wenn das Kind seine Ich-Funktionen phasengerecht nachholend hat entwickeln können, wird es sein Symptom aufgeben können (vgl. hierzu die Symptomatik und den Therapieverlauf von Jan, s. S. 119 und 203).

Probleme in der Kinderpsychotherapie

In der Therapie mit Kindern und Eltern tauchen immer wieder die gleichen Probleme auf, über die sich der Psychoanalytiker und die Eltern auseinandersetzen müssen. Bezeichnenderweise geht es dabei fast immer um Probleme, die Eltern mit sich, mit ihren inneren Einstellungen und mit dem Therapeuten haben. Schwierigkeiten mit Kindern, zum Beispiel, daß ein Kind nicht mehr zur Therapie kommen möchte, sind die Ausnahme und lassen sich meist auf Schwierigkeiten zurückführen, die Eltern mit der Therapie haben. Kinder kommen fast immer gerne zur Therapie, auch wenn es oft eher schmerzhafte Situationen sind, die sie in der Therapie erleben.

Ein großes Problem stellen die Bereitschaft und die Fähigkeit der Eltern dar, sich mit ihren unbewußten und bewußten problematischen Einstellungen in Frage zu stellen. Auf die Bedeutung der Partnerschaft für diesen Prozeß haben wir bereits hingewiesen. Auch persönliche Faktoren spielen hierbei eine Rolle. Haben Eltern aber die Bereitschaft dazu, werden sie meistens auch zu einer Veränderung ihrer problematischen Einstellungen fähig sein.

Schuldgefühle, die oft auch unbewußt sein können, sind eine weitere Schwierigkeit in der Kinderpsychotherapie. Gemeint sind hier nicht berechtigte Schuldgefühle, denn haben Eltern Schuld als Schuld erkannt, werden sie sich überlegen, was sie in Zukunft anders machen können und müssen, und sie werden sich überlegen, ob sie dem Kind für ihre Schuld etwas Liebes tun können. Dieser mündige Umgang mit Schuld und Schuldgefühlen ist hier nicht gemeint. Vielmehr bewirken diffuse Schuldgefühle, die oft kaum bewußt werden dürfen, daß Eltern sich weder klar zu ihrer vermeintlichen oder tatsächlichen

Schuld noch klar zu ihrem Kind verhalten. Sie nehmen weder ihre Schuld wirklich wahr, noch können sie ihr Verhalten reflektieren. In dieser Störung der Wahrnehmungsfähigkeit bleiben Eltern ihren eigenen, unklaren Schuldgefühlen verhaftet und verlieren dabei das Kind aus den Augen. Ihre Fähigkeit zu lernen wird dadurch gelähmt. So muß in jeder Elterntherapie das Problem der Schuld und der Schuldgefühle angesprochen und geklärt werden.

Viele Eltern sind über den langsamen Fortschritt in der Therapie ihres Kindes beunruhigt und enttäuscht. Sie warten ungeduldig auf das schnelle Verschwinden des Symptoms. Nun gibt es Störungen, die tatsächlich von den Eltern ein hohes Maß an Geduld und Beharrlichkeit erfordern (vgl. den Therapieverlauf bei Ernst, S. 190). Auch gibt es Therapieverläufe, bei denen das Symptom phasenweise wieder stärker wird. Hier ist es notwendig, den Eltern immer wieder klarzumachen, daß die Krankheit ihres Kindes ja in einem meist jahrelangen Prozeß entstanden ist und daß im Vergleich dazu die Therapiestunden des Kindes und der Eltern ja ein verschwindend kurzer Zeitraum sind.

Andere Eltern sind darüber enttäuscht, daß der Therapeut mit ihrem Kind «ja nur spielt». Sie sind der Meinung, das könnten ein Onkel ihres Kindes oder sie selbst auch. Hier muß noch einmal die Bedeutung des Spiels für Kinder betont werden. Viele Eltern scheinen zu Beginn der Kindertherapie mit dem Spielen durchaus einverstanden zu sein. Aber im Verlauf der Therapie kommen ihnen dann oft doch verständliche Zweifel, ob das zum Beispiel über einjährige Monopoly spielen in der Therapie von Ernst wirklich hilft.

Schließlich sind viele Eltern über die Veränderungen, die ihr Kind durch seine Therapie erfährt, enttäuscht. Es kann vorkommen, daß Eltern die erhöhte Durchsetzungsfähigkeit ihres vorher überangepaßten Kindes als störend, die stärkere Fähigkeit zur Auseinandersetzung als lästig, die erhöhte Fähigkeit zur Abgrenzung und Selbständigkeit als schmerzhaft erleben.

Schließlich haben Eltern oft gegenüber dem Therapeuten ihres Kindes starke Rivalitätsgefühle. Es schmerzt sie sehr, wenn der Therapeut für eine gewisse Zeit im Leben ihres Kindes einen so hervorragenden Platz einnimmt. So kommt es vor, daß Kinder zu Hause äußern, daß sie den Therapeuten sehr liebhaben, daß sie lieber mit ihm in die Ferien fahren würden als mit den Eltern, daß sie gerne bei ihm wohnen würden usw. Eltern erleben dann ihr Kind als undankbar und werden wütend oder wetteifern mit dem Therapeuten um die Gunst des Kindes.

Aber es gibt auch die Rivalität der Eltern mit dem Kind um den Therapeuten. Manche Eltern beneiden ihr Kind, daß es einen so innigen Kontakt mit dem Therapeuten hat, daß es auf seinem Schoß sitzen darf, daß es vorgelesen bekommt, daß der Therapeut mit dem Kind Spiele macht, während sie mit dem Therapeuten «nur sprechen dürfen».

Aus der Schilderung der Probleme, die häufig in der Kinderpsychotherapie vorkommen, wird noch einmal die Notwendigkeit einer die Kindertherapie begleitenden Elterntherapie deutlich. Nur wenn Eltern einen eigenen Raum haben, wo sie über ihre eigenen Probleme, ihre Schuldgefühle, ihre Enttäuschungen und ihre Rivalität offen sprechen können, werden diese Probleme lösbar sein. Wichtig dabei ist, daß der Therapeut diese Probleme nicht persönlich auf sich bezieht, sondern aus der spezifischen Situation zwischen Kind, Eltern und Therapeut heraus versteht.

Zum Abschluß dieses Kapitels über Kinderpsychotherapie stehen die Therapieverläufe von den ausgewählten, typischen psychischen Problemen, deren Symptomatik und Psychodynamik bereits im Kapitel «Häufige Probleme von Kindern» dargestellt wurden. Wir hoffen, daß der Leser anhand der Fallbeispiele einen Einblick in die Praxis der Kinderpsychotherapie gewinnt und sich ein eigenes Bild darüber machen kann. Wir haben bewußt auch Therapieverläufe mitaufgenommen, die durch Therapieabbruch zu keinem befriedigenden Ergebnis gekommen sind. Wir wollen damit zeigen, daß es auch in der Kinderpsychotherapie Grenzen der Hilfsmöglichkeit gibt. Aber diese Grenzen werden fast immer durch die Eltern, manchmal auch durch den Therapeuten, in den seltensten Fällen durch die Kinder festgelegt.

Wir hoffen, daß die Therapieverläufe mit Kindern, die Probleme haben, Mut machen, diesen Weg zu gehen.

Therapieverläufe

ALFRED

Zu den ersten Therapiesitzungen wurde Alfred von seinen Eltern in meine Praxis gebracht. Danach kam er allein mit der U-Bahn. Obwohl noch nicht einmal sieben Jahre alt, bewältigte er die dreiviertelstündige Fahrt wie ein Erwachsener. Die Sitzungen fanden zweimal wöchentlich statt.

Meistens brachte Alfred Bücher mit, die er während der Fahrt zu lesen pflegte. Obwohl ich den Eindruck hatte, daß er gerne zu mir kam, wir uns häufig seine Bücher vornahmen, aus denen er mich aufforderte, vorzulesen, war der Kontakt zwischen ihm und mir seicht und oberflächlich. Fast ein Jahr lang nahm ich alle seine Kontaktangebote an: Bücher lesen, Kassetten hören, U-Bahn-Pläne studieren, auf den Spielplatz gehen, Eis essen. Meinen Vorschlägen, zu basteln oder gemeinsam ein freies Spiel zu spielen, widersetzte er sich vehement. Nur Spiele mit festen Regeln wurden von ihm bisweilen geduldet. Hatten wir mal ein solches Spiel gespielt, so beharrte er darauf, sich mit diesem Spiel fortgesetzt weiterzubeschäftigen, Sitzung für Sitzung. Ich erkannte bald, daß Alfred eigentlich gar nicht spielen konnte. Jedes Spiel hatte feste Regeln zu haben, an denen er starr festhielt. Und ein neues Spiel machte ihm offensichtlich angst.

Alle Vorschläge für freie Spiele, die ich ihm machte, schlug er aus. Er hatte jedoch eine gewisse verborgene Neugier für die Gegenstände, die sich im Kindertherapieraum befanden. Manchmal nahm er einen Holzstock und forderte mich auf, mit ihm zu kämpfen. Diese Kämpfe, die in körperliches Gerangel ausarteten, waren seinerseits von starken, aggressiven Gefühlen geprägt. Er versuchte, mich kleinzukriegen, wohl ähnlich, wie er sich von seinem Vater kleingemacht fühlte.

Nach mehr als einem Jahr brachen in einem solchen Kampfspiel seine Aggressionen offen durch. Er schlug mich mehrmals mit dem Stock und spuckte mir ins Gesicht. Ich war verletzt, wütend, schrie ihn an und hielt seine Hände energisch fest. Sein Gesicht war jetzt angstverzerrt. Er fühlte sich bedroht und erwartete Schläge von mir. Erregt sagte ich zu ihm: «Ich werde dich niemals schlagen. Aber wehren werde ich mich!» Seine Angst ließ etwas nach. Ich hielt ihn aber noch fest, weil ich spürte, wie es in ihm toste. Deutlich gab ich ihm zu verstehen, wo meine Grenzen der Verletzbarkeit liegen. Er grinste. Auch eine gewisse Verlegenheit war ihm anzumerken. Alfred aber zeigte keine Gefühle, die Verständnis für meine Reaktion verrieten. Da ich merkte, daß er gegenüber dem, was geschah, völlig hilflos war, äußerte ich meine Vermutungen, warum er so viel Wut in sich habe: «Dein Vater ist sehr streng mit dir. Er schreit dich an, wenn du ihm nicht gehorchst. Er tadelt dich, wenn ihm etwas an dir nicht paßt. Du fühlst seine Übermacht, gegen die du dich nicht zu wehren wagst, und die Wut, die du auf ihn hast, bleibt in dir.» Ängstlich hörte sich Alfred meine Worte an. Er spürte, daß es mir ernst war, konnte sich dazu aber nicht äußern. In mir blieb aber ein Gefühl zurück, welches mir sagte, daß ich von ihm etwas zu verstehen schien.

Zur darauffolgenden Sitzung brachte Alfred wieder ein Buch mit. Der Kontakt zwischen uns war diesmal anders. Er setzte sich zu mir, lehnte sich an meinen Körper und bat mich, «Aladin mit der Wunderlampe» aus «Tausendundeiner Nacht» vorzulesen. Während ich vorlas, genoß er die Wärme meines Körpers und die Ruhe, die die Situation ausstrahlte. Der Kampf in der letzten Sitzung schien sich gelohnt zu haben. Ich fühlte Alfred so intensiv wie nie zuvor. Er fühlte sich wohlig und behaglich wie ein Kind, das noch nicht lesen kann. Offensichtlich hatte er sich unbewußt vergewissert, daß ich seinen Aggressionen standzuhalten vermag und daß ich nicht so bin wie sein Vater. Mir selbst fiel es jetzt nicht schwer, seinem Wunsch zu entsprechen, aus dem Buch vorzulesen.

Die diagnostische Untersuchung und die Erfahrungen, die ich während der meisten Therapiesitzungen mit ihm gemacht hatte, machten mir deutlich, daß seine Kontaktaufnahme sich hauptsächlich über intellektuelle Leistungen vollzog. Nach dieser harten Auseinandersetzung, bei der er sich über seine gewohnten Grenzen hinauswagte, sich öffnete, wurde jedoch sein tiefes Bedürfnis spürbar, wieder Kind sein zu dürfen, sich klein fühlen zu dürfen und zu empfangen. Für die darauffolgende Zeit schlug ich ihm daher vor, mit Spielzeug auf dem Boden zu spielen. Ängstlich, mit mulmigem Gefühl und mit etwas Widerstreben nahm er meinen Vorschlag an.

Beim Spielen stellte sich immer deutlicher heraus, daß Alfred eigentlich gar nicht spielen konnte. Er hatte wenig Phantasie, sich mit dem Spielzeug in eine imaginäre Welt hineinzuversetzen. Strenge Ordnung und Regeln beherrschten anfangs dieses für ihn neue Terrain. Er erzählte mir, daß seine Eltern nur nützliche Dinge mit ihm täten. Das, was wir hier spielten, kenne er gar nicht. Er lese zu Hause meistens Bücher, höre Kassetten und lasse sich, wenn er schlafen gehe, von seiner Mutter eine Gutenachtgeschichte vorlesen.

Die Spiele mit Bauklötzen, Legosteinen, Playmobil-Figuren, Tieren, Bäumen und Zäunen, durch welche ganze Lebensbereiche neu erobert werden konnten, waren für Alfred etwas völlig Neues. Wir spielten sie jetzt fast jede Sitzung bis zum Ende der Therapie. Alfred sah häufig zu, wie ich einen großzügigen Bauernhof aufbaute, während er seinen Lebensbereich zwanghaft durch ein kleines Häuschen markierte. Die Wahrnehmung der Enge und seines inneren Eingekerkertseins wie in einer Gefängniszelle machte ihn jedesmal so wütend, daß er nach einem Spielzeugauto oder einem Motorrad griff, in meinen Bauernhof fuhr und alles zerstörte. Ich äußerte meinen Ärger über seine Zerstörungsgelüste. Er freute sich. Er veranlaßte mich darauf, nach ihm in der Rolle der Polizei, die für Recht und Ordnung zu sorgen hatte, zu fahnden und ihn zu jagen. Ich jagte ihn und versuchte ihn hinter Schloß und Riegel zu bringen, wogegen er sich heftig sträubte und falsche Alibis vorbrachte. Als ich ihn einmal tatsächlich «erwischt» hatte, fuhr eine unsagbare Angst in ihm hoch. Alfred geriet in Panik, weinte fast, wie vor einem Gericht, dem er hilflos ausgeliefert war.

Manchmal nahm er bei unserem Spiel den Kasten mit den Legosteinen und schüttelte ihn so heftig durcheinander, daß mir die Ohren dröhnten. «Aufhören! Ruhe!» rief ich. «Machen Sie doch keinen solchen Lärm. Die Leute nebenan schlafen. Sie fühlen sich gestört durch Sie!» Es machte ihm sichtlich Spaß, seinen aggressiven Impulsen zu folgen und das Getöse zu verstärken. Jetzt schien ihm auch das Spielen wirklich Spaß zu machen. Seine Gesichtszüge, seine Körperhaltung veränderten sich. Er war jetzt ein Kind seines Alters.

Zu einer Therapiesitzung brachte er sein Lieblingstier mit, einen großen Frosch aus Stoff. Weil ich wieder meinen Bauernhof aufgebaut hatte, diesmal mit einem großen Teich, kam er ganz nah an mich heran, lehnte sich zu mir und sagte: «Der Frosch ist ganz unten im Teich. 100 Meter tief.» Ich entgegnete ihm: «Lieber Frosch, komm doch bitte hoch. Ich möchte mit dir sprechen.» Alfred sagte: «Das geht gar nicht, weißt du. Der Frosch hat so viel Angst vor dir, wie du Angst hast vor einer Atombombe!» Diese Äußerung verblüffte mich. Ich war gleichsam überrascht und glücklich, mit welchem Vergleich Alfred seine Angst vor Nähe zu mir ausdrücken konnte. Wie eine Atombombe würde ich ihn vernichten, wenn er Nähe zu mir zuließe.

In den Sitzungen danach fanden immer wieder Auseinandersetzungen über Nähe und Distanz zwischen ihm und mir statt. Hierbei konnte er selbst erproben und erfahren, welche Nähe und welche Distanz für ihn am besten auszuhalten waren. Während der Therapie Alfreds fanden regelmäßige begleitende Therapiesitzungen mit seinen Eltern statt. In den Sitzungen versuchte ich Alfreds Vater zunächst vergeblich zu erläutern, daß der überwiegende Teil der Probleme, die sein Sohn habe, mit seiner Person in Zusammenhang stehen würde. Seine Frau nahm meine Meinung mit deutlichem Ausdruck der Zufriedenheit an. Er selbst wirkte hilflos, fühlte sich beschuldigt, für alle Schwierigkeiten Alfreds gradestehen zu müssen. Schuld und Schuldgefühle schienen ihn zu erschlagen. Erst nach und nach konnten wir in den Gesprächen entdecken, daß er auch ein Kind war, das nicht spielen durfte, eine strenge Erziehung «genossen» hatte. Er weinte darüber, was er seinem Sohn angetan hatte. Er, der sich in den sechziger Jahren in der Studentenbewegung engagiert hatte, wollte alles anders machen als das, was ihm widerfahren war. Alfreds Vater war resigniert und betrübt. Er dachte, alles hinter sich gelassen zu haben. «Und nun das schon wieder!»

Nach fast zweijähriger Therapie Alfreds entschloß sich sein Vater, selbst eine Therapie zu beginnen. Fast nach jeder Therapiesitzung sagte er mir, daß er sich im unklaren sei, was diese therapeutischen Sitzungen erbringen sollten. Gereizt und wütend ging er von mir. Er sehe keinen Fortschritt. Immer wieder gab er dieser deprimierenden Haltung Ausdruck. Nach mehreren Sitzungen in Einzeltherapie schlug ich ihm schließlich vor, eine Gruppentherapie zu beginnen, da ich sah, welche Angst auch er vor Nähe zu mir hatte. Wie Alfred zu Beginn seiner Therapie wehrte auch er unbewußt zwanghaft jeglichen nahen Kontakt in der Gruppe ab. Nach einer intensiven Zeit der Auseinandersetzung mit seiner Person wich diese Abwehrfassade. Er konnte sich nun auf den Gruppenprozeß einlassen. Seine Frau hatte mittlerweile selbst eine Therapie bei einer Kollegin begonnen.

Alfreds weiterer Therapieverlauf förderte immer kindlichere Züge seiner Persönlichkeit zutage. Sein Verhalten begann sich sichtlich zu verändern. Er wirkte sehr entspannt, seine Gesichtszüge locker, kindlich. Er äußerte immer wieder und wiederholt, daß er gerne zu mir komme, er schrieb mir Karten aus seinen Urlauben, die ich ihm beantwortete. Nach Beendigung der Einzeltherapie nahm ich Alfred in eine Kindertherapiegruppe, um ihm die Auseinandersetzung mit anderen Kindern in der Schule zu erleichtern. Seine Therapie in der Gruppe dauerte nicht mehr lange. Nach etwa acht Monaten sah ich den Zeitpunkt als gekommen an, daß sich Alfred von mir und den anderen Kindern trennen könnte. Nach mehreren Trennungssitzungen verabschiedeten wir uns herzlich.

Seinen Eltern gegenüber, die ich bis dahin regelmäßig gesehen hatte, äußerte er, daß er sein Leben in zwei Lebensabschnitte teile: sein Leben vor Beginn der Therapie und sein Leben, nachdem er mich kennengelernt hatte. Er nahm mit Befriedigung zur Kenntnis, daß auch sein Vater eine Therapie begonnen hatte. «Dann kann es nicht mehr so schlimm werden. Alles kann nur besser werden», sagte er mir, als er sich verabschiedete.

Nach Beendigung der Therapie Alfreds fand ein Elterngespräch statt. Beide, müde und erschöpft von Auseinandersetzungen, die sie miteinander geführt hatten, fragten mich, ob sie sich trennen sollten. Ich selbst fühlte tiefe Spannungen zwischen beiden. Mein Gehirn schien sich herumzudrehen, hin und her gerissen von dem, was Alfreds Mutter und sein Vater ausstrahlten. Wenn Alfred diesen Spannungen ständig ausgesetzt sein würde, fürchtete ich um sein neugewonnenes Lebensgefühl. Ich sei hin und her gerissen zwischen beiden, beantwortete ich die gestellte Frage. Wenn ich annähme, daß Alfred sich auch so fühle, dann sei er ein armes, blockiertes Kind, das sich nicht entscheiden könne, auf wessen Seite es sich schlagen solle, um keinen der beiden Elternteile zu verlieren. Den Eltern Alfreds wollte ich die Verantwortung für ihren Sohn nicht abnehmen. Ich beließ es bei meiner Feststellung, die auch für die Eltern Alfreds nachfühlbar war. Da beide Eltern in therapeutischer Behandlung waren,

Alfreds Vater darüber hinaus bei mir, wäre es unverantwortlich und parteiisch meinerseits gewesen, ein Urteil darüber zu sprechen, ob sich die Eltern trennen sollten. Ich überließ ihnen die Verantwortung, sich selbst zu entscheiden, zum Wohle Alfreds.

(Emil Wieczorek, s. S. 88)

Thomas

In der Kindertherapie mit Thomas kehrte ich den ungeheuren Bewegungsdrang von Thomas erst einmal aktiv um. Thomas lief mit mir um einen kleinen See, oder wir spielten Fangen, tobten auf einem Spielplatz oder spielten später Federball. Die pathologische Form des grenzenlosen Bewegungsdranges konnte so in eine konstruktive Form verwandelt werden. Ich wurde auf diese Weise nicht in die Rolle gedrängt, auch ständig «nein» oder «das darfst du nicht» usw. sagen zu müssen, im Gegenteil, ich feuerte Thomas an, noch schneller zu laufen. War der Bewegungsdrang erst einmal gestillt, ließ sich Thomas gerne fangen und genoß es sichtlich, festgehalten zu werden. Dies wird auf dem Hintergrund der Psychodynamik verständlich, die zwischen dem Wunsch nach Autonomie und dem Wunsch, festgehalten zu werden, schwankte.

Die Mutter mit starkem Übergewicht hatte von der Therapie erwartet, daß Thomas «gezähmt» würde, und war entsetzt, daß der Therapeut im Gegenteil den Bewegungsdrang ihres Sohnes noch unterstützte. Allerdings berichtete sie, daß Thomas nach den Therapiesitzungen immer ruhiger sei. Eine starke Eifersucht der Mutter wurde immer deutlicher wahrnehmbar, da die Mutter spürte, daß Thomas sich mehr und mehr auf seine Therapiestunden freute und zu Hause von den Stunden erzählte. Zu Recht fürchtete die Mutter, daß Thomas infolge der Therapie sich stärker von ihr abgrenzen würde. So lehnte die Mutter sich gegen die Therapie auf, sie meinte, das sei ja gar keine ernsthafte Therapie, wenn der Therapeut «nur» mit ihrem Sohn Fangen oder Federball spiele. Das könne ja jeder andere auch. In dieser Phase war der beruflich überlastete Vater eine große Hilfe. Er setzte sich energisch für die Fortsetzung der Therapie ein. Die symbiotischen Bedürfnisse der Mutter waren jedoch groß und traten als Widerstand gegen jede Veränderung in der Dynamik zu ihrem Sohn so stark in den Vordergrund, daß die begleitende Elterntherapie nicht mehr ausreichend erschien, diese Problematik auflösen zu können. Auf Rat des Therapeuten begann die Mutter eine eigene Psychotherapie bei einem Kollegen, in der sie ihre Bedürfnisse nach symbiotischer Nähe bearbeiten konnte. So hatte die Mutter das Gefühl, auch selbst etwas zu bekommen, es fiel ihr daher leichter, mehr Distanz zu Thomas zuzulassen.

Dies wirkte sich wiederum positiv auf die Therapie mit Thomas aus. Sein unbändiger Bewegungsdrang ließ nach, er konnte in der Therapie phasenweise ruhig sitzen bleiben und sich auf ein Spiel konzentrieren. Auch die Erzieherin im Hort berichtete, daß Thomas immer ruhiger würde; seine Provokationen, in denen er gefahrvolle Situationen herstellte, die das Eingreifen der Erzieherin notwendig gemacht hatten, hörten langsam auf.

In der Therapie war das weitere Ziel, den Vater mehr für seinen Sohn zu interessieren. Der Vater hatte sich weitgehend aus der Familie in seine Firma zurückgezogen, kam oft erst spät nachts, wenn Thomas schon lange im Bett war, von der Arbeit und sah seinen Sohn nur kurz am Frühstückstisch. In den Gesprächen mit ihm wurde offenbar, daß er sich eigentlich in seine Firma geflüchtet hatte, da er das Zusammensein mit seiner Frau als anstrengend und unerfreulich erlebte. Seine Firma war sein Lebenssinn, wie für die Mutter Thomas zum Lebenssinn geworden war. Der Vater sah ein, daß er Thomas arg vernachlässigt und sich auf die Position der formalen Verantwortung zurückgezogen hatte. Er verstand nun auch die Psychodynamik, die der Unruhe seines Sohnes zugrunde lag. Ihm war verständlich, daß sich die Mutter auch deshalb so sehr an Thomas klammerte, weil er sich als Ehemann ihr so entzogen hatte. So fing der Vater an, sich mit seinem Sohn zu Hause zu beschäftigen, bastelte mit ihm im Keller, ließ sich von ihm die Hausaufgaben zeigen usf.

Für Thomas bedeutete dies, daß er sich nicht mehr so völlig von seiner Mutter abhängig fühlen mußte mit den spezifischen Problemen, die damit verbunden sind, sondern er konnte sich nun angstfreier von seiner Mutter entfernen und die Nähe zum Vater suchen und umgekehrt. Nachholend machte er so wichtige Entwicklungsschritte zu seiner eigenen Selbständigkeit und Kontaktfähigkeit, in-

dem er Nähe und Distanz zwischen seinen Eltern regulieren lernte, so
daß die Therapie abgeschlossen werden konnte.
(Manfred Link, s. S. 90)

WOLFGANG

Aufgrund des relativ isolierten Symptoms des Einkotens verlief die
Therapie ohne große Komplikationen. Die Psychodynamik des Symptoms, die Wut über die Trennung vom Vater, war bald gefunden und
konnte mit den Eltern bearbeitet werden. Es wurde vereinbart, die
jeweils bevorstehende Abreise mit Wolfgang zu besprechen. Auch
die Trennungsprobleme der Mutter und ihre zurückgehaltenen Gefühle der Verlassenheit wurden mit der Elterntherapie angesprochen.
Sie hatte gemeint, da sie die Notwendigkeit der Dienstreisen ihres
Mannes ja erkannt und akzeptiert habe, besitze sie kein Recht auf die
Gefühle der Verlassenheit und Wut darüber. Der Ehemann seinerseits hatte die Phantasie gehabt, seiner Frau mache es offensichtlich
überhaupt nichts aus, wenn er wegfahre. Es wäre für ihn wichtig gewesen, die wirklichen Gefühle seiner Frau zu erfahren.
   Die Therapie mit Wolfgang gestaltete sich abwechslungsreich. Er
wollte basteln, spielen und konnte mit mir auch über seine Verlassenheitsgefühle sprechen, die er empfand, wenn der Vater sooft wegfuhr.
Auf dem Höhepunkt der Therapie wollte er mich gegen seinen Vater
austauschen, weil ich ja immer da sei. Offensichtlich hatte er die Trennungen von mir, die ja viel einschneidender vom zeitlichen Ablauf her
waren, besser verarbeiten können, da die Begrenzung für ihn klar
war. Es ging also nicht um die Trennung von seinem Vater an sich,
sondern um die Art der Trennungen. Im Verheimlichen der Trennungen hatte sich Wolfgang zu Recht nicht ernst genommen gefühlt.
Nachdem diese Zusammenhänge den Eltern klargeworden waren
und sie die Trennungen des Vaters mit Wolfgang jeweils vorher
besprachen, hörte das Einkoten von Wolfgang binnen kurzer Zeit
auf.
(Manfred Link, s. S. 92)

ERNST

Die Mutter hatte berichtet, daß das einzige Vergnügen, das Ernst noch kenne, das Monopolyspiel sei. Dies wäre das einzige, was sie zu Hause mit ihrem Sohn – außer den alltäglichen Verrichtungen – machen könne. Da Ernst nicht ein Wort sprach, konnte mit ihm über den Inhalt der Therapiestunden nicht gesprochen werden. So mußte ich an das anknüpfen, was die Mutter über die augenblicklichen Kontaktmöglichkeiten ihres Sohnes mitgeteilt hatte. Ich bot also Ernst an, Monopoly zu spielen, worauf Ernst mit einem leisen Lächeln den Kopf senkte, um seine Zustimmung auszudrücken. So spielte ich etwa eineinhalb Jahre mit Ernst jede Woche zweimal Monopoly, wobei Ernst in dieser Zeit kein Wort sprach. Statt seiner sprach ich, kommentierte mit Anteilnahme den Spielverlauf, ärgerte mich, wenn ich verlor, was in der Anfangszeit der Therapie meistens der Fall war, da Ernst große Routine in diesem Spiel besaß. Dabei versuchte ich immer das auszusprechen, was auf dem Gesicht von Ernst zu lesen war. Ein kaum merkliches Lächeln zeigte Einverständnis, ein unbewegtes, versteinertes Gesicht zeigte an, daß er nicht mit meiner Interpretation einverstanden war.

In dieser Zeit blieb die Symptomatik von Ernst im wesentlichen unverändert. Er machte weiterhin zu Hause ins Bett, er sprach nicht, er spuckte hinter die Tür, stand oft stundenlang an seiner Zimmertür und machte diese auf und zu.

In der Therapie mit der Mutter spielte zunächst die Symptomatik von Ernst die Hauptrolle. Die Mutter berichtete sorgenvoll, was ihr Sohn für absonderliche Verhaltensweisen zeige und wieviel Arbeit und Mühe ihr dies alles mache. So müsse sie täglich die Bettwäsche wechseln, sie müsse ihm extra Brei kochen usw. Allmählich, als ihr Vertrauen gewachsen war, sprach sie auch über ihre desolate Ehesituation. Seit Jahren habe sie keinen intimen Kontakt mehr mit ihrem Mann gehabt, er lebe ganz sein Eigenleben und habe zu trinken begonnen. Auf die Bitte des Therapeuten hin war der Ehemann bereit, an einigen Sitzungen teilzunehmen. Er berichtete, daß seine Frau sich ja überhaupt nur noch um Ernst kümmere, daß er das Gefühl habe, gar keine Rolle mehr zu Hause zu spielen, überflüssig zu sein, so daß er es vorziehe, sich mit Kollegen am Stammtisch zu treffen. In diesen

Gesprächen konnte etwas von der gegenseitigen Verbitterung und Enttäuschung aufgearbeitet werden, zugleich wurde deutlich, daß beide Ehepartner doch noch Erwartungen aneinander hatten.

Im Anschluß an diese Elternsitzungen verbesserte sich die Ehesituation zu Hause etwas. Der Mann war öfter zu Hause, und seine Frau versuchte, sich auch ihm zuzuwenden.

Trotzdem war die Symptomatik von Ernst auch nach eineinhalb Jahren Therapie nur unwesentlich gebessert, so daß beide Eltern starke Zweifel am Sinn der Therapie äußerten. Ihnen ginge es zwar etwas besser, sie seien aber wegen Ernst da, und da habe sich kaum etwas verändert. So mußte immer wieder eine Auseinandersetzung über die Zweifel der Eltern geführt werden. Hinter den Zweifeln verbarg sich der unbewußte Widerstand gegen eine grundsätzliche Änderung der unbewußten Einstellungen der Eltern zueinander und zu Ernst. Wie schon ausgeführt, war Ernst für seine Mutter ein Lebensersatz. Das Ziel der Therapie lag darin, einerseits der Mutter zu helfen, eine andere Möglichkeit der Erfüllung ihres Lebens zu finden, und ihr andererseits ihre unbewußte Einstellung gegenüber ihrem Sohn bewußt zu machen.

Den Wendepunkt in der gesamten Therapie der Familie bildete eine dramatische Sitzung mit der Mutter, in der sie alle ihre grauenhaften Ängste, die sie in ihren häufigen, nächtlichen Asthmaanfällen erlebte, herausschrie. In dieser Erschütterung sprach sie auch über ihre innere Leere, ihre Verzweiflung und ihr Elend, das sie in ihrem Leben fühlte.

Nach dieser Sitzung trat bei Ernst schlagartig eine Veränderung ein. In der nächsten Sitzung beim Monopoly spielen sprach er plötzlich sein erstes Wort nach eineinhalb Jahren: Als er einen ungünstigen Zug machte, sagte er plötzlich wütend: «Scheiße!» In der Folge sprach er dann andere, einzelne Wörter, dann abgehackte Satzteile, die ich aufnahm und zu Ende führte, schließlich sprach er ganze Sätze. Während des Spiels vergaß er dann weiterzuspielen und fing an, mir über die tiefen Kränkungen zu berichten, die er in der Schule erfahren hatte. Allmählich wurde das Monopolyspiel immer uninteressanter, er äußerte den Wunsch, etwas zu basteln. So wurde gemeinsam ein kleines Segelschiff gebastelt und dann auf einem kleinen See im nah gelegenen Park auch im Wasser ausprobiert.

Die Symptomatik zu Hause änderte sich ebenfalls. Er sprach auch zu Hause, machte nicht mehr ins Bett. Das nächste therapeutische Ziel bei Ernst war, seine Abgrenzung von der Mutter und seine Selbständigkeit weiter zu fördern. Eine Mitgliedschaft in einer kirchlichen Jugendgruppe wurde geplant, und Ernst ging tatsächlich zusammen mit seiner Mutter hin. Die Teilnahme an einem Zeltlager dieser Jugendgruppe wurde vom Therapeuten sehr unterstützt. Ernst war damit einverstanden und freute sich darauf, während die Mutter schwere Zweifel äußerte, ob Ernst das «durchstehen» könne. In den Elterngesprächen berichtete sie wieder von vermehrten Asthmaanfällen, je näher der Abfahrtstermin von Ernst rückte. Mit dem Jugendgruppenleiter waren Ort und Zeitpunkt vereinbart, wohin und wann die Eltern die Kinder bringen sollten. Die Mutter fand diesen Ort aber nicht, trotz eines genauen Plans, und fuhr mit Ernst unverrichteter Dinge, aber erleichtert, wieder heim.

Die Mutter war inzwischen in ihrer Therapie so weit, daß sie selbst verstand, daß sie unbewußt das Zeltlager für Ernst torpediert hatte. Zu dem nächsten Zeltlager im Sommer ist Ernst dann aber mitgefahren, was seine Autonomie und seine Kontaktfähigkeit mit Gleichaltrigen wesentlich förderte. Im darauffolgenden Jahr konnte Ernst wieder zur Schule gehen. In der Zwischenzeit hatte sich die Ehesituation weiter gebessert, so daß die Mutter ihren Sohn nicht mehr als Ersatz für ihre Leere im Leben mißbrauchen mußte. Nachdem Ernst in der Schulklasse Fuß gefaßt und Freunde gefunden hatte, konnte die Therapie der Familie abgeschlossen werden.
(Manfred Link, s. S. 93)

SUSANNE

Susannes Therapie dauerte nicht lange. Das therapeutische Vorgehen, das ich wählte, beschränkte sich auf eine Behandlung in einer analytischen Kinderspielgruppe. Susanne kam gerne zu der Gruppe und zu mir, setzte sich meistens, wenn wir im Kreis zusammensaßen, auf ein Schaukelpferd und beteiligte sich rege am Gruppengespräch. Sie nahm sich ernsthaft und liebevoll der Probleme der anderen Kinder an, stotterte, wenn sie eine Mitteilung machte, bei der ich Wut verspürte, ein Gefühl, das offensichtlich aus ihrem emotionalen Bereich verdrängt war. Sie fühlte sich immer sicherer und wohler und begann einmal zu weinen, als ich sie fragte, ob sie nicht traurig darüber sei, daß ihre Eltern keine Zeit für sie hätten.

Parallel zu der wöchentlichen Therapiegruppe der Kinder fand einmal monatlich abends eine Elterngruppe statt. Zum ersten Elternabend waren beide Eltern Susannes gekommen. Ihre Mutter, eine schlanke, hübsche Frau, wirkte etwas erschöpft. Nach einleitenden Erklärungen über das Ziel der therapeutischen Arbeit in der Elterngruppe, der Frage nach dem Vertrauen der Eltern in die therapeutische Arbeit und ersten Anmerkungen und Beobachtungen zu den Kindern, bildete das Stottern Susannes den Inhalt des Gesprächs. Beide Eltern, vor allem aber die Mutter, ließen sich – emotional sehr berührt – auf die Auseinandersetzung ein. Auf Fragen anderer Eltern, warum für Susanne keine Zeit sei, berichteten beide, daß sie ein eigenes Geschäft mit vielen Verpflichtungen hätten. Susannes Mutter erzählte, daß sie häufig bis um 22 Uhr bei Kunden sei. Dies sei notwendig, weil sie vor kurzem ein neuerbautes Haus bezogen hätten, das große finanzielle Verpflichtungen mit sich bringe. Sie stieß damit auf Verständnis in der Elterngruppe. Aber auf die Frage, wie sie sich bei dieser hohen körperlichen und psychischen Belastung ihrer Tochter gegenüber fühle, brach sie in Weinen aus. Sie sagte, daß sie selbst am Wochenende für Susanne keine Zeit habe. Von der Anspannung der Arbeit in der Woche seien sowohl ihr Mann als auch sie so erschöpft, daß sie am Samstag und Sonntag meistens schlafen würden. Susanne verbringe dann die Zeit bei ihrer Großmutter und mit anderen Kindern. Weinend erzählte sie, daß sie Schuldgefühle ihrer Tochter gegenüber habe. Und zu ihrem Mann gewandt: «Wir haben vieles falsch mit Susanne und in unserem Leben gemacht. Es läßt sich nichts mehr zurückdrehen.»

Mich selbst überraschte dieses tiefe emotionale Hineingehen der Mutter in das Problem ihrer Tochter. Da die Eltern in der Gruppe sich kaum kannten und das Vertrauen zwischen ihnen noch nicht gewachsen war, war ich um so erstaunter über die Offenheit der Mutter in der Auseinandersetzung.

Dann passierte aber etwas, womit ich nicht gerechnet hatte. Susannes Vater rief mich am Tage nach dem Elternabend an und erklärte mir am Telefon, seine Frau und er seien zu dem Entschluß gekommen, Susannes Therapie zu unterbrechen. Sie würden die Sprachstörung ihrer Tochter noch einmal von einem Logopäden untersuchen lassen. Ich war fassungslos, suchte den Vater zu überzeugen, daß dies die richtige Therapie für seine Tochter sei. Vergebens. Zur nächsten Kindergruppe kam Susanne nicht wieder. Ihre Eltern nahmen seither keinen Kontakt mehr mit mir auf.

Wir begegnen hier einem Phänomen, das nicht selten in der therapeutischen Arbeit mit Kindern anzutreffen ist. Wenn das Kind sich in die Therapie eingelassen hat, haben Eltern häufig Angst, der Therapeut könnte eine bessere Beziehung zu ihrem Kind finden als sie selbst. Sie fühlen sich dadurch bedroht, weil sie auf ihre eigenen Schwierigkeiten mit dem Kind stoßen. Umgekehrt kann ein so tiefes Einlassen auf eine Auseinandersetzung in der Elterngruppe, wie dies hier im Falle der Mutter geschehen ist, so viel verdrängte Angst und Schuldgefühle dem Kind gegenüber wecken, auch Angst vor notwendigen, realen Veränderungen im eigenen Leben, daß ein Therapieabbruch den Eltern als einzige Lösungsmöglichkeit erscheint. Das Kind, über dessen Kopf hinweg diese Entscheidung gefällt wird, und der Therapeut sind die Verlierer. Vor allem aber das Kind fühlt sich betrogen, einem Ort entrissen zu werden, an dem es sich angenommen und verstanden fühlte. (Manfred Link, s. S. 94)

PETER

Fast immer war Peter müde, ängstlich und erschöpft, wenn er zu den therapeutischen Einzelsitzungen zu mir kam. Seine Mutter brachte ihn, blieb draußen vor dem Therapiezimmer sitzen und wartete, bis die Sitzung zu Ende war.

Wenn Peter zu früh kam, saß er eng an den Körper seiner Mutter gelehnt im Wartezimmer auf der Couch. Er machte auf mich – wenn ich das Wartezimmer betrat – den Eindruck, als würde jetzt etwas Furchtbares mit ihm geschehen. Nur mühsam konnte er sich von seiner Mutter und seine Mutter von ihm für die Zeit der Therapiesitzung trennen. Mit langsamem befangenen Schritt ging er mit mir in den Therapieraum, setzte sich an den großen Tisch mir gegenüber und schaute mir ängstlich in die Augen. Diese Situation wiederholte sich in jeder Sitzung.

Auch in einer späteren Phase der Therapie vermied es seine Mutter immer, ihn allein auf mich warten zu lassen. Es war schwierig zu erkennen, ob es die Wünsche Peters an seine Mutter waren, die sie zu diesem Verhalten veranlaßten, oder ob es die Angst seiner Mutter war, ihn nicht alleinlassen zu können. Am Anfang der Therapie vermied ich, mit Peter darüber zu sprechen, da unschwer zu erkennen war, wie wichtig diese symbiotische Bindung sowohl für Peter als auch seine Mutter war.

In den ersten Therapiesitzungen interessierte ich mich für Peters Schultag und für seine Gefühle der Angst, die er dort erlebte. Dieses Gespräch dauerte nur sehr kurz, da Peter mein Interesse als zudringlich zu empfinden schien. Sobald ich dies bemerkte, schlug ich ihm vor, ein Spiel mit ihm zu spielen. Das Spiel «Fang den Hut», das er wiederholt aussuchte, wurde zu seinem Lieblingsspiel.

Beim ersten Elterngespräch, zu dem nur die Mutter gekommen war, da sich ihr Mann auf einer Geschäftsreise befand, thematisierte ich ihre enge Beziehung zu Peter. Die Mutter entschuldigte sich entrüstet, daß sie sich selbstverständlich verpflichtet fühle, in dieser kritischen Situation alles für ihren Sohn zu tun, damit es ihm wieder besser gehe. Ein Gespräch über die Art der Beziehung, die sie zu Peter hatte, unterbrach sie mehrfach mit der Bemerkung, daß sie andere Fragen plagen würden. Eine wichtige Frage sei für sie, ob sie Peter auf dieser Schule belassen solle. Mich hingegen interessierte aus therapeutischen Gründen die Frage nach ihrer Beziehung zu Peter mehr. Ich gab ihr also zu verstehen, daß Peters diffuse Ängste durch die Rückführung in seine gewohnte Schulumgebung nicht verschwinden würden. Sie seien vielmehr in der Art der Beziehung begründet, die sie zu Peter und Peter zu ihr habe. Die Zeit der Sitzung war längst überschritten, so daß ich ihr vorschlug, dieses Problem beim nächsten Elterngespräch erneut zu erörtern.

In den darauffolgenden Therapiesitzungen äußerte Peter immer unmißverständlicher, daß er mit mir über seine Ängste nicht soviel sprechen wolle. Da sich der Kontakt mit ihm erst zu entwickeln begann, beharrte ich nicht auf meinem Vorhaben, umging diese Symptome und fügte mich seinen Wünschen. Einmal sagte er mir, er habe sich bei seiner Mutter über mich beschwert. Immer wieder würde ich auf seinen Ängsten herumreiten. Er fände mich schwer zu ertragen.

Seine Angst in der Schule kehre überdies immer wieder, vielleicht gerade dadurch, daß seine Angst in den Sitzungen im Mittelpunkt stehen würde. Er könne nicht erkennen, daß ihm die Therapie helfe. Es ginge ihm wohl besser, wenn er sich morgens auf den Weg zur Schule mache, aber während des Schulunterrichts steige ganz plötzlich und unerwartet die panische Angst in ihm hoch, die ihn völlig blockiere. Er vertraute mir an, daß er nachts, vor dem Einschlafen, «Geister» sehe. Auf meine Frage, wie diese Geister aussähen und ob sie zu ihm sprechen würden, fing er an zu schluchzen und brach das Gespräch ab. Er sagte mir, er habe dies schon mit seiner Mutter besprochen.

Weil ich die Widerstände Peters und seiner Mutter gegen die Therapie deutlich spürte, vereinbarte ich mit ihr ein zusätzliches Elterngespräch. Peters Mutter kam wieder ohne ihren Ehemann, der geschäftlich unterwegs war. Sie beschwerte sich, daß sich Peter in der therapeutischen Behandlung unwohl fühle. Dies vor allem, weil ich darauf beharre, über diskrete Dinge mit ihm zu sprechen. Abermals äußerte sie mir gegenüber das Problem, daß sie nicht wisse, ob sie den Jungen von der Schule nehmen solle. Ich entgegnete ihr, daß ich den Schwerpunkt der Probleme Peters in seinen tiefsitzenden Ängsten sähe, die mit ihrer Beziehung zu Peter zu tun hätten. Das Hauptproblem sei nicht eine mögliche Umschulung, sondern die innere Leere, die Peter verspüre, wenn sie nicht in seiner Nähe sei. Ein Einvernehmen mit Peters Mutter über diese Frage war nicht möglich. Ich schlug ihr vor, zusätzliche Sitzungen mit ihr anzuberaumen, um über ihren Kontakt zu Peter zu sprechen. Sie lehnte jedoch meinen Rat mit der Bemerkung ab, Peter habe Ängste, nicht sie.

Die psychotherapeutische Behandlung ging nach diesem Gespräch noch einige Sitzungen weiter, bis Peters Mutter mir eines Tages beim Abholen des Jungen erklärte, daß sie Peter nun doch noch einem Kinderpsychiater vorstellen wolle, um sich über die Schwierigkeiten ihres Sohnes von ärztlicher Seite beraten zu lassen. Weil Peter gar nicht mehr gern zu mir komme, werde sie vielleicht um eine Behandlung bei einem anderen Psychotherapeuten ersuchen. Ein letztes Gespräch mit der Mutter fand noch statt, in der ich ihr die Problematik Peters zu erklären versuchte, ohne eine Veränderung in ihrer Haltung zu bewirken. Die Mutter brach daraufhin die Therapie Peters ab.

Zu diesem Therapieverlauf mit dem absehbaren Abbruch ist kritisch festzustellen, daß Peters Eltern von Anfang an auf eine rasche Veränderung in seinem Verhalten aus waren. Diese Haltung war verständlich, weil sie tagtäglich erlebten, wie ihr Sohn unter seiner Krankheit litt. Die Therapie sollte aber «Wunder» vollbringen, ohne daß Peter ausreichend Zeit gegeben wurde, eine frühere defizitäre Entwicklung, die psychische Leere und Verlassenheitsgefühle in seiner Persönlichkeitsstruktur hinterlassen hatte, nachzuholen. Sie selber gingen davon aus, daß sie nichts verändern müßten. Gewohnt an den Erfolg in ihrem geschäftlichen und privaten Leben, erhofften sie einen raschen Erfolg von der Therapie. Sie selbst empfanden die Notwendigkeit einer Therapie für Peter und die Inanspruchnahme therapeutischer Hilfe als eine narzißtische Kränkung ihrer Persönlichkeit. Diese paßte nicht in ihr Selbstverständnis und in die Vorstellungen, die sie von sich hatten. – Darüber hinaus bestand die Schwierigkeit in der Therapie darin, daß die symbiotische Beziehung, die Peter zu seiner Mutter hatte und die ihn wie ein Schutzwall gegen alle individuell erlebten Gefühle abschirmte, ohne eine Therapie der Mutter nicht zu lösen war. Da die Mutter sich einer eigenen, wenn auch nur kurzfristigen, begleitenden Psychotherapie verweigerte, war es verständlich, daß sie die Therapie Peters abbrach. Im Kapitel über die Mutter-Kind-Symbiose (S. 50 und 59) haben wir auf die innige Verflechtung der psychischen Abhängigkeit von Mutter und Kind hingewiesen. Sie standen der Therapie Peters im Wege, da die Mutter nicht bereit war, ihren Sohn aus der symbiotischen Bindung freizugeben.
(Emil Wieczorek, s. S. 97)

ELISABETH

Zu der Elterntherapie erklärte sich nur der Vater bereit, während die Mutter berufliche Überlastung dafür angab, warum sie nicht regelmäßig an den Sitzungen teilnehmen konnte. Bei dem Vater waren Betroffenheit und Sorge über die Entwicklung seiner Tochter spürbar, während die Mutter in dem Erstgespräch nur Enttäuschung und Verbitterung über ihre Tochter ausdrücken konnte. Der Vater hatte wegen der offenkundigen Vernachlässigung der Tochter starke Schuldgefühle, die ihm sehr zu schaffen machten. Er drückte oft das Gefühl aus, «der Schaden ist nicht mehr gutzumachen». Er klagte über die großen Probleme mit seiner Frau, mit der er über Elisabeth gar nicht mehr sprechen könne. Sie mache Elisabeth zu Hause nur Vorwürfe und halte die Therapie von Elisabeth für nutzlos, da nur Strenge in Elisabeth zu etwas führe. Überhaupt sah der Vater in der Ehe kaum mehr eine Zukunft, sondern trug sich mit Trennungsabsichten.

In der Therapie mit Elisabeth ging es im ersten Jahr fast nur um das Spielen mit dem Sceno-Kasten (einem psycho-diagnostischen Test mit verschiedenen Puppen, Tieren und Gegenständen des Alltags, mit deren Hilfe Kinder ihre innere Erlebniswelt ausdrücken können). Auffallend an ihrem Spiel war, daß neben einem Mann nur ein Baby auftauchte, das sie einmal in ein Bett, in die Wiege, in die Wiese oder auf ein Fellchen legte. Sie drückte damit aus, daß sie nur ihren Vater als für sie lebendig erlebte und daß sie sich als sehr kleines, hilfsbedürftiges Kind nach Wärme und Zuwendung sehnte.

Eine wichtige Station in ihrer Therapie war, als sie zu ihrem Geburtstag vom Vater einen Hamster geschenkt bekam. Sie versorgte ihn rührend, spielte und schmuste mit ihm. Sie tat mit ihrem Hamster, was sie sich wünschte, daß es ihre Eltern mit ihr täten. Der Vater hatte große Schwierigkeiten, auf diese Bedürfnisse Elisabeths nach körperlicher Nähe und Zärtlichkeit einzugehen, und die Mutter konnte ihr aus ihrem Gefühl der Enttäuschung dies auch nicht geben.

Nach einem Jahr Therapie beschloß der Vater, sich von seiner Frau zu trennen und beide Kinder zu sich zu nehmen, womit die Mutter einverstanden war. Nach der Trennung von der Mutter besserte sich Elisabeths Befinden langsam. Der Vater hatte eine ältere Frau, die selbst Mutter war und deren Kinder schon erwachsen waren, eingestellt, die tagsüber für die Kinder da war. Diese mütterliche Frau bedeutete im Leben Elisabeths eine Wende. Sie hörte auf, sich zurückzuziehen, sondern suchte beständig die Nähe ihrer neuen «Mutter». Endlich bekam sie Nähe, Kontakt, Wärme und Zuwendung, nach der sie sich immer gesehnt hatte, die ihr weder der pflichtgetreue, etwas verklemmte Vater noch ihre enttäuschte Mutter hatten geben können. Nach einigen Monaten konnte Elisabeth wieder zur Schule gehen, besuchte die nächstuntere Klasse und fand dort Anschluß. Erstmals seit Jahren lud sie Kinder auch zu sich nach Hause ein und wurde selbst von anderen Kindern eingeladen.

Im Verlauf dieser Therapie zeigte sich, daß die gefühlsmäßige Einstellung der Mutter so fest war und sie sich nicht von ihrer Enttäuschung über ihre Tochter trennen konnte, daß erst eine grundlegende Veränderung der Lebenssituation der Tochter – Trennung von der Mutter – zu einer entscheidenden Änderung im Leben von Elisabeth führen konnte. Die Therapie allein hätte diese günstige Entwicklung nicht erreichen können, zumal die Mutter ja nicht bereit gewesen war, auch an der Elterntherapie teilzunehmen.

(Emil Wieczorek, s. S. 99)

JENS

Die Therapie mit Jens begann mit Einzelsitzungen, die einmal in der Woche stattfanden. Ich wählte die analytische Spieltherapie als wirksame Methode, in die Jens seine Bedürfnisse, Wünsche und seine aktuellen Probleme einbringen konnte. Parallel zu den Sitzungen mit Jens wurde mit seinen Eltern eine begleitende Psychotherapie vereinbart, mit Sitzungen einmal im Monat. Die Therapie dauerte insgesamt etwas mehr als zwei Jahre.

Jens, der wegen der weiten Entfernung seines Wohnortes von seinen Eltern mit dem Auto zu den Sitzungen gebracht wurde, kam von Anfang an gerne zu mir. Wenn seine Mutter oder sein Vater oder beide zusammen ihn brachten, unterhielt ich mich kurz mit ihnen. Auch für sie war diese Situation anfangs neu, und etwas Angst war spürbar. Jens hingegen wirkte erleichtert, bei mir zu sein, und schien froh und genußvoll seiner Therapiestunde entgegenzusehen.

Zu Beginn der Therapie holte er Gesellschaftsspiele aus den Regalen. «Fang den Hut» wurde sein Lieblingsspiel. Immer wieder spielten wir dieses Spiel, in dem es darum geht, die Hütchen des anderen einzufangen, sich einem Risiko auszusetzen und sich in Sicherheit zu bringen. Während des Spiels ergaben sich Gespräche, in denen Jens über seine Erlebnisse in der Schule und zu Hause erzählte. Nach einiger Zeit, als er sich sicher bei mir fühlte, begann er, sich für mein Leben, meine Familie und meine Arbeit zu interessieren. Wir verließen dann den Spielraum, und ich zeigte ihm meine Wohnung. Er sah sich alles mit großer Aufmerksamkeit an, stellte Fragen. Mir fiel auf, daß er dabei stets ernst und vernünftig war, wie ein erwachsenes Kind.

Einmal drückte ich ihn, um zu sehen, was mit ihm ist, an meinen Körper und begann ihn zu kitzeln, worauf er in ein heftiges Weinen ausbrach. Er sagte: «Wenn ich so lachen muß, muß ich in die Hosen machen.» Auf meine Frage, wann ihm das sonst noch passiere, erzählte er, daß er manchmal mit seinen Eltern abends fernsehe. Wenn Didi Hallervorden seine Witze reiße, müsse er auch so lachen, daß er in die Hose mache. Wenn seine Mutter dies merke, beschimpfe sie ihn. Es ist ihm sichtbar peinlich, mir zu sagen, wie sie ihn beschimpft. «Das kann ich dir gar nicht sagen.» Doch nach einigem Ringen mit sich selbst bricht es wie ein Wortschwall aus ihm heraus: «Klein wie ein Baby», sagt sie. «Du Sau, du Schwein, Deibel.» Er fängt heftig an zu schluchzen, fährt dann aber nach einer Weile fort: «Mein Vater ist da anders. – Wenn ich abends im Bett lese, kommt meine Mutter um 20 Uhr hoch und sagt mir, daß ich das Licht ausmachen muß. Aber ich kann nicht einschlafen. Sie droht mir, daß ich am nächsten Abend nicht lesen darf. Dann bekomme ich Kopfschmerzen und Bauchschmerzen, daß ich erst recht nicht einschlafen kann. Weißt du, ich habe Angst, wenn meine Eltern sehen, daß ich geweint habe. Die quetschen mich dann nur aus.» Er fragte mich nun, ob man sieht, daß er geweint hat. Als ich ihn beruhigte, daß ich darüber mit seinen Eltern sprechen werde, erzählte er noch Begebenheiten aus der Schule. «Astrid, ein Mädchen aus meiner Klasse, nahm mir gestern den Schulranzen weg. Als ich nach ihr rannte, um den Schulranzen wiederzubekommen, stellte mir Jörg ein Bein. Es ist schlimm in meiner Klasse, alle sind gegen mich. Ich bekomme Wut und weiß nicht, wohin damit.» Während der ganzen Schilderung war seine innere Anspannung für mich sehr deutlich spürbar und ich bekam einen realistischen Eindruck, unter welchen Spannungen Jens lebte.

In der begleitenden Therapie der Eltern nahmen Fragen nach den Erziehungsmaßnahmen den breitesten Raum ein. Sie wurden Gegenstand einer heftigen Auseinandersetzung mit den Eltern, die Jens verständlicherweise nicht führen konnte. Seine Mutter, selbst sehr streng erzogen, übertrug unbewußt die Erziehungsprinzipien ihrer Eltern auf Jens. Sie selbst ahnte nichts von dem Drama, das sich in ihrer eigenen Kindheit ereignet hatte. Aber sie ließ sich in der begleitenden Therapie auf die Chance ein, mit ihren eigenen, frühkindlichen Problemen «ins reine zu kommen». Ihr Ehepartner, der so häufig abwesend war, wußte nichts davon, was sich im Seelenleben seines adoptierten Sohnes und seiner Ehepartnerin ereignete. Er war bestürzt über sein «Unwissen», das gar nicht so weit entfernt von seinen eigenen, inneren Erfahrungen in seiner Kindheit war. Die begleitende Psychotherapie der Eltern, die zum Ziel hatte, ihre Kindheit und die daraus resultierenden Einstellungen in den Erziehungsmaßnahmen ihres Adoptivsohnes zu korrigieren, führte nach einer intensiven Durcharbeitung dazu, daß Jens nun mehr Freiheitsräume genoß. Dem Ausdruck seiner Gefühle, seiner Bedürfnisse und seiner Wünsche nach liebevoller Zuwendung wurde von beiden Eltern mehr Aufmerksamkeit geschenkt.

Jens wurde sichtlich freier und entspannter in den Therapiesitzungen. Von Kopf- und Bauchschmerzen war nicht mehr die Rede, und auch seine Probleme in der Schule wurden in den Hintergrund gedrängt. Er schlug in einer Therapiesitzung vor, ein Segelflugzeug zu basteln – ein Wunsch, den ich ihm erfüllte. Dieser Wunsch drückte symbolisch sein Erleben der wiedergewonnenen inneren Freiheit aus, ein Wunsch, der nach so vielen Mühen, sowohl auf seiner Seite wie auch der der Eltern, gleichzeitig den nahenden Abschluß der Therapie ankündigte. Nach einer Phase einer innigen, kreativen und konstruktiven Beziehung, was in diesem Fall mit einer tiefen Veränderung der inneren Einstellungen der Eltern zusammenfiel, konnte ich die Psychotherapie des Kindes beenden.
(Emil Wieczorek, s. S. 102)

HANS

Das Ziel in der Therapie von Hans war eine nachholende Entwicklung des Ichs, das heißt, die frühkindlichen Entwicklungsrückstände sollten nachholend entwickelt und der Entwicklungsrückstand aufgeholt werden. In der Therapie spielte Hans am liebsten mit Puppen. Für einen Zehnjährigen wirkte er verträumt und noch sehr kindlich. Mit verschiedenen Puppen spielte er Kindergarten, Familie und Schule. Diese Spiele von Kindern finden eigentlich im Alter von vier bis sechs Jahren statt, in denen Kinder im Spiel die auf sie zukommenden Entwicklungsschritte Kindergarten und Schule vorwegnehmen und sich spielend mit ihren Erwartungen, Ängsten und Hoffnungen auseinandersetzen. Hans kochte auch gerne, er liebte Puddings aller Art. In der Therapie wurde der Pudding dann zusammen mit mir aufgegessen, wobei immer auch die Puppen mitgefüttert wurden. In einer Kleinkindersprache brabbelte er dabei mit den Puppen und mit mir, wobei er sich gerne auf meinen Schoß und dann die Puppen auf seinen Schoß setzte.

Deutlich war auch hier, daß Hans in der Therapie stark regredierte und im Spiel die Situationen aufsuchte, in denen er psychisch verletzt worden war und deren Konflikte er noch nicht hatte bewältigen können. In seinen ersten Lebensjahren hatte er im Heim offensichtlich diese Entwicklungsschritte und Reifungsprozesse nicht durchlaufen können. Als Folge des häufigen Wechsels der Kinderschwestern, die für ihn ja Elternersatz gewesen waren, war seine Kontaktfähigkeit kaum entwickelt. Ein Wechsel seiner Bezugspersonen war für ihn psychisch gesehen eine Katastrophe, für ihn wiederholte sich dabei die Situation, als ihn Vater und Mutter verließen (vgl. hierzu auch R.A. Spitz: Vom Säugling zum Kleinkind, Stuttgart 1967). In der Elterntherapie, an der beide Eltern teilnahmen, ging es darum, Verständnis für die innere Situation von Hans zu erarbeiten. Dies gelang in kurzer Zeit, begünstigt sicherlich durch die Tatsache, daß die Eltern ja keine Schuld und Verantwortung für die Probleme von Hans hatten und sich so frei von Schuldgefühlen den Problemen stellen konnten. Aufgrund der spezifischen Entwicklungsrückstände von Hans erschien die gegenwärtige Schulsituation in einer Klasse von 35 Kindern mit einer überforderten Lehrerin, die Hans innerlich ablehnte, nicht geeignet, die Schulprobleme zu lösen. So suchten die Eltern auf meinen Rat in einer Privatschule für Hans einen Platz, wo er auch zu Mittag essen konnte und nachmittags mit einem festen Erzieher und seiner Gruppe Spiele und Sport machen konnte. Hier fand Hans dann den geschützten Rahmen für seine Entwicklung. Kleine Klassen, in denen gleichzeitig die Entwicklung zum selbständigen Arbeiten und Lernen gefördert wurde, stabile Bezugspersonen in seinem Klassenlehrer und seinem Erzieher und eine stabile Kindergruppe von Gleichaltrigen, in der er relativ angstfrei altersgemäße Beziehungen aufnehmen konnte. Wie von den Eltern und mir erwartet, änderte sich seine Einstellung zur Schule grundlegend. Er freute

sich täglich auf die Schule, begann zu Hause von der Schule zu erzählen, und seine Schulleistungen besserten sich. Ein am Ende der Therapie durchgeführter Intelligenztest erbrachte eine überdurchschnittliche Intelligenzleistung im mathematisch-naturwissenschaftlichen Bereich, an die Sonderschule dachte niemand mehr.
(Manfred Link, s. S. 111)

JAN

Die Therapie mit Jan gestaltete sich kompliziert, da sich in seinem Symptom verschiedene eigene, unbewußte Motive und bewußte Motive seiner Eltern verbunden hatten. So war Jan selbst in seiner Entwicklung in der frühen Kindheit geschädigt, die Symbiose hatte er nur unvollkommen erlebt; ein Vertrauen in die Welt und seine eigenen Möglichkeiten war nicht vorhanden, so daß er verzweifelt versuchte, sich selbst diesen Mangel mit Hilfe der gestohlenen Spielsachen auszugleichen. Diese sollten ihm Freunde, Anerkennung, Bewunderung und letztlich Liebe bringen.

Von der Seite seines Vaters war in seinem Symptom die Verbitterung und Wut darüber enthalten, daß er «vom Staat» keine Stelle bekommen hatte. So empfand der Vater hinter der Fassade der Empörung eigentlich Befriedigung, ja Schadenfreude darüber, daß sein Sohn so gegen den Staat opponierte. In gewissem Sinn könnte man daher sagen, daß Jan als Agent seines Vaters dessen Konflikt mit dem Staat ausfocht.

Schließlich bestand zwischen beiden Eltern eine starke Rivalität. Der Vater empfand es als ungerecht, daß seine Frau vom Staat angestellt worden war und er nicht. In diesem Konflikt hatte sich Jan auf die Seite seines Vaters geschlagen, der ja auch als Hausmann viel mehr Kontakt zu Jan hatte als die berufstätige Mutter. In Jans Diebereien ist auch eine Aggression gegen die Mutter und ihren Beruf als Staatsanwältin enthalten, sie war und fühlte sich durch Jans Stehlen auch in ihrem Beruf kompromittiert.

Wichtig ist hier noch einmal, daß beiden Eltern diese Motive und Aggressionen zum größten Teil unbewußt waren. Auch lagen diese Motive nicht schon zu Beginn so offen für den Therapeuten da, sondern kristallisierten sich erst im Prozeß der Therapie heraus.

Das, worauf ich mich in der Therapie zunächst konzentrieren konnte, war die Problematik der gestörten Symbiose, die von den Eltern auch gleich genannt worden war. In der Therapie mit Jan war es also wichtig, diese frühkindliche Ebene mit ihren Verlassenheiten und Ängsten zuzulassen. Jan liebte es, ganz nah bei mir zu sitzen, sich an mich zu schmiegen, den Daumen in den Mund zu stecken und zu lutschen. Dabei bekamen seine Augen einen glasigen Ausdruck, er blickte grenzenlos in die Ferne. In diesen regressiven Zuständen genoß er es, gestreichelt zu werden. Er wünschte in dieser Zeit auch, daß ich ihm vorlese. Auch dabei schmiegte er sich an mich, lutschte Daumen und sog gleichsam die Stimme ein, nicht den Sinn der Worte, den er meist gar nicht realisierte. Aber die Stimme des Therapeuten an seinem Ohr bedeutete Nähe und Gegenwart eines geliebten Menschen und nicht Verlassenheit. War eine Geschichte zu Ende vorgelesen, war es sehr wichtig, ihn sacht zu «wecken», das heißt behutsam aus der Symbiose zu holen. In den Gesprächen mit den Eltern wurde vereinbart, daß sich der Vater immer im Anschluß an die Therapiestunden um seinen Sohn intensiv kümmerte, damit der jeweilige Austritt aus der Symbiose, der mit dem Ende der Therapiesitzungen notwendigerweise verbunden war, nicht so schmerzhaft für Jan war. Jan aß gern in den Therapiestunden kleine Gerichte, die er gemeinsam mit mir gekocht hatte.

Deutlich wurde an diesen Bedürfnissen von Jan, daß die Schädigung in der oralen Phase stattgefunden hatte und daß er in den Therapiestunden im Kontakt mit mir auf die orale Phase regredierte. Der enge, symbiotische Kontakt, den er zu dieser Zeit suchte, war als Versuch zu verstehen, die Zustände der Verlassenheit und Angst aus der oralen Phase in der Regression in diese Phase mit dem Therapeuten zu bewältigen. Diese Phase der Therapie hielt ein gutes Jahr an, in späteren Phasen kam es jedoch immer wieder vor, daß Jan ähnlich symbiotische Zustände aufsuchte.

In dieser Phase hatte ich in der Elterntherapie die volle Unterstützung der Eltern, die sich ja bereits klar darüber waren, daß sie Jan in den ersten zwei Lebensjahren sehr vernachlässigt hatten, um ihre Studienabschlüsse zu erreichen. Problematisch wurde die Elterntherapie, als es beim Vater an seine unbewußten Rachegefühle gegenüber «dem Staat» (der in gewissem Sinn auch «den Vater» psychisch repräsentiert) ging. Hier mußte mit viel Verständnis erst einmal seine tiefe Verbitterung und Enttäuschung über sein «verpfuschtes Leben» als arbeitsloser Hausmann angenommen werden. Dann konnte erst die Übertragungsebene (Übertragung stellt im psychologischen Sinn die unbewußte Übertragung früherer Gefühle aus der Kindheit auf aktuelle Menschen, aber auch auf Institutionen, zum Beispiel Staat, Gesellschaft, Firmen, Universität, dar) angesprochen werden. Zu einem noch späteren Zeitpunkt konnte dann die unbewußte Rivalität beider Ehepartner mit in die Elterntherapie einbezogen werden. Erwartungsgemäß war hier der Widerstand gegen das Bewußtwerden dieser unbewußten Einstellungen und Übertragungen stark. In der geduldigen, zum Teil mühsamen Aufdeckung der unbewußten Dynamik und der unbewußten Konflikte der Eltern untereinander und der Eltern zu ihrem Kind lag aber der Schlüssel zu einem erfolgreichen Abschluß der Therapie. Wäre die Bearbeitung dieser Probleme nicht gelungen, hätten sich die Probleme von Jan entweder weiter verstärkt, oder er hätte sich den Forderungen der Eltern vorübergehend angepaßt, dafür aber andere Symptome entwickelt.

Im Fall von Jans Eltern gelang die Aufdeckung der unbewußten Dynamik der Eltern Schritt für Schritt. Es ist wichtig zu wissen, daß diese Aufdeckung der unbewußten Konflikte keine rationale Angelegenheit ist, sondern ein schmerzvoller, gefühlsmäßiger Prozeß, in dem sich die Eltern von ihren eigenen unbewußten Bedürfnissen (hier zum Beispiel der Manipulation des Sohnes zum Agenten eigener, unbewußter Rachebedürfnisse) trennen müssen.

In der Therapie mit Jan wurden weitere Phasen durchlaufen, in denen es um narzißtische Bestätigung zur Stärkung seines Ichs ging. Beim Basteln, Malen usw. wurde allmählich eine altersgemäße Entwicklungsstufe erreicht. Immer wieder brauchte Jan aber noch den symbiotischen Kontakt, indem er sich ganz wie ein Kleinkind verhalten durfte, von dem nichts erwartet wird, sondern das nur Zuwendung erhält. Mit der Zeit wurden aber diese symbiotischen Bedürfnisse immer seltener, auch war die Regression nicht mehr so tief wie in der Anfangszeit der Therapie.

Als nach zwei Jahren Therapie der Eltern und von Jan die genannten Probleme sowohl bei den Eltern als auch bei Jan im wesentlichen aufgearbeitet waren, konnte die Therapie abgeschlossen werden. Das

Verwahrlosungssymptom des Stehlens war verschwunden, obwohl ich darüber mit Jan kaum je gesprochen hatte.
(Manfred Link, s. S. 119)

UWE

Nach einigen Einzelsitzungen, in denen Uwe mich und ich auch ihn näher kennenlernen konnte, nahm ich Uwe in eine Kindertherapiegruppe auf. Die Kindergruppe bestand außer Uwe aus weiteren zwei Jungen und einem Mädchen seines Alters. Wie in anderen Kindertherapien folgte ich auch hier den methodischen Ansätzen der analytischen Kinderspieltherapie. Uwes Mutter, die ich zuvor alle vierzehn Tage einzeln zu begleitenden Therapiesitzungen gesehen hatte, kam nun zu den begleitenden Gruppentherapiesitzungen der Eltern, die einmal im Monat stattfanden.

Mein Entschluß, Uwe in die Kinderspielgruppe aufzunehmen, basierte vor allem auf der Erfahrung, die ich in den vorangehenden Einzelsitzungen mit ihm gemacht hatte. Sein Verhalten war mit starker, ihm nicht erlebbarer Angst «verschmolzen», die Nähe zu mir für ihn kaum auszuhalten. Die Angst, die in ihm im Kontakt mit mir entstand, kehrte sich unmittelbar in ablehnende Haltung und abweisende Aggression um. Uwe würde eine sehr lange Zeit brauchen – dachte ich –, um seine Charakterpanzerung, die ihm zur selbstverständlichen Lebensgewohnheit geworden war, aufzugeben und um seine Gefühle wiederzuentdecken. Ich erwog zu einem späteren Zeitpunkt, wenn seine Panzerung zu schmelzen beginnen und seine Angst und Trauer hervorbrechen würden, ihm zusätzliche Einzelsitzungen zu geben. Die Gruppe würde für seine Probleme jetzt mehr Vorteile bieten. Denn einerseits würden sich seine Schwierigkeiten, die er mit anderen, Kindern und Erwachsenen, hatte, hier deutlich abbilden, er wäre auch nicht dem ihn ängstigenden Kontakt eines Erwachsenen, des Therapeuten, ausgesetzt und könnte in der Auseinandersetzung mit ihm Unterstützung durch die anderen Kinder erfahren. Andererseits würde er sich freier fühlen, Nähe und Distanz zu mir und zu den anderen Kindern selbst regulieren und testen, ob er sich auf das therapeutische Geschehen in der Gruppe einlassen könne.

Zur ersten Gruppensitzung kam Uwe mit viel Angst und Unsicherheit, die er mit zahllosen Fragen überspielte. Sein Interesse richtete sich weniger auf die anderen Kinder und auf die Zielsetzung der Gruppe als auf Gegenstände und Spielsachen im Therapieraum. Angespannt, verlegen grinsend, verhielt er sich so, als sei er mit mir allein. Die anderen Kinder begannen unruhig zu werden. An ihren Gesichtern war abzulesen, daß er sie «nervte». «Warum bist du hier?» fragte Axel. Uwe zuckte gleichgültig mit den Schultern, blickte zu mir, gab keine Antwort. Da ich seinen Blick als Aufforderung an mich verstand, zu der Frage Stellung zu nehmen, erzählte ich einiges über seine Schwierigkeiten. Die Kinder nahmen dies gelassen zur Kenntnis. Sie waren mehr über sein Verhalten, seine Kontaktlosigkeit, irritiert als über seine Probleme. Axel sagte: «Einsam fühle ich mich manchmal auch – wie Uwe.» Uwe drehte sich jetzt um, blickte zu Axel, kramte aber dann weiter im Spielregal. Während der ganzen Gruppensitzung hielt Uwe Distanz zu den anderen und zu mir. Als ich anregte, gemeinsam ein Gesellschaftsspiel am Tisch zu spielen, sagte Uwe, daß er zuschauen wolle. Er nahm so für sich die Möglichkeit in Anspruch, vom Tisch aufzustehen, gelegentlich in den Spielregalen sich umzusehen, mich zu befragen oder sich wieder an den Tisch zu setzen.

In der darauffolgenden Sitzung brachte er ein Rennauto mit, das mit vielen Extras ausgestattet war. Er protzte mit den Möglichkeiten, die das Auto bot, tat so, als würde er ein solches tatsächlich zum Fahren auf der Straße besitzen, und suchte das Interesse der anderen auf sich zu ziehen. Jens bemerkte: «Du gibst aber an!» und Axel: «Zu Hause habe ich einen ganzen Fuhrpark, 132 Autos. Davon sind einige viel schneller als deins!» Uwe wurde wieder unsicher. Er zog sich zurück, da er merkte, daß er mit seinem Vorstoß nicht die gewünschte Aufmerksamkeit erregen konnte. Immer wieder stieß er auf die Grenzen der anderen, die sich von seinem Verhalten «genervt» fühlten, da kaum Kontakt zu ihm spürbar wurde. Er wiederholte damit sein Verhalten als Außenseiter, eine Position, die er in seiner Schulklasse, im Kindertagesheim und in seinem gesamten Leben einnahm. Ich selbst suchte ihn gegen den Widerstand der anderen zu unterstützen, indem ich unmißverständlich klarmachte, daß Uwe zu unserer Gruppe gehörte und hier einen Platz hatte.

Als die Gruppe sich zu Beginn einer der darauffolgenden Sitzungen entschieden hatte, in einen nahe gelegenen Park zum Spielen zu gehen, konnte Uwe mehr am Spiel mit den anderen teilnehmen. Unterwegs zum Spielplatz lud ich alle zum Eisessen ein. Uwe kaufte sich ein «Calypso» wie Axel, der die stärkste Position in der Kindergruppe innehatte (ein Versuch, sich mit ihm zu identifizieren).

Die Möglichkeit Uwes, mit den anderen mehr Kontakt einzugehen, war unmittelbar aus der Situation verständlich. Der «Raum», in dem wir uns nun befanden, war nicht mehr so eng und für ihn bedrohlich. Er konnte Nähe suchen und sich distanzieren, diese Regulation also selbst übernehmen, ohne allzu hart auf die Grenzen der Gruppe zu stoßen. Fanden die Gruppensitzungen aber wieder im Therapieraum statt, fühlte er sich bedrängt und übernahm wieder die Position einer Randperson dadurch, daß er als Folge der Kontaktlosigkeit das Aggressionspotential der Gruppe an sich zog. – Beim Quartettspiel beispielsweise fiel auf, daß er bestimmte Zahlen nicht lesen konnte und die anderen Kinder damit ärgerlich machte. Trotz meiner Unterstützung zog er sich zurück, wirkte traurig. Auf dieses Gefühl angesprochen, verweigerte er sich achselzuckend.

Wenn die Gruppe mit Legosteinen, Autos, Tieren, Playmobil-Figuren, Zäunen und Bäumchen auf dem Boden spielte, Häuser, Straßen, Tankstellen und Bauernhöfe baute, zog sich Uwe räumlich weit zurück, baute nur für sich ein Haus, das sein Vorbild in dem der anderen hatte, kam gelegentlich aus seinem «Abseits» hervor, protzte mit seinen Leistungen und kehrte bald wieder dorthin zurück. Trotz meiner Versuche, durch «Besuche» der Baustelle alle Spieleinheiten ineinander zu integrieren, zog sich Uwe immer wieder in die Rolle des Außenseiters zurück. Dieser Rückzug in sein Schneckenhaus war verständlich. Er war der hauptsächliche Träger von Angst und Aggression in der Kindergruppe und drückte diese Gefühle stellvertretend für alle anderen am deutlichsten aus.

Zu Beginn einer Gruppensitzung erzählte Uwe ängstlich, aber überlegen lächelnd, daß er heute mit der U-Bahn schwarzgefahren sei. Auf die Frage Sylvias, warum er seine Fahrkarte nicht bezahlt habe, antwortete er kurz und sachlich, er habe das Fahrgeld unter dem Schreibtisch in der Schule liegengelassen. Da er üblicherweise gewohnt war, daß man solchen seiner Äußerungen, insbesondere von seiten seiner Mutter, keinen Glauben schenkte, geriet er in Verwirrung, als sich die Gruppe mit mir seines «Vergessens» mit Ernsthaftigkeit annahm. Die Kinder fragten interessiert, wie es dazu kommen konnte, daß er sein Geld unter der Schulbank habe liegenlassen. Uwe schien die Auseinandersetzung um sein «Vergessen» immer mehr zu bedrücken. Am Schluß wollte er mit der Erörterung nichts mehr zu tun haben. Psychodynamisch gesehen wurde hier ersichtlich, daß sein verzerrtes Wertesystem innere Konflikte hervorrief. Da viele Aspekte seines Verhaltens auf Lügen aufgebaut waren, geriet er in Schwierigkeiten, wenn seinem Verhalten Glauben geschenkt wurde.

Auf einem Elternabend, als wir Uwes Position in der Gruppe erörterten, schilderte ich diese Begebenheit. Uwes Mutter geriet in Erstaunen darüber, daß die Kindergruppe und ich Uwes «Vergessen» Glauben geschenkt hatten. Sie sagte, Uwe belüge sie ständig. Manchmal wisse sie selber nicht mehr, was bei ihm der Wahrheit entspreche. Ich gab ihr zu bedenken, daß die Kinder und ich keinen Anlaß gehabt hätten, Uwe keinen Glauben zu schenken. Wenn die Gruppe und ich mich so verhalten würden, würde Uwe selbst fühlen, welche Schwierigkeiten er mit seinem Lügen habe. Uwes Mutter begann jetzt zu verstehen, warum sie sich für seine Missetaten immer schuldig fühlte. Indem er sein reales Verhalten verleugnete, delegierte er alle Verantwortung an sie. Da die Kindergruppe und ich mich anders verhielten, blieb der Konflikt, der aus der Auseinandersetzung zwischen Wahrheit und Lüge in Uwe entstand, in ihm selbst erhalten und wirksam. Die Möglichkeit, Verantwortung für sein Verhalten an andere zu delegieren, blieb versperrt.

Die Situation Uwes in der Kindergruppe gestaltete sich zunehmend schwieriger. Einmal kam Uwe nicht zur Gruppensitzung, was mich bewog, im Beisein der anderen Kinder in seinem Kindertagesheim anzurufen. Dort war man erstaunt, daß Uwe nicht angekommen sei.

Auf dem nächsten Elternabend berichtete Uwes Mutter erschreckt, daß gestern in ihrer Wohnung ein Unfall passiert sei. Uwe habe während ihrer Abwesenheit zu Hause Feuer gelegt. Einige Gegenstände seien verbrannt, er habe jedoch selbst mit Wasser den Brand löschen können. Sie war verzweifelt und weinte, sie wußte nicht mehr, wie sie mit Uwe umgehen sollte. Ratlosigkeit, Angst und Schweigen beherrschten die Elterngruppe. Schließlich gelang es mit Hilfe der Gruppe, ihre Lebenssituation zu verstehen. Sie fühlte sich derart überfordert, daß sie keine Kraft mehr gehabt hatte, dem Verhalten ihres Sohnes Grenzen zu setzen. Als Ergebnis des Gesprächs wurde mit ihrer Zustimmung vereinbart, Uwe einer Kinderpsychiaterin vorzustellen, um eine Einweisung in eine kinderpsychiatrische Klinik zu erreichen. Sie wäre so von der Verantwortung für sein Verhalten, die sie nicht mehr tragen konnte, entlastet.

Wenige Tage, nachdem ich den Kontakt zu der Kinderpsychiaterin und der Stationsleitung der Klinik hergestellt hatte, wurde Uwe dort aufgenommen. Ich besuchte ihn mehrmals während seines insgesamt fünfwöchigen Klinikaufenthalts. Er zeigte mir bei den Besuchen sein Zimmer, spielte mit mir und einem Betreuer Karten, der Kontakt zu ihm blieb jedoch unverbindlich wie zuvor. Während der Zeit seines Klinikaufenthalts fanden mehrere Sitzungen des für Uwe zuständigen Therapeuten mit der Mutter statt. In den Gesprächen wurden erneut die Schwierigkeiten der Mutter mit Uwes Verhalten erörtert. Die Therapeuten dort erkannten, daß eine Fortsetzung der ambulanten Therapie mit Uwe nicht erfolgversprechend sei, da seine Mutter mit der Problematik des Kindes völlig überfordert sei. Auch ihnen war es nicht möglich, zu Uwe einen emotionalen Kontakt herzustellen, der einer therapeutischen Bearbeitung seines Verhaltens standhielt. Im Einvernehmen mit der Mutter wurde schließlich eine Lösung gefunden, die eine mögliche Veränderung seines Verhaltens bewirken könnte. Uwe sollte stationär in einer psychiatrischen Klinik Aufnahme finden für die Dauer von mindestens einem Jahr. Nach einigem Hin und Her und nach einem Gespräch mit mir konnte sich Uwes Mutter zu diesem Schritt entschließen.

Der Verlauf dieser Kindertherapie, die kaum ein Vierteljahr dauerte, zeigt, wo die Grenzen einer ambulanten Psychotherapie liegen. Die Störung des Jungen, die seine gesamte Persönlichkeit umgreift, stößt bei einer ambulanten Behandlung dort auf Grenzen, wo sein Agieren nicht mehr in die therapeutische Behandlung einzubeziehen ist. Vereinfacht könnte man feststellen, vollzieht sich das Fehlverhalten des Kindes überwiegend außerhalb der therapeutischen Situation. Gerade dadurch entzieht es sich einer Behandlung. Ein geschlossener Rahmen in einer lang anhaltenden stationären, klinischen Behandlung, der Uwes gesamte Lebenssituation umfaßt, ist geeigneter, Einfluß auf sein Verhalten zu nehmen, da durch die Struktur der Klinik seinem Agieren feste Grenzen, mit denen er sich auseinandersetzen

muß, gesetzt werden können. Die Entscheidung der Mutter, Uwe in diese Behandlung zu geben, ist der einzige erfolgversprechende Weg, ihn vor einer möglichen kriminellen Persönlichkeitsentwicklung zu bewahren.
(Emil Wieczorek, s. S. 121)

RALF

Ralf wirkte wie ein kleiner Mann, vordergründig selbstbewußt trat er auf und sprach mit tiefer Stimme. Der in sich zurückgezogene Ausdruck der Augen dagegen zeigte an, wie sich Ralf wirklich fühlte, ohne Beziehung zu allem um ihn herum, interesselos, enttäuscht, traurig und wütend. Er weigerte sich, mit dem Sceno-Kasten zu spielen, das sei nur etwas für Mädchen, am liebsten spielte er mit bestimmten Legobaukästen, die eigentlich für ältere Kinder gedacht waren. Hier zeigte sich sein Anspruch, ein erwachsener Mann sein zu wollen. In seiner Identifikation mit dem toten Vater war für sein Kindsein kein Raum. Zunächst wollte er weder über seine Mutter noch über seinen Vater sprechen, im Zusammenhang mit seiner Mutter ließ er lediglich einige abwertende Bemerkungen fallen.

In der begleitenden Elterntherapie der Mutter war es zunächst das Ziel, zusammen mit der Mutter ein Verständnis für Ralf, seine Depression und deren Ursache herzustellen. Im Verlauf der Therapie sprach die Mutter viel über ihre Ehe mit Ralfs Vater und darüber, wie glücklich sie mit ihm gewesen sei. Es habe damals einfach alles gestimmt, «wir waren eine richtige, glückliche Familie». In dieser Zeit wechselte das Spielinteresse von Ralf. Er brachte von zu Hause Indianer- und Cowboy-Figuren mit, baute Forts und Indianerlager auf, und es fanden heftige und blutige Kämpfe statt. Ein Indianerhäuptling war sein offenkundiger Liebling. Der streckte alle Gegner nieder. Er selbst ging auch nur noch bewaffnet auf die Straße. An seinem Gürtel hing ein Fahrtenmesser, das er auch in die Schule mitnahm. Unbewußt setzte er sich in dieser Phase der Therapie mit dem Tod seines Vaters und den damit verbundenen Aggressionen auseinander. Indem er im Spiel mit den Cowboys und Indianern bestimmte, wer siegte und überlebte bzw. wer sterben mußte, war er der Herr über Leben und Tod und nicht mehr wie im richtigen Leben ohnmächtiges

Opfer eines Unglücks, auf das er keinen Einfluß hatte. Gleichzeitig verarbeitete er in diesem Spiel seine Aggressionen, indem er auch andere (Cowboys und Indianer) tötete. Wie gefährdet er sich in dieser Zeit selbst fühlte, in der seine Identifikation mit dem Vater so sehr in Frage gestellt wurde, zeigte seine Bewaffnung, die natürlich auch symbolische Bedeutung hatte.

Allmählich konnte die Mutter auch über den Tod ihres Mannes und ihre große Trauer sprechen. Unter vielen Tränen berichtete sie, eine wie große Hilfe ihr Ralf damals gewesen sei. Er sei so «vernünftig» gewesen und habe zu ihr gesagt: «Wir schaffen das schon.» Langsam spürte sie, wie sehr sie eigentlich Ralf gebraucht und daß sie nicht wahrgenommen hatte, daß Ralf durch den Tod des Vaters selbst sehr erschüttert gewesen sein muß. Sie verstand nun, daß sie Ralf in gewisser Weise als Partner benutzt und unbewußt mißbraucht hatte. Auch die Krise wurde ihr verständlich, in die durch das Auftauchen ihres Freundes Ralf geriet, da seiner Vateridentifikation der Boden entzogen und er damit wieder zum kleinen Jungen wurde. Und Ralf war ein verlassenes Kind, voller Wut und Trauer, das niemand verstand.

In der Therapie mit Ralf traten die aggressiven Spiele langsam zurück. Er erzählte erstmals von sich aus von seinem Vater, was er alles zusammen mit ihm unternommen hatte. Er wirkte nicht mehr so verschlossen und trotzig, sondern wurde offener. Die Lehrerin in der Schule berichtete der Mutter, daß Ralf sich in seinem Wesen ganz verändert habe. Er habe wieder mehr Kontakt zu seinen Klassenkameraden und nehme wieder am Unterricht teil, er sei fast so aufgeweckt wie früher. An diesem Therapieverlauf wird deutlich, daß ein Kind nur dann schlimme Erfahrungen, wie hier den Tod des Vaters, verarbeiten kann, wenn die Eltern dem Kind den inneren Raum für seine Gefühle der Wut, der Ohnmacht und Trauer geben und wenn sie das Kind nicht unbewußt in eine bestimmte Rolle drängen, wie hier den Partnerersatz. Gleichzeitig wird deutlich, wie schnell und wie genau ein Kind auf die Veränderung der Einstellung seiner Eltern zu ihm reagiert. Diese Flexibilität von Kindern stellt eine gute Grundlage für die Lösung ihrer Probleme dar.

(Manfred Link, s. S. 125)

PETER

Peter, ein schmaler, blasser Junge, wirkte still und in sich gekehrt. Es war kaum vorstellbar, daß er zu solchen Wutausbrüchen fähig war, die sein Vater beschrieben hatte. In der Therapie wünschte er nach einer Anfangsphase, in der er gemalt und mit Legobausteinen gespielt hatte, ein großes Segelflugzeug zu bauen. Es sollte etwas Großes, Ernstes und Dauerhaftes werden, «nicht bloß zum Spielen». Peter wollte offensichtlich in der Phase seines Lebens, in der so viele, grundlegende Veränderungen auf ihn zukamen, etwas Dauerhaftes und Ernstzunehmendes herstellen, das ihm zugleich das längere Zusammensein mit dem Therapeuten garantierte.

Die Mutter war zu Beginn der Therapie ihres Sohnes in der Endphase ihres Lebens. In einigen Gesprächen sprach sie darüber, wieviel ihr Peter bedeutete, daß sie ohne Peter schon lange gestorben wäre. Sie bat im letzten Gespräch vor ihrem Tod den Therapeuten, auch nach ihrem Tod für ihren Sohn zu sorgen.

Der Vater fühlte sich von der gesamten Situation überfordert. Täglich hatte er die entsetzlichen Streitereien mit seinem Sohn, mußte darum bangen, daß Peter sich umbrachte, während im Nebenzimmer seine sterbende Frau lag. Gleichzeitig mußte er in seinem Beruf arbeiten, den Haushalt versorgen und seine Frau pflegen. In den Jahren der Krankheit seiner Frau galt alles Mitleid der Verwandten und Freunde seiner Frau und auch noch seinem Sohn. Aber in diesen Jahren hatte nicht einmal einer gefragt, wie es ihm denn in der Situation ginge, oder ihm gar Hilfe angeboten. In der Elterntherapie ging es erst einmal darum, ihm Verständnis für seine so schwierige Lebenssituation zu geben. Dann mußte jemand gefunden werden, der den Haushalt und einen Teil der Pflege übernahm, was auch binnen kurzem gelang.

Nachdem der Vater so erst einmal eine gewisse Erleichterung spürte, war es möglich, ihm auch die Gefühle von Peter verständlich zu machen und was die täglichen Streitereien eigentlich bedeuteten. Trotzdem kam es noch eine lange Zeit zu diesen schweren Streitereien. An einem Sonntagnachmittag rief der Vater verzweifelt an. Peter habe sich im Bad eingeschlossen und drohe, aus dem Fenster zu springen (die Wohnung lag im 3. Stock). Er habe versucht, die Tür gewaltsam aufzubrechen, worauf Peter damit drohte, sofort zu springen. Peter habe gesagt, er werde nur dann die Badezimmertür öffnen, wenn der Therapeut da sei. Als ich in die Wohnung kam, fand ich den Vater erschöpft, verzweifelt, hilflos und gekränkt, und nachdem Peter die Badezimmertür geöffnet hatte und herausgekommen war, war sein Gesicht von panikartiger Angst verzerrt. In dieser kritischen Situation nahm ich Peter erst einmal mit mir nach Hause.

Dieses Geschehen macht noch einmal die Dramatik und Brisanz der Dynamik in der Familie deutlich. Peter drückte in seiner Selbstmorddrohung zwei unterschiedliche Gefühlseinstellungen aus. Zum einen kamen darin seine Ohnmacht und Wut über den nahenden Tod seiner Mutter zum Ausdruck. Die Ohnmacht über den Tod wurde für ihn leichter erträglich, wenn er nicht passives Opfer des Todes seiner Mutter würde, sondern wenn er selbst aktiv den Zeitpunkt seines Todes bestimmen konnte. Zum anderen drückte die Selbstmorddrohung auch seine starke Identifikation mit seiner Mutter aus. Sein phantasierter, eigener Tod würde unbewußt den Tod der Mutter vorwegnehmen und ihn vielleicht überflüssig machen.

Nachdem Peter zusammen mit seinem Vater und mir seine Mutter ein letztes Mal im Krankenhaus besucht hatte, starb die Mutter.

Auf der Beerdigung konnte ich noch einmal eindrucksvoll die Kontaktlosigkeit der Verwandtschaft zu Peter erleben. Die Verwandten, besonders die Frauen, umarmten und küßten das starre Kind, tätschelten seine Wange, und da Peter am Grab nicht weinen konnte, sprachen sie vom «tapferen Peterchen». Diese unerträgliche Szene unterbrach ich, indem ich zusammen mit Peter die Trauergesellschaft verließ. Später dankte mir der Vater, daß ich mit Peter weggegangen sei, er habe nicht die Kraft gehabt, dieses makabre Schauspiel von Mitleid zu unterbrechen, und er habe so etwas wie Schadenfreude gespürt, als er die entrüsteten Gesichter seiner Verwandtschaft gesehen habe.

Der Tod der Ehefrau stellte für den Vater erst einmal eine Entlastung dar. Neben der Entlastung von Pflege lag die eigentliche Erleichterung darin, daß er sich nun auch innerlich von seiner Frau trennen konnte. Jahrelang hatten Peter und er mit seiner todkranken Frau in einer Wohnung zusammengelebt. Später konnte der Vater auch die Gefühle der Trauer und des Abschiednehmens zulassen, nachdem er

Raum für seine Gefühle hatte und nicht alle seine Gefühle von dem alltäglichen Streß zugeschüttet waren.

Bei Peter war die Erleichterung nicht so deutlich zu spüren. Er schien zunächst wie betäubt, erst nach und nach entspannte er sich und stellte sich in Gesprächen mit mir und mit seinem Vater auf die neue Situation ein. Die Streitereien mit dem Vater hörten langsam auf, und Peter nahm einen engeren Kontakt zu der Haushälterin auf. Selbstmorddrohungen sprach Peter nicht mehr aus.

Der Vater schloß unter dem Eindruck des Erlebten eine eigene Psychotherapie an.

Dieser Therapieverlauf zeigt, daß Kinderpsychotherapie oft auch konkrete Lebenshilfe enthalten muß. Erst, wenn die Lebenssituation von Kind und Eltern einigermaßen sicher ist, wird es möglich, die unbewußten Einstellungen und Probleme anzugehen und zu verändern. Unter dem Druck der Selbstmorddrohung des Sohnes und der sterbenden Ehefrau bleibt kein Raum, sich inneren, psychischen Problemen zu stellen.

Aufgrund des nahen Todes der Mutter war es nicht mehr verantwortbar gewesen, die problematischen Seiten ihrer Einstellung zu ihrem Sohn anzusprechen oder gar aufzuarbeiten. So blieb also ein Pol des Problems von Peter unbearbeitet und konnte nur indirekt in der Stärkung seiner Autonomie angegangen werden.

(Manfred Link, s. S. 128)

Anmerkungen

1 Eine wohltuende Ausnahme stellt Barbara Sichtermanns Buch «Leben mit einem Neugeborenen» dar.

2 Frankfurter Rundschau, Ostern 1985.

3 Statistisches Bundesamt, Wiesbaden.

4 Statistisches Bundesamt, Wiesbaden.

5 Statistisches Bundesamt, Wiesbaden.

6 Horst-Eberhard Richter: Die Chance des Gewissens. Erinnerungen und Assoziationen, Hamburg 1986.

7 Es wird hier nur auf die Entwicklung in der Bundesrepublik Deutschland eingegangen. Die andere Entwicklung in der DDR bedarf einer eigenen Analyse.

8 Theodor W. Adorno: Studien zum autoritären Charakter, Frankfurt 1973.

9 Unter anderen H. van den Berg: Metabletica. Über die Wandlung des Menschen, Göttingen 1960.

10 Vgl. Bruno Bettelheim: Die Kinder der Zukunft. Hier beschreibt und analysiert Bettelheim die einzige historische Alternative zur Erziehung in der Familie in Gestalt der Gemeinschaftserziehung der Kibbuzim.

Horst Eberhard Richter: Eltern, Kind und Neurose, Reinbek bei Hamburg 1963. In diesem Buch wird der enge Zusammenhang zwischen der Familie und neurotischer Entwicklung, oft über Generationen gehend, dargestellt.

11 Sigmund Freud: Das Ich und das Es, in: Gesammelte Werke, Bd. XIII, London 1952, S. 257.

12 Sigmund Freud: Anmerkungen über einen Fall von Zwangsneurose, in: Gesammelte Werke, Bd. VII, London 1952, S. 401.

13 D. W. Winnicott, in: Serge Lebovici, Michel Soulé: Die Persönlichkeit des Kindes. Ein Beitrag der Psychoanalyse zum Verständnis des Kindes, München 1978, S. 205.

14 Jochen Stork: Das Vaterbild in Kontinuität und Wandlung. Stuttgart-Bad Canstatt 1986, S. 17.

15 Ebenda, S. 26 f.

16 Ebenda, S. 28.

17 Ebenda, S. 27.

18 Ebenda, S. 29.

19 Ebenda.

20 Ebenda, S. 17.

21 Karl Abraham: Versuch einer Entwicklungsgeschichte der Libido aufgrund der Psychoanalyse seelischer Störungen, in: Psychoanalytische Studien zur Charakterbildung, Frankfurt 1979.

22 Erik H. Erikson: Kindheit und Gesellschaft, Stuttgart 1984.

23 Sigmund Freud: Drei Abhandlungen zur Sexualtheorie, in: Gesammelte Werke, Bd. V, London 1952, S. 98.

24 Michael Josef Eisler: Über Schlaflust und gestörte Schlaffähigkeit, in: Internationale Zeitschrift für Psychoanalyse VII, Wien 1921, S. 166 ff.

25 Maurice Dongier: Neurosen. Erscheinungsformen und Beispiele aus der psychotherapeutischen Praxis, Olten – Freiburg 1971.

26 August Aichhorn: Verwahrloste Jugend. Die Psychoanalyse der Fürsorgeerziehung, Bern, Stuttgart 1974.

27 Statistisches Bundesamt, Wiesbaden.

28 Eine gewisse Ausnahme stellen Lösungsmittel für Klebstoffe dar, die legal und für einen relativ geringen Geldbetrag erworben werden können. Durch das Einatmen dieser Lösungsmittel, das «Schnüffeln», werden rauschartige Zustände hervorgerufen, was aber zu schweren gesundheitlichen Schäden führt.

29 Richard Meili: Intelligenz, in: Lexikon der Psychologie, Bd. II, Freiburg, Basel, Wien 1971, S. 207.

30 Emil und Octavia Wieczorek: So fördere ich mein Kind. 100 psychopädagogisch erprobte Spiele, Düsseldorf 1985.

Literatur

ABELIN, ERNEST: Die Theorie der frühkindlichen Triangulation. Von der Psychologie zur Psychoanalyse. In: STORK, J.: Das Vaterbild in Kontinuität und Wandlung, Stuttgart-Bad Cannstatt 1986

AICHHORN, AUGUST: Verwahrloste Jugend. Die Psychoanalyse der Fürsorgeerziehung, Bern/Stuttgart 1974

ABRAHAM, KARL: Psychoanalytische Studien zur Charakterbildung, Frankfurt 1979

ADORNO, THEODOR W.: Studien zum autoritären Charakter, Frankfurt 1973

DONGIER, MAURICE: Neurosen. Erscheinungsformen und Beispiele aus der psychotherapeutischen Praxis, Olten/Freiburg 1971

EISLER, MICHAEL J.: Über Schlaflust und gestörte Schlaffähigkeit. In: Internationale Zeitschrift für Psychoanalyse VII, Wien 1921

ERIKSON, ERIK H.: Kindheit und Gesellschaft, Stuttgart 1984

FREUD, SIGMUND: Drei Abhandlungen zur Sexualtheorie. In: Gesammelte Werke, Bd. V, London 1952

ders.: Bemerkungen über einen Fall von Zwangsneurose. In: Gesammelte Werke, Bd. VII, London 1952

ders.: Das Ich und das Es. In: Gesammelte Werke, Bd. XIII, London 1952

LEBOVICI, SERGE; SOULÉ, MICHEL: Die Persönlichkeit des Kindes. Der Beitrag der Psychoanalyse zum Verständnis des Kindes, München 1978

Lexikon der Psychologie, 3 Bände, Freiburg/Basel/Wien 1971

MILLER, ALICE: Am Anfang war Erziehung, Frankfurt 1983

MAHLER, MARGARET S.: Die psychische Geburt des Menschen, Symbiose und Individuation, Frankfurt o. J.

MITSCHERLICH, ALEXANDER: Auf dem Weg zur vaterlosen Gesellschaft, München 1963

MITSCHERLICH, ALEXANDER und MARGARETE: Die Unfähigkeit zu trauern, München 1967

REICH, WILHELM: Äther, Gott und Teufel, Frankfurt 1983

RICHTER, HORST-EBERHARD: Eltern, Kind und Neurose, Reinbek bei Hamburg 1963

ders.: Die Chance des Gewissens. Erinnerungen und Assoziationen, Hamburg 1986

SICHTERMANN, BARBARA: Leben mit einem Neugeborenen, Frankfurt 1981

SMITH, MICHAEL: Die orgonotische Funktion der Fallangst. In: Ströme. Rundbrief Reichianische Körperarbeit Nr. 2, 1988

SPITZ, RENÉ A.: Vom Säugling zum Kleinkind, Stuttgart 1967

STORK, JOCHEN: Das Vaterbild in Kontinuität und Wandlung, Stuttgart-Bad Cannstatt 1986

ders.: Zur Psychologie und Psychopathologie des Säuglings, Stuttgart-Bad Cannstatt 1986

WIECZOREK, EMIL und OCTAVIA: So fördere ich mein Kind. 100 psychopädagogisch erprobte Spiele, Düsseldorf 1985

Else Müller

Hilfe gegen Schulstreß

Übungsanleitungen zu Autogenem Training,
Atemgymnastik und Meditation
für Kinder und Jugendliche

Pädagogik bei rororo

H. u. J. Bußmann
Unser Kind geht auf die Waldorfschule *Erfahrungen und Ansichten*
(rororo sachbuch 8736)

B. Esser / Ch. Wilde
Montessori-Schulen *Zu Grundlagen und pädagogischer Praxis*
(rororo sachbuch 8556)

Wulf Wallrabenstein
Offene Schule - Offener Unterricht *Ratgeber für Eltern und Lehrer*
(rororo sachbuch 8752)
Dieses Buch lädt ein zu einer Entdeckungsfahrt in den Offenen Unterricht und Offene Schulen und informiert engagiert über Wochenplan, Morgenkreis, entdeckendes Lernen und viele weitere Brennpunkte.

Horst Speichert
Richtig üben macht den Meister *Das Erfolgsprogramm gegen Lernfehler, Verlernen und Vergessen*
(mit kindern leben 7875)

K. Dietrich / G. Landau
Sportpädagogik *Grundlagen, Positionen, Tendenzen*
(rororo sport 8623)

Dieter Lenzen
Pädagogische Grundbegriffe Band 1: Agression - Interdisziplinarität Band 2: Jugend - Zeugnis
(rowohlts enzyklopädie 487 + 488)

Christoph Lindenberg
Waldorfschulen: Angstfrei lernen, selbstbewußt handeln *Praxis eines verkannten Schulmodells*
(rororo sachbuch 6904)

rororo sachbuch

Schulspaß und Schulspiele *Handbuch zum Schulalltag. Herausgegeben von der Arbeitsgruppe Oberkircher Lehrmittel*
(rororo sachbuch 7783)

Else Müller
Hilfe gegen Schulstreß *Übungsanleitungen zu Autogenem Training, Atemgymnastik und Meditation. Übungen zum Abbau von Aggressionen, Wut und Spannungen für Kinder und Jugendliche*
(rororo sachbuch 7877)

Klaus-Jürgen Tillmann
Sozialisationstheorien *Eine Einführung in den Zusammenhang von Gesellschaft, Institution und Subjektwerdung*
(rowohlts enzyklopädie 476)

Sämtliche Bücher und Taschenbücher zum Thema finden Sie in der *Rowohlt Revue*. Jedes Vierteljahr neu. Kostenlos in Ihrer Buchhandlung.

Weitere Bücher und Taschenbücher zum Thema finden Sie
in der *Rowohlt Revue*. Jedes
Vierteljahr neu. Kostenlos in
Ihrer Buchhandlung.

rororo sachbuch

Praktische Tips, Ideen, Ratgeber. Anregungen für den Umgang mit Kindern in der Freizeit.

Helga Biebricher
Scherzfragen, Rätsel, Schüttelreime *Vergessenes und Neues zur Unterhaltung*
(rororo sachbuch 7662)

Gela Brüggebors
Körperspiele für die Seele *312mal Bewegung, Entspannung, Energie. Anregungen zur Psychomotorik*
(rororo sachbuch 8526)
Klüger als die Eltern... *Mentale Spiele für Kinder*
(rororo sachbuch 9354)

Kristina Hoffmann-Pieper
Basteln zum Nulltarif *Spiel und Spaß mit Haushaltsdingen*
(rororo sachbuch 7955)

Barbara Cratzius
Noch mehr Fingerspiele und andere Kinkerlitzchen *Eine Wundertüte für neue Spiellust mit kleinen Kindern*
(rororo sachbuch 8574)
Allererste Kinderrätsel *Denkspaß für Eltern und Kinder*
(rororo sachbuch 9143)

Walter Diem
Spielausflüge *Ralleys und Spiele im Grünen*
(rororo sachbuch 8443)

Sharla Feldscher
Das Spiel- und Aktionsbuch *Spaß für Kinder, Eltern, Pädagogen*
(rororo sachbuch 8867)

Bettina Hannsz
Kinder mögen Yoga *Entspannung für Körper und Seele*
(rororo sachbuch 9130)

BARBARA CRATZIUS

Denkspaß für Eltern und Kinder

ALLERERSTE
KINDERRÄTSEL

rororo
MIT KINDERN LEBEN

K. u. H. J. Hoffmann-Pieper
Basteln ohne Gift *Mit Einkaufsführer*
(rororo sachbuch 8853)

Karin Mönkemeyer
Mit Kindern Umwelt und Natur entdecken:
Frühling
(rororo sachbuch 8828)
Sommer
(rororo sachbuch 8829)
Herbst
(rororo sachbuch 8830)
Winter
(rororo sachbuch 8831)

Beate Seeßlen-Hurler
Kinderfeste *Vorschläge für den Feierspaß von groß und klein*
(rororo sachbuch 8302)

E. Wüpper / Zirkus Kralle
Kinder, Clowns und Kapriolen *Zirkus zum Selbermachen*
(rororo sachbuch 8440)

Ein Gesamtverzeichnis der Reihe mit *kindern leben* finden Sie in der *Rowohlt Revue*. Jedes Vierteljahr neu. Kostenlos in Ihrer Buchhandlung.